인구소멸과 로컬리즘

◇ 당신은 언제나 옳습니다. 그대의 삶을 응원합니다. – 라의눈 출판그룹

인구소멸과 **로컬리즘**

초판 1쇄 | 2023년 5월 12일
5쇄 | 2024년 6월 28일

지은이 | 전영수
펴낸이 | 설응도   편집주간 | 안은주
영업책임 | 민경업   디자인 | 박성진

펴낸곳 | 라의눈

출판등록 | 2014 년 1 월 13 일 (제 2019-000228 호)
주소 | 서울시 강남구 테헤란로 78 길 14-12(대치동) 동영빌딩 4층
전화 | 02-466-1283   팩스 | 02-466-1301

문의 (e-mail)
편집 | editor@eyeofra.co.kr
마케팅 | marketing@eyeofra.co.kr
경영지원 | management@eyeofra.co.kr

ISBN 979-11-92151-55-7   03300

인구소멸과 로컬리즘

전영수 지음

라의눈

인구 충격? 혁신 기회!
로컬리즘의 힘

세상은 변화하나, 한국은 급변한다. 어느 나라보다 변화의 속도·범위·깊이가 파격적이다. 잠깐만 놓치면 순식간의 변화에 아연실색하게 된다. 그 원류에는 인구변화가 자리잡고 있다. 즉 한국 특유의 역동성은 인구변화까지 포섭했다. 세계최저치·한국신기록인 충격적 출산율 0.78명(2022년)은 사회 급변의 상징지표다. 인구학에선 가정조차 못 한 표준편차 밖의 수치로 인류 역사상 최초·최저의 통계다.

그동안 인구문제 대응이 방치·연기되었던 것은 심각하되 체감하지 못했기 때문이다. 늦었지만 '인구변화 → 생활체감'이 하나둘 이루어지면서 사태에의 공감과 정책 논의가 시작된 건 다행이라 하겠다. 다만 아쉽게도 뾰족한 카드는 없다. 벌써 치고 나갔어도 이미 늦은 형국이라 출산 반전의 기대보다 인구감소의 완화·적응 전략이 고작일 정도다. 만시지탄晚時之歎이다.

와중에 인구절벽·지역소멸이란 키워드도 확산되고 있다. 원인은 뭘까? 워낙 복잡다단한 원인·결과가 뒤엉켜 상호 영향을 끼친 탓에 한마디로 정의하기 어렵다. 선진국형 인구감소이므로 자연스러운 시대 운명이란 평가도 적잖다.

다만 최악의 상황으로 달려가는 한국만의 특이 현상은 확실히 존재한다. '도시집중 vs. 지역과소'의 도농격차가 그렇다. 서울·수도권의 자원독점이 빚어낸 비정상·불균형이 추계 범위를 벗어난 인구 충격의 추동원인이란 혐의다. 전 국토의 12%에 불과한 수도권에 52%의 인구가 몰려사니, 비용 증가 속 자원 경쟁이 펼쳐질 수밖에 없다. 이로써 상대적 열위의 후속세대는 위험 카드인 가족분화·자녀출산을 포기한다. 서울에 가까울수록 출산율이 낮아지는 이유다. 당연히 직주職住 분리 현상도 심화된다.

정리하면 과도한 사회이동(전출·전입)이 인구 급변의 주요 원인 중 하나다. 먹이가 없어 수도권에 왔더니 둥지가 없어 알을 못 낳는 악순환이다. 그렇다고 사회이동을 폄하해선 곤란하다. 더 나은 교육과 취업을 위한 젊은 세대의 고향 탈출은 합리적이고 효율적인 선택의 결과이기 때문이다. 이것이 인구 급변의 사회비용과 지속불능을 재촉할 뿐이니 문제인 것이다.

따라서 지금 당장 할 수 있고, 해야 할 인구 대응은 '지방(저밀도·고출산) → 서울(고밀도·저출산)'로의 전출을 완화·경감시킬 해법 모색일 수밖에 없다. 우선순위는 전출 동기를 분석해 해소하는 것에서 비롯된다. 건강한 지방복원과 순환경제를 구축하기 위해 해결해야 할 급선무의 과제다. 지방을 떠나지 않아도 청년 세대의 미래와 희망을 실현해줄 직업·주거·생활인프라를 강화하는 식이다.

지향점은 로컬리즘이다. 인구 유출의 로컬공간을 건강하고 지속가능한 생활단위로 재구성하는 과제로 수렴된다. 쏠림은 결국 무너짐으로 이어진다. 현재 대한민국의 수도권은 블랙홀이다. 인구·고용·산업·금융을 빨아들이는 수도권의 구심력에 맞설 대체 공간으로서의 지방 역할에 주목해야 한다. 관건은 다른 관점, 다른 접근이다. 지금처럼 중앙기획·예산의존의 도농 균형책은 곤란하다. 60년 넘게 이리저리 해봤지만 균형은커녕 불균형과 양극화만 키웠다면 이제는 모두 바꿔야 한다. 즉 엄밀한 재구성과 유효한 뉴 노멀을 품어 안을 때다.

정부 실패는 충분히 경험했다. 달라진 로컬리즘은 기획·투입·실행·평가의 밸류체인 전체 과정에서 신모델을 적극 반영해야 한다. 최근 화두인 ESG가 기업의 이윤을 넘어 사회문제의 해결에 집중하듯, 로컬 복원도 상식 파괴로부터 시작되어야 한다.

달라진 취지와 새로운 접근이 필수다. 창의적 재생모델과 열정적 협업체계로 기존의 균형발전 경로와 관성에서 벗어나야 한다. 지역마다 경로축적의 토양은 다르다. 유명하다는 모범사례조차 이식에 따른 거부반응의 부작용이 상존한다. 따라서 스스로 기획하고 추진하고 협력해야 한다. 로컬리즘은 '지역활력=자원결합'일 때 지속된다. 전시행정과 달리 자원협력

인구소멸과 로컬리즘

을 강조하는 달라진 로컬리즘이 절실하다.

개체가 군집생활을 한다는 것은 개별행동보다 탁월한 생존조건을 선택했기 때문이다. 숨 가쁜 양적 개발로 잊혀진 협력효과가 발휘되면 건강한 지역 복원도 어렵잖다. 로컬리즘이란 숨죽였던 지역 주체가 생태계의 복원 주체로 새롭게, 그리고 강력하게 돌아옴을 뜻한다. 정책·예산을 쥔 중앙·지역의 행정조직은 물론 로컬 기반의 토착회사로 지역경제를 떠받치는 영리자본, 공공·공익으로 뭉친 기관·학교·종교·시설주체, 사회변혁의 DNA로 지역사회에 착근한 시민조직, 공공과 영리의 중간지대에서 사회문제를 해결하려는 사회적경제 조직 등 로컬리즘을 빛낼 협력 주체는 셀 수 없이 많다.

이들이 로컬에서 튼튼한 혈관(지역 기반)과 건강하고 새로운 피(신형 주체)를 구성할 때 보물찾기(지역자산)와 구슬 꿰기(혁신모델)가 비로소 시작된다. 강점·약점을 총체적으로 재구성한 후 복원 보물을 찾아내 매력적인 구슬로 엮어내는 지역만의 '온리원'이 권유된다. 그 길이 아니라면 지역은 소멸될 수밖에 없다. 새는 바가지에 계속해 물을 집어넣을 중앙은 없다. 침몰이냐 부활이냐, 고빗사위에서의 선택은 올곧이 지역에 달렸다.

지역을 되살릴 복원 환경은 무르익었다. 도농 격차의 불행 파장에 맞서 정상 회복을 위한 로컬리즘의 필요와 욕구가 커진 덕이다. 복원 자원과 실행 루트는 강화됐다. 수동적이던 중앙정부도 변신에 적극적이다. 아직은 아쉬운 수준이지만 '중앙 파워 → 지역 하방'의 물꼬 확장을 위해 제도 지원에 돌입했다. 국가균형발전특별법(2022년 개정), 인구감소지역지원특별법(2023년 시행) 등 농산어촌의 복원 토대를 구축했다.

재정 지원의 새 피 수혈도 확대·보강된다. 2022년부터 10년간 총 10조 원이 지방소멸대응기금으로 투입된다. 2023년부터 고향사랑기부제도 가동된다. 일본의 히트상품인 고향납세를 차용한 것인데 아직은 실망스럽지만 재정확충·세제혜택·답례시장의 일석삼조가 기대된다. 충분하진 않지만 복원 재원으로 긍정적이다.

중요한 건 중앙집권에서 자치분권으로의 시점 변화다. 지방자치 30년을 맞았지만, 여전히 중앙 종속의 제도와 관행이 강고하다는 지적이 많다. 행정을 정치의 시녀로, 지방을 중앙의 속지로 여기는 제반 환경은 굳건하다. 균형발전론이 무색하게도, 도농관계는 수도권의 일극 집중화와 지방의 한계소멸론으로 귀결됐다. 예산·권한은 물론 산업·인구까지 극단적인 중앙 블랙홀로 비화됐다. 때문에 최근의 변화 기운은 반갑고 소중하다. 비정상·불균형의 역내분업과 지역경제를 되살릴 호기인 까닭이다.

이런 상황에서 달라진 행정 접근과 주민참여는 필수다. 즉 뉴 노멀에 맞는 로컬리즘을 완성할 절호의 기회다. 간단하고 손쉬운 활성화는 경계 대상이다. 수많은 참여와 복잡한 체계가 녹아들 때 로컬리즘의 행복 품질은 높아진다. 시간 앞에 무너지지 않게 긴 호흡 속에서 작지만 확실한 성과를 낼 때 역내 행복과 순환경제가 달성된다.

차별화된 지역 특화적 창발創發 모델을 고민할 때다. 229개 기초지자체는 229개의 로컬 모델을 갖는 게 바람직하다. 로컬리즘은 '비정상의 정상

인구소멸과 로컬리즘

화'를 위한, 또 한국사회의 미래 지속을 위한 새로운 실험이다. 괴물화된 서울 빗장의 구심력을 해체하고, 유령화된 과소마을로의 원심력을 강화시킬 유의미한 아이디어다. 도시가 시골을 잡아먹고 과거가 미래를 막아선다면 낭패다. 로컬리즘은 불행사회를 풀어낼 마지막 카드일지 모른다.

　책의 결론은 단순명쾌하다. 인구 문제의 복잡하고 지난한 현상을 분석하는 과정에서 필연적으로 만난 해결 체계가 로컬리즘이었다. 서구사회에서는 보기 드문 과도한 수도권 인구 집중이 0.78명이라는 초유의 출산율 폭락을 낳았다고 봐서다. 물론 중간 중간 다양한 인과성의 통제·매개·조절변수도 존재한다. 그럼에도 조감도처럼 전체 맥락을 내려다볼 때 '도농격차 → 인구감소'의 구조 연결은 너무나 확실하고 강렬하다. 결국 문제 해결도 그 원인인 도농 격차를 정상화하는 로컬리즘으로 집중될 수밖에 없다. 장담컨대 로컬 회복과 자력 순환만 전제되면 직면한 사회문제의 절대다수는 해결된다.

　책은 크게 4개의 논리로 전개된다. 우선 그간의 정책 대응이 빚어낸 부작용으로서 도농 격차와 인구 절벽에 대한 반성과 교훈부터 시작한다. 그 자연스러운 결과이자 해법으로 지역 활력의 로컬리즘을 제안한다. 하지만 문제는 늘 그 다음부터다. 방향과 지향은 규정되고 동의돼도 실체적이고 방법적 실행 체계까지 닿기는 어렵다. 때문에 책은 로컬리즘의 주체라는 차원에서 '누가 할 것인가'를 고민한다. 해외 사례부터 이론 제안까지 아우르며 로컬 복원의 주체가 다중 이해관계자일 수밖에 없음을 강조한다.

'무엇을 할 것인가'와 관련된 투입 자원과의 연결 체계도 중대한 실행 화두다. 소문 난 호평 사례를 좇아 그대로 복사해오는 기존 방식은 곤란하다. 지역 자원을 발굴·연결해 지역 스타일의 명품 브랜드를 만들지 않는 한, 교류인구는커녕 관계인구조차 만들 수 없어서다. 200m·400m론 등과 같이 지역 복원의 점을 선과 면으로 확장할 실행 퍼즐에 대한 고민은 필수다. 결론은 '어떻게 할 것인가'로 요약된다. 요체는 대상과 방향인데 핵심은 특화형 로컬리즘이다. 가장 지역적인 게 가장 세계적인 것처럼 돈 잘 버는 로컬리즘을 통해 지역 단위의 인구소멸과 핍박경제를 벗어날 수 있다.

누구나 던지는 원인 분석과 비판만으로 인구문제는 해결되지 않는다. 이제 필요한 건 스펙트럼이 넓은 해법과 대안을 둘러싼 토론과 논쟁일지 모른다. 상식을 초월한 상상력과 고정관념을 깬 발상 전환이 동반되면 더더욱 반갑고 소중한 논의 기반이 된다. 그 정도가 아니면 한국적 인구 충격을 넘어설 수 없어서다. 결과가 충격적이면 대응도 그에 준하는 수준·범위·깊이를 갖는 게 당연하다.

책은 그간 인구 해법 및 로컬리즘이란 키워드로 정리하고 투고했던 원고를 기초 재료로 상황 변화와 논리 근거를 새롭게 보강해 완성도를 높였다. 얘기인즉슨 시간 경과에도 불구하고, 인구 소멸의 대응체계로서 로컬리즘만 한 설득력과 정합성을 가진 대안이 없음을 확신한다. 지역이 되살아나야 우리의 지속가능성이 담보된다는 뜻이다. 물론 가치지향·우선순위에 의견 차이는 있을 수 있다. 세세한 방법론에 있어서는 더 그렇다.

이 책이 더 발전적인 로컬리즘과 새로운 대안해법의 논의 기회를 만드는 촉매가 되기를 바란다. 이제 우리는 어떤 식으로든 행동하지 않으면 안 될 중대한 분기점에 섰다. 물론 로컬리즘이 유일 무이한 정답은 아닐 것이다. 그러나 모범 답안이 될 필요충분 조건은 두루 갖췄음을 확신한다. 현시점에서 로컬리즘과 견줄 만한 대안모델은 찾기 어렵다. 일부 허점이나 비약이 있을 수 있겠으나, 이 책이 로컬리즘 본연의 가치를 부각하고 확산하는 기회가 된다면 더할 나위가 없겠다.

한양대 연구실에서
전영수

차 례

Chapter 01

대한민국은 낭떠러지로 폭주 중
왜 로컬리즘인가?

로컬의 어벤저스, 청년·바보·외지인
누가 할 것인가?

Chapter 03

'한방에 신화' 깨부수기
무엇을 할 것인가?

지역주식회사 CEO가 되어라
어떻게 할 것인가?

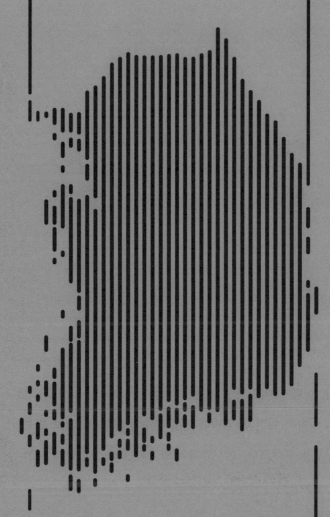

Chapter 01

대한민국은
낭떠러지로 폭주 중

왜 로컬리즘인가?

인구해법의 비기
로컬리즘

위기 속의 진화는 승자의 생존법칙 중 하나다. 아담 스미스가 쏘아 올린 자본주의 250년 역사도 그랬다. 제도 위기의 압박이 여러 번 임박했지만, 무수한 경제사상으로 변용하며 진화의 끝판왕을 보여줬다. 빈부격차와 양극화란 구조적 한계를 풀지 못한 딜레마에 갇혔지만, 대안 없는 상황 속에서 굳건한 지배력을 과시했다. 그 자본주의도 최근 새로운 시대위협과 맞물려 쇄도하는 변신 주문에 당혹스러운 상황이다. 지속가능한 번영을 위한 새로운 버전의 제도변화와 역할조정이 대표적 요구다.

대안모델로서 자본주의의 진화적 재구성이 과제다. '자유주의(시장주도) → 케인스학파(정부주도) → 신자유주의(시장주도)'의 흐름을 이을 대안모델의 필요다. 자연스러운 바통터치라면 정부 주도가 정답이지만, 적격성 논란과 함께 반론도 뜨겁다. 한 번 맡겨봤더니 뼈저린 실패를 부른 과거 경험 탓이다.

그렇다면 미래를 관할할 대안모델은 뭘까? 정합성을 넘어 효과성까지 감안한 명분과 실리적 접근방식이 절실하다. 실물 토대 없는 자본 탐욕이 낳은 금융위기의 후폭풍이 최근의 금리·환율 혼란발 세계적 불황의 진원지란 점에서 시장보다는 정부의 존재·역할에 무게중심이 쏠리는 건 자연스럽다. 전형적인 시장실패의 교훈이다. 따라서 불평등과 빈곤, 계약의 실패, 외부불경제, 독점심화, 공공재의 공급난항 등을 극복할 유력한 대안주체로 정부가 부각될 수밖에 없다. 물론 반복될 우려가 높은 정부실패는 경계대상이다. 재정팽창, 국민부담, 인플레이션, 관료주의, 제도경직 등을 최소화하는 정부 등판이 해법이다. 공공성과 효율성을 두루 겸비한 똑똑한 정부역할이 요구되는 것이다.

때문에 현행대로라면 곤란할 것이다. 과거처럼 정부실패를 답습할 우려가 적잖다. 이때 필요한 새로운 접근방식은 고정관념의 파괴와 상상력의 확대다. 즉 정부를 분해해 역할을 쪼개는 식이다. 중앙정부와 지방정부로 나누는 방식이다. 수백 년간의 상식이던 중앙집권적 정부역할에서 벗어나 지방정부가 사회문제의 해결주체로 나설 수 있어서다. 중앙정책의 기계적·소극적인 전달체계에서 벗어나 대등한 역할정리를 통해 적극적인 기획·실행 주체로서 지역경영의 실효성을 높이자는 취지다. 수많은 선진국이 채택한 강력한 자치분권의 연방제가 벤치마킹의 선례다.

얽히고설킨 사회문제의 뿌리가 인구격차발 도농불균형인 데다 실제 대부분의 충격·갈등이 비교열위의 지방권역에 집중된 상황이다. '사회문제=인구격차=지방불행'이란 점에서 지방정부의 역할·기능에 힘을 싣자는 얘기다.

자본주의의 차세대 대안모델은 적극적인 정부역할로 귀결된다. 다만 달라진 시선과 새로운 구성이 전제된다. 즉 자치분권의 지방정부가 유력하다. 중앙에 종속되어 지역이슈조차 상단에 의존·의탁하던 관행에서 탈피해 주체성·전문성·특화성을 발휘할 저마다의 맞춤식 지방경영에 집중하자는 아이디어다. 대리행정·핍박자원·능력부재 등의 주술을 벗어던져야 서울·수도권과의 인구경합도 시작된다. 저밀도·고출산의 지방권역이 고밀도·저출산의 수도집중만 방어해도 인구문제가 한결 수월해진다. 이원적인 정부역할의 전제인 '중앙 → 지방'으로의 권력 하방下方도 필수다. 이 과정에서 자본주의의 총아인 시장·기업과의 협업공간을 늘리면 ESG의 가치와도 부합한다. 요컨대 지방시대·로컬리즘의 개막인 셈이다. 한국사회의 시대문제를 해결할 매력적인 대안모델이 아닐 수 없다.

오래된 미래의 숨죽인 경고

주지하듯 인구감소의 비상등이 커진 지 오래다. 이대로면 절멸적인 집단자살 사회로의 진입이 기우杞憂만은 아닐 것이다(라가르도 IMF 총재의 2017

년 발언). 2021년 0.81명으로 사상최저의 바닥을 찍은 출산율은 2022년 0.78명으로 추락했다. 충격 이상의 재앙적 현실통계임은 자명하다. 인구유지선(2.1명)은커녕 5년 연속(2018년부터) 전대미문의 1명선 하향돌파, 그것도 자체적인 기록갱신의 성적표다. 하물며 전례조차 없다. 한국보다 일찍 저출산·고령화의 인구변화가 시작된 어떤 국가와도 비교불가다. 주요 선진국은 하향칼날이 무뎌지며 ±1.6명에 안착했다. 총인구감소 1호인 일본조차 2021년 1.3명(인구위기선)을 웃도는 수준이다. 열도침몰 운운 자체가 호들갑에 가깝다.

인구변화의 체감파장이 구체화되면서 최근 분위기가 바뀌긴 했지만, 강심장(?)인 한국사회는 여전히 강 건너 불구경이다. 언제 터질지 모를 대형 악재인 북핵을 지고 사는 사회답게 어지간한 위협경고는 가십거리에 불과하다. 나라 밖의 시선으로는 이해불능의 차분한 일상사가 펼쳐진다. 만성화된 위기와 내성화된 감각이 빚어낸 기현상이다.

그런데 이제는 목에 찬 느낌이다. 인구변화의 후폭풍이 생활전반을 옥죄고 있어서다. 연금·노동·교육 등 신정부의 3대 개혁 과제 모두 인구변화에 따른 구조개혁으로 정리된다. 계속해서 둔감하기 힘들 정도로 인구변화의 충격과 공감대가 서서히 확산세다. 환영할 일이다. 그럼에도 지체된 만큼 고통은 불가피하다. 대응체제의 강도·빈도는 거세질 수밖에 없다. 실기失期한 탓에 어지간한 대응 이상의 충격요법이 불가피하다.

이렇듯 뒤늦게나마 문제의 심각성을 인지한 건 '오래된 미래'의 존재·확인 덕분이다. 인구감소가 빚어낼 미래풍경을 현재시점에서 목격·체감한 결과란 의미다. 저출산·고령화의 깊은 늪에 일찌감치 빠져버린 농산 어촌의 소멸경고가 빚어낸 한계풍경이 그렇다. 실제 로컬공간은 인구감소의 최전선답게 미래한국을 점령할 다양한 인구악재가 일상화된 무대다. 성장이 멈추고 발길이 끊긴 미리 가본 미래한국은 참담과 암울의 축소공간이다. 자연감소·사회전출의 이중타격이 지방지역의 생존토대를 고사시켜서다. 기초지자체 중 고령화율 1위인 의성군(경북)은 열 명 중 너댓 명 (43.2%)이 65세 이상이다. 아직은 고령경제로 버티지만, 노년인구의 다사多死 행렬이 끝나면 지속성은 급락할 것이다. 인적은 끊기고 지역상권은 멈춰선 지 오래다. 돈도 사람도 활력도 부재한 급속한 축소사회가 됐다.

　오래된 미래가 보내는 간절한 신호에 주목할 때다. 비켜섰기에 아직은 버티는 서울·수도권의 집중이슈에 매몰돼 지방소멸의 SOS를 방치하면 곤란하다. 톱니바퀴처럼 고도화된 역내분업 체계를 보건대, 한쪽이 삐걱대면 전체가 멈춰 선다. 그나마 여유로울 때 취약한 연결고리를 손봐야 균형 회복도 달성된다. 오래된 미래의 숨죽인 풍경은 매섭게 확산 중이다. 의성만의 고민이 아닌 게 절대다수의 지방 현실로 번지고 있다. 멀리 갈 필요도 없는 게 229개(세종·제주·서귀포 포함) 기초지자체 중 절반에 가까운 102개가량이 소멸위기로 진입했을 정도다(한국의 사회동향, 2022). 고령인구가 20~39세 여성인구의 과반 이상인 지역이다. 그나마 정상지역은 45곳으로 대부분 수도권에 집중된다. 소멸지역의 인구유출은 로컬공간의 지속불능만 의미하지 않는다. 조만간 승자지역이던 수도권조차 동반몰락의 충격파를 던질 것이란 예고와 같다.

소멸 로컬을 방치한 대가는 심각하다. 전체평균까지 급속도로 악화시키는 악순환의 딜레마다. 오래된 미래는 새로운 미래로 전환되어야 한다. 인구감소에의 무관심 · 무대응은 제로섬을 넘어 총량 수축의 디스토피아를 의미한다. 물론 개중엔 놀랄만한 기회요인이 있지만, 그만큼 명민한 전제조건이 요구된다. 최선을 지향하되 최악에 맞서는 선제대응이 바람직하다. 이때 오래된 미래의 경고는 훌륭한 교훈이 된다. 인구변화의 날 선 현장에서 오래된 미래가 보내온 고군분투의 메시지에 주목할 때다. 시간은 없고 숙제는 많다. 예고된 첩첩산중에서 벗어날 묘책 마련이 시대 화두다.

로컬리즘은 강력한 시대의제

지방에는 먹이가 없고, 서울에는 둥지가 없다는 비유가 화제다. 2030세대의 먹먹한 현실을 유감없이 보여주는 문장이다. 어디든 청년이 잘 살아냄직한 환경이 아니라는 뜻이다. 더 정확한 비유는 '먹이가 없어 서울에 왔더니 둥지가 없어 알을 못 낳는다'로 정리된다. 순환경제가 멈춰선 지방에는 먹이(고용)가 없고, 인프라 · 일자리가 있는 서울로 왔더니 둥지(주거)가 없어 알(출산)을 낳을 수 없다. 먹이와 둥지가 한 곳에서 해결되지 않는 복합위기란 얘기다. 불확실성이 커지면 의사결정은 신중해진다. 특히 가족분화 · 자녀출산처럼 위험카드는 좀체 택하기 어렵다. 미래 선택은 안정된 환경이 구축될 때 실현된다. 한국형 초저출산이 매년 세계신기록을 경신하는 이유가 여기에 있다.

■ 인구피라미드와 소멸위험지수

(%, 개)

구분	소멸위험지수[1]			지역수
	소멸위험지역	소멸주의지역	정상지역	
인구유지형	–	34.3	65.7	35
청년유입형	–	65.6	34.4	64
중년유출형	59.4	40.6	–	69
청·중년유출형	100.0	–	–	61
지역수	102	82	45	229

주: 1) 소멸위험지수=(20~39세 여성 인구수)/(65세 이상 인구수)
　　소멸위험지역: 소멸위험지수 0.5 미만
　　소멸주의지역: 소멸위험지수 0.5~1.0 미만
　　정상지역: 소멸위험지수 1.0 이상
출처: 행정안전부, 「주민등록연앙인구통계」, 2020
　　　고용노동부, 「전국 시군구 2곳 중 1곳은 소멸위험지역」, 2022.3.
자료: 한국의 사회동향(2022)

■ 인구전환과 혁신모델로서의 로컬리즘

Q

| 중상주의 | 자유주의 | 수정주의 | 신자유주의 | 대안모델=로컬리즘? |

시장실패 / 정부실패 / 시장실패 / 정부+시장+사회

빈부격차 / 재정팽창 / 외부불경제 / 대안시스템
독점왜곡 / 국민부담 / 계약실패 / 자본고장 맞춤수술
정경유착 / 관료주의 / 공유지비극 / The 3rd Way
　　　　/ 제도경직 / 　　　/ Big Society
　　　　/ 인플레이션 / 　　　/ 사회연대경제
　　　　　　　　　　　　　　/ 자본이윤 → 자활경제
　　　　　　　　　　　　　　/ SDGs17, CSV, ESG

신경제/신질서

T

인구소멸과 로컬리즘

인구변화는 복합적이다. '사회변화 → 인구변화 → 사회변화'처럼 전후방의 사회문제가 초저출산을 심화시킨다. 앞단은 지방의 고용불안, 뒷단은 서울의 주거악화로 정리된다. 가운데의 인구변화는 고용불안 탓에 서울로 몰려든 사회이동이 저출산에 닿고, 이게 재차 서울권역의 자연감소로 초저출산을 심화시킨다. 인구가 몰린 고밀도공간은 대부분 저출산을 의미한다. 서울로의, 정확히는 수도권으로의 사회이동이 초저출산의 원인이란 얘기다. 물론 사회이동은 먹이를 찾아오는 합리적 선택의 결과다. 문제는 개별 선택이 사회 전체의 갈등 · 비용을 유발한다는 점이다. 소멸 운운은 이렇듯 확산 일로다.

'인구문제=도농격차'라면 당면해법 중 우선순위가 자연스럽게 정리된다. 먹이 · 둥지의 공간 격차를 해소해주는 전략이 시급하다. 위험수위를 넘긴 불균형의 지역 격차에 주목하는 것이다. 방치 · 외면이 빚어낸 값비싼 결과는 초저출산의 매서운 부메랑으로 돌아왔다. 물론 원인 · 이유는 많다. 톱니바퀴처럼 맞물린 사회구조 모두가 인구변화에 한몫했다. 경직된 제도 · 정책이 시대변화를 못 따르니, 엇박자와 부작용이 뒤틀린 인구수급, 저출산 · 고령화를 낳은 것이다. 더 이상은 안 된다. '지방전출 → 도시전입'으로의 공간이동을 줄여줄 안전장치가 없다면 교육 · 취업부터 산업 · 문화 · 주거까지 서울수도권의 경쟁우위 · 일극집중은 심화될 수밖에 없어서다. 분산과 완화는 시대의제일 수밖에 없다.

그래서 로컬리즘은 실험해봄직한 아이디어다. 지역재생 · 지역활성화 등 키워드가 무엇이든 자생적 · 순환적 직주락職住樂의 로컬기반을 튼실하게 구축하는 접근법이다. 난파선처럼 침몰이 임박한 지방경제를 살려낼 우선적 실행과제다. 단 취지의 재설정과 새로운 접근은 필수다. 창의적 재생모델과 열정적 협업체계로 기존의 타이틀뿐인 균형발전 경로와 관성에서 벗어나야 한다. 그간 수많은 단위사업이 펼쳐졌지만 결과는 실망스럽다. 건물 · 단지 등 공간조성(하드웨어)부터 제품 · 서비스 등 재화공급(소프트웨어)까지 판박이처럼 빼닮은 한계만 반복했다. 관광지 태반이 저가 수입품만 내다 파는 것과 같다. 새로운 활력거점을 기대한 지역 · 주민은 좌절에 더 익숙하다.

지역마다 경로 축적의 기반은 제각각이다. 좋다는 모범사례조차 이식에 따른 거부반응의 부작용이 상존한다. 따라서 스스로 기획하고 추진하고 협력하는 것이 바람직하다. 지역활력의 엔진이 지역과 주민일 때 지속 가능하다. 전시행정과 달리 지역협력을 강조하는 달라진 로컬리즘이 절실하다. 군집생활에서의 협력은 개별행동을 했을 때보다 생존에 유리하기 때문이다. 숨가쁜 양적개발로 잊혀진 협력효과가 발휘되면 건강한 지역복원도 가능해진다. 풀뿌리 주체가 주고받던 다양한 순환생태계의 복원이 로컬리즘의 기본 취지다.

인구재앙 무심사회
ESG의 급부상

언제부터인가 ESG가 낙양지가의 핫 이슈로 떠올랐다. 핵심개념은 UN 등 국제기구를 필두로 2000년대부터 제기됐지만, 본격적인 관심을 갖게 된 시기는 자본시장의 핵심주체인 기관투자자의 동의와 준칙화가 시작된 2020년대 즈음이다. ESG는 기업의 존재 이유를 '주주중심의 이익추구'에서 '사회문제의 해결주체'로 전환하는 새로운 실험이슈다. 가령 ESG의 E(Environmental)는 지구생태계의 과부하와 친환경을 위한 탈탄소화 등이 중점화두다. 그 자체로 시의적절하고 바람직한 문제 제기다. 더는 지금까지의 발전방식이 지속될 수 없다는 위기감이 소환해낸 절체절명의 해결과제답다. 양적 성장이 갖는 약점과 한계를 극복하려는 차원이라 대의명분은 차고 넘친다. 지구의 지속가능성을 생각할 때 방치하기 힘든 시대의제로 서둘러 대응하자는 차원이다.

충분히 옳고도 당연한 관심사다. 눈앞의 당면이익에서 한발 비켜선 외롭되 의로운 접근법이다. 탐욕이 빚어낸 '공유지의 비극'이라는 외상장부를 물려주지 않으려는 정의로운 일이다. 후대까지 배려한 그야말로 바람직한 공공적·공익적 트렌드다. 들불처럼 번지는 ESG의 유행이 반갑고 소중한 이유다. 진정성 없는 워싱Washing 사례가 빈번하지만 아예 하지 않는 것보단 낫기에 나쁘잖다. 잘만 실행되면 다중 이해관계자의 개별 행복은 물론 지구단위 공존공영을 달성할 트렌드이기 때문이다.

다만 아쉬움은 남는다. 정확히는 소외감과 박탈감이다. 직접성·즉시성이 떨어지는 환경에도 이렇듯 뜨거운 관심·애정을 갖는데, 왜 정작 중요한 인구문제는 무심하게 방치되는지 알다가도 모를 일이다. 주지하듯 인구문제는 꽤 심각해졌다. 관련통계는 한국사회가 인구병의 중대한 위험고비에 진입했음을 경고한다.

0.78명(2022년)의 출산율은 한국사회의 절멸공포가 실존적임을 알려주는 상징지표다. 어떤 잠재위기보다 확정적인 불행 신호로 당장은 아니나 조만간 사회전반의 지속가능성을 심각하게 훼손할 것이다. 실제 ESG의 S(Social)는 인구문제와 정확히 일치한다. 다중 이해관계자의 공정·평등·정의는 인구격차가 쏘아 올린 도농·연령·성별·고용·임금의 양극화를 해결하는 지점과 맞닿는다. 특히 후속세대의 가족분화·자녀출산의 포기 원인이 S의 측정지표와 합치될 정도다.

그럼에도 아직은 E에서 머물 뿐 S까지 확대되지 않는다. 사실상 시큰둥

인구소멸과 로컬리즘

한 분위기다. 어렵고 복잡한 근본수술은 방치하는 와중에 손쉽고 단순한 대증요법만 반복하니 내성과 고통만 키워낸 인구대응책의 반면교사가 그대로 나타난다. 실제 데면데면하며 흘려보낸 시간 낭비야말로 후속세대의 집단적인 출산파업이라는 값비싼 부메랑으로 돌아왔다. 새로운 국민은 덜 태어나고 기존 국민이 사라지면 망국은 당연지사다. 충격은 청년 등 취약한 연결고리부터 시작됐다. 기성세대가 고용·주거의 공고한 진입장벽을 높여갈수록 후속청년의 선택카드는 줄어들고 기존모델에 맞서 거부·저항할 수밖에 없다. 곧 해결될 것이란 근거 부족의 낙관론에 심취할수록 후속청년의 각자도생은 심화되는 식이다.

와중에 누구나 체감할 인구재앙은 이미 현실화가 됐다. "벌써 시작했어도 이미 늦었다"라는 말까지 들린다. 삶이 빠듯해졌다면 원인은 하나같이 인구재앙의 파급효과 탓으로 정리된다. 10~20년 후에야 본격화될 악재니 아직 괜찮다고 여긴다면 판단착오다.

수많은 위기를 이겨냈으니 인구병도 언젠가 누군가는 치유할 것이라 여긴다면 곤란하다. 켜켜이 쌓인 인구병의 진행경로를 볼 때 파국적인 궤도 진입은 기정사실에 가깝다. BTS·오징어게임 등 K-컬처 운운하며 희망을 논하기엔 상황이 꽤 복잡다난하다. 이왕지사 ESG라는 강력한 트렌드가 생겨났다면 이 분위기에 올라타 인구병을 해결하는 접근도 권할 만하다. 없는 묘책을 찾아 시간낭비를 하기보다 등잔 밑의 훌륭한 재료를 찾아내 일석이조의 노림수를 확보하는 게 좋지 않을까. 어차피 할 일이라면 명분과 실리가 모두 갖춰졌을 때 순풍에 올라타는 전략이 좋다.

ESG는 미래자원에 힘을 실어줌으로써 지속가능성을 타진한다. 공정한 지배구조(G)로 모든 이해관계자를 챙기며(S) 지구환경이 지속되게끔 물려주자(E)는 취지다. 자본 탐욕이 빚어낸 파괴·약탈적 독점구조를 내려놓고 미래 행복이 연장되도록 자원배분을 재구성하는 개념이다. 인구 대응과 기본논리가 똑같다. 이런 점에서 S만 잘 실현돼도 인구위기는 상당 부분 해결된다. 복잡하고 어렵다며 무대응과 방관으로 일관하기보다 ESG의 요구에 맞춰 실효적인 S의 가치창출로만 접근해도 충분하다. 고용 평등과 고용 다양화를 비롯해 인권·노동 등만 제대로 실현되어도 후속인구의 미래생활은 긍정적이다. 출산파업발 인구악재는 물론 먹이·둥지를 찾아 로컬(고향)을 떠나는 사회전출도 줄어들 것이기 때문이다.

인구문제에 있어서 최소한 ESG·기후변화만큼만이라도 공감해야 한다. 내 아이의 앞날과 직결되는 사회문제로 인식할 때 부모 특유의 애정이 시너지를 내면서 해법 모색에 다가설 것이다. 어쩌면 인구재앙은 환경파괴보다 더 외롭고 심각한 한국병의 원류다. 탈탄소·친환경이야 국제 이슈로서 공동대응에 따르면 되지만, 인구문제는 당사자가 아니면 누구도 신경 쓰지 않는 한국만의 당면과제다. 아쉽게도 학계는 인구문제의 회복 반전을 기대하지 않는 눈치다. 불가능에 가까운 상황 반전보다는 충격 완화와 변화 적응으로 대응 방향을 정리한다. 인구재앙에 무심한 한국사회의 현실한계를 정확히 인식한 결과다. 책임을 떠넘기며 현실 탐욕에 함몰된 한국사회에 던지는 냉정한 경고가 아닐 수 없다.

은퇴 이후 동네에서 보물찾기

　ESG와 인구대응은 미래자원·후속세대만 배려하는 것이 아니다. 실은 많은 자원과 권한을 쥔 기성세대에게 위기보다 기회가 더 많은 선택지다. 즉 현존살림의 당사자인 다중 이해관계자 모두에게 유리하다. 가령 한국사회의 허리 계층인 베이비부머가 얻을 과실 수혜도 구체적이다. 인구문제의 해결체제로 제안한 로컬리즘은 베이비부머의 은퇴 이후를 보장해줄 강력한 활동무대이자 생활공간으로 손색이 없어서다. 뒷방 퇴물로 전락해 무위無爲 공포에 휩싸일 노년생활도 로컬리즘을 만나면 활동 연장이 가능해지고 생활가치가 한층 강화된다. 곧 본격화될 초고령화의 시대 압박을 로컬리즘의 실험으로 벗어난다면 당사자는 물론 사회 전체의 공익증진에 효과적이다.

　구체적으로 보면 한국사회는 사실상 50세 전후에 퇴사 압력이 시작된다. 50대 중반까지만 버텨도 다행스러울 정도다. 고령 은퇴가 아닌 중년퇴직이 다반사란 얘기다. 한 해 100만 명 이상이 태어나 사실상 베이비부머의 상징그룹이 된 1970년 개띠를 보자. 2023년 53세로 시나브로 퇴사 마지노선에 다가섰다. 정년이 남았지만, 명예퇴직이란 타이틀로 퇴직을 권고받는다. 중년가장의 무거운 짐을 감안할 때 심각한 사회문제일 수밖에 없다. 늦어진 자녀 독립과 길어진 부모 봉양에 무거운 본인 노후까지 삼중부담의 위험지대에 직면하는 것이다. 해당 인구를 볼 때 개인 불행을 넘어 사회적 위기로 전이될 잠재적 악재다.

뾰족한 대안카드가 있다면 다행이다. 인생 후반전을 위한 훌륭한 출발이면 더 좋다. 그게 아니라면 퇴사 이후의 시간은 아무것도 못 하는 무위의 거대한 공포가 펼쳐질 것이다. 떠나며 잊혀지는 절대무위의 관계 단절이 본격화된다. 실제 주변에선 부러울 정도로 잘 나가던 이가 일에서 떠나며 점차 사라지는 사례가 잦다. 뭐라도 할 줄 알았지만, 의외로 동작 그만인 채 옹송그린 삶을 보내는 경우다. 불가피한 사정도 있겠지만, 꽤 많은 경우는 스스로 집 밖을 나서지 않는 자발적인 은둔 스타일이 많다. 인생무상인 것이 열정적인 전성기를 보냈을수록 한때의 추억만 떠올리며 시간을 보낸다.

잘 내려오는 법을 익힐 때다. 익숙한 직장과의 결별은 생소한 하루의 반복을 뜻한다. 수명연장의 추세로 볼 때 허투루 보내기엔 꽤 긴 시간이다. 돈벌이가 급하다면 더 절실한 취업·전업·창업 카드를 찾을 일이다. 호구지책에서 자유로워도 무위에 대한 염려는 여전하다. 되레 외부활동과의 접점 모색은 더 힘들고 까다롭다. 출퇴근 루틴이 가능한 일거리를 찾지 못한다면 활동·만족을 맞출 적절한 소일거리는 멀어진다. '근로=소득'은 뚜렷한 가성비로 산출되지만 기타 외부활동은 정성평가일 수밖에 없어서다. 취미든 봉사든 본인만의 가치기준과 투입수준을 찾는 게 우선되는 이유다.

이때 유력한 후보 영역이 로컬리즘의 무대인 동네·마을로 갈무리된다. 지역복원을 위한 다양한 프로젝트·프로그램이 운영될 로컬공간이 베이비부머와 만나면 기대효과가 증진된다. 그들의 능력·의지가 잘 반영되면 그간 중앙정부가 풀지 못한 실효적인 로컬리즘 임팩트가 강화될 수 있어서다. 물론 월급쟁이로 살아온 인생에게 지역공간은 낯익되 생소한 곳이다. 잘 알지만 잘 모르는 이중공간인 셈이다.

평생 주간인구(직장 출근)와 야간인구(자가 취침)로 분리돼 살다 24시간의 정주인구로 변신했으니 정작 낮의 시공간은 잘 모르는 이방인이나 다름없다. 엄연히 순환형의 사회생태계가 가동되고 있지만, 야간인구의 존재·역할은 기대하기 어려운 법이다. 이웃도 모르거니와 참여도 없다. 그런데 이곳에 인생 2막을 살아갈 기회·활로가 있다. 고정관념만 깨면 동네는 많은 잠재력을 지닌 곳이다. 소득활동이든 여가 기회든 무궁무진한 연결지점이 존재한다.

로컬리즘으로 귀결되는 지역발전론에서는 동네를 보물로 비유한다. 감춰진 보물을 찾아 구슬로 잘 꿰면 생산·소비·투자의 경제적 순환효과가 달성된다. 또 지역 현안에 참여형 활동주체로 나서면 사회적 파급가치도 기대된다. 신뢰자본의 구축으로 건강한 마을공동체에 기여할 뿐 아니라 거래비용이 낮아져 원가절감도 실현된다. 어차피 언젠가는 은퇴할 수밖에 없다면 마을 데뷔는 시간문제다. 일찍 나서서 먼저 쌓을수록 기대효과는 극대화되고 기회는 커진다. 향후 한국사회의 최대의제 중 하나는 지역발전, 곧 로컬리즘이다. 지역 자체의 지속가능성을 수립·확대하는 과제야말로 트렌드에 가깝다. 현역시절 쟁여둔 막강한 경험·노하우가 마을과 만나면 그 확장성과 효과는 무제한에 가깝다. 결국 동네에서 이루어지는 보물찾기는 본인과 가족·이웃이 함께 엮어낼 행복한 노후모델로 치환된다.

총성 울린 소멸지역, 엇갈릴 운명

　지역복원의 환경은 무르익었다. 도농격차의 불행 파장에 맞서 정상 회복을 위한 로컬리즘의 필요와 욕구가 커진 덕이다. 복원을 위한 자원과 실행 루트는 강화됐다. 수동적이던 중앙정부도 관점 변경에 적극적이다. 아직은 아쉬운 수준이지만, '중앙파워 → 지역하방'의 물꼬 확장을 위해 제도지원에 돌입했다. 국가균형발전특별법(2022년 개정), 인구감소지역지원특별법(2023년 시행) 등으로 농산어촌의 복원 토대를 구축했다. 재정지원의 새로운 피도 수혈된다. 10년간 총 10조 원이 지방소멸대응기금으로 투입되는데, 2022년 1년차 89곳이 선정됐다. 2023년부터는 고향사랑기부제도 가동된다. 일본의 히트상품인 고향납세를 벤치마킹한 것이다. 재정확충·세제혜택·답례시장이라는 일석삼조의 효과가 기대된다. 10만 원까지는 전액 공제되고, 그 이상(최대 500만 원)은 16.5%가 공제된다. 충분하진 않지만, 복원 재원으로 긍정적이다.

　중요한 건 중앙집권에서 자치분권으로의 관점 변화다. 지방자치 30년을 맞았지만, 여전히 중앙에 종속된 제도·관행이 강고하다는 지적이 많다. 행정을 정치의 시녀로, 지방을 중앙의 속지로 여기는 시선과 환경은 굳건하다. 이로써 균형발전론이 무색하게 도농 관계는 수도권의 일극집중화와 지방의 한계소멸론으로 귀결됐다. 예산·권한은 물론 산업·인구까지 극단적인 중앙 블랙홀로 비화된 것이다. 때문에 최근의 변화 분위기는 반갑고 소중하다. 비정상·불균형의 역내분업과 지역경제를 되살릴 호기인 까닭이다. 갈수록 자치분권도 거세질 전망이다. '특별자치'의 강력한 요구는 심화된다. 제주(2006년), 세종(2012년), 강원(2022년)에 이어 전북까지 법안 통과를 내걸며 말 그대로의 자치행정을 설파한다.

관건은 실효적인 소멸 대응과 성과 창출로 모아진다. 하방 결정이 옳다는 강력한 정황 증거를 보여줄 때 자치분권은 확대된다. 줬는데도 못 하면

■ ESG의 주요내용

환경	사회	기업지배구조
환경정책	노동 관행 지표들	공급망 관리
에너지 효율성	이해관계자 참여	경영진 보수
환경 활동 보고	인적 자본 개발	이사회 내 다양성
기후 대응 전략	건강과 안전	업무 행동 강령
바이오 다양성/토지 사용	직장 내 복지 및 혜택	리스크 & 위기 관리
탄소 배출	사이버 보안	기업 투명성
쓰레기 재활용	책임 마케팅	주주 관리
수자원 관리		업무 관리

자료: SC제일은행

■ 인구문제와 ESG의 연결고리

구분	지원내용
일자리	• **일자리확충**: 일자리 알선정보 제공 / 창업비용 · 기술 · 컨설팅 • **정착촉진**: 주택지원 · 수리 및 임차비용 등
복지	• **시설인프라**: 노인복지시설 설치 우선지원 / 재난 · 재해 · 범죄 예방시설 설치 / 경관 및 환경개선 • **정보인프라**: 건강 · 안전 · 편의관련 정보통신기술 행정서비스 제공 / 정보취약계층 지원 디지털 전환 / 스마트도시 확산 · 사물인터넷 등 사업
돌봄 · 교육	• **어린이집 · 유치원**: 국공립어린이집 우선설치 / 어린이집 보육환경 개선지원 / 유치원 시설 · 설비 및 교원 등 통합운영 • **초중고**: 학교 교육경비 보조 · 교육여건 개선 · 교육과정 운영지원 / 정규교육 이외 교과 · 특기 · 적성 프로그램 운영 / 초중 설립기준 · 인가특례 • **대학 등**: 교육시설 적절 설치 및 유치 / 신규설치 · 이전 우선지원 / 지방대 및 지방대 학생 · 졸업생 지원강화 / 인구감소지역 소재대학 지원 · 보조계획 포함 • **평생교육**: 평생교육사업(학습형 일자리 창출 / 고용 · 복지 연계 등)
의료	• **주민건강 증진 · 노인 만성질환 예방 · 치료**: 거주지 방문진료 / 지역보건의료기관 협력강화 / 응급 · 심혈관 · 뇌혈관 등 생명직결 필수의료기관 지정 및 의료시설 · 인력확충 · 품질향상 / 의료취약 인구감소지역 소재 거점의료기관 지정
주택	• **공급확충 · 여건개선**: 이주자 공공임대주택 우선공급 / 노후화 주택개선(신축 · 개보수 등) / 사회기반시설 설치 · 유지 · 보수 우선지원
교통	• **여건개선**: 대중교통 이용 불가 · 취약 주민에 적합한 교통서비스 지원
문화	• **문화기반 확충**: 박물관 · 미술관 설립 · 운영 관련 학예사 운영 등 특례 / 문화 · 관광 · 체육시설 설치 · 이전 • **문화향유 기회확보**: 순회 문화공연 · 전시 등 비용 일부지원 / 문화 · 예술 · 관광 사업 시행자 지원
산업	• **특화산업단지 조성**: 산업단지 입주기업체 등 판로개척 지원 / 근로자 정주여건 개선지원

자료: 인구감소지역지원특별법 및 시행령

지역의 미래는 더 강력한 중앙의 그늘에 들어갈 수밖에 없다. 아쉽게도 우려는 구체적이다. 지방소멸대응기금의 지자체 사업계획서만 봐도 여전히 하드웨어 중심이고 익숙한 내용이 많아 설득력과 차별성을 확인하기 어렵다. 급격히 악화된 지역한계를 볼 때 절실함과 시급성을 발휘해도 모자랄 판에 단순히 예산확보용 보여주기가 아닌지 의심된다. 잘 준비된 경쟁력과 비교우위를 내세워, 의지와 능력으로 진정성 넘치는 지역복원의 결기를 보여주어야 한다. 어차피 자원은 제한적이고 적자생존은 예외 없이 적용되는 원칙이다.

모처럼의 복원 기회는 소녀처럼 수줍게 왔다가 토끼처럼 날쌔게 사라진다. 무르익은 분위기를 지역복원의 실천 화두로 풀어내는 현명함이 요구된다. 지역복원을 위한 로컬리즘에 표준모델은 없다. 229개의 기초지자체는 229개의 유일무이한 복원모델이 필요하다. 지역에 특화된 프로젝트에 집중하라는 얘기다. 강점·약점을 총체적으로 재구성한 후 보물을 찾아내 매력적인 구슬로 엮어낼 수 있는, 지역만의 '온리원'이 권유된다. 아니면 지역은 소멸 수순을 밟을 수밖에 없다. 새는 바가지에 계속해 물을 부어 넣을 중앙은 없다. 침몰이냐 부활이냐, 고빗사위에서의 방향 타진은 올곧이 지역에 달렸다.

거세진 인구변화·소멸경고가 한국사회의 공기 흐름을 바꾼 듯하다. 지역복원을 위한 균형발전이 갈수록 세를 넓힌다. 방치되던 일부 주장에서 당면한 집단이슈로 업그레이드됐다. 더는 강 건너 불구경이 아닌 절대다수 삶의 변수로 받아들여진 결과다. 도시집중·지방과소의 불균형과 비정상이 자원배분을 왜곡하고 모두의 행복을 위협하는 대형변수란 관점이 공유되면서부터다. 유력한 대응체계로 로컬리즘이 부각되는 이유다. 비교열위에 놓여 지속 불능이 생활 풍경으로 확인된 지방권역일수록 현실 위기와 대응 필요에 이견은 없다. 파도가 올 때 서핑을 하듯 모처럼의 변화 조짐에 제대로 올라타 성과를 내는 게 중요하다. 무르익은 기회는 자주 찾아오지 않는 법이다.

자치의 힘은
강력한 당사자성으로부터

도농격차는 인구문제의 원인이자 결
과다. 지방권역보다 저출산이 일상화된 서울·수도권으로의 과잉 밀집이
인구문제를 심화시킨다. 중앙집권의 역사뿐인 한국에서 입신양명의 가용
자원이 집중된 곳에 인구가 몰려드는 건 자연스럽다. 문제는 집중이 정도
를 넘어섰을 뿐만 아니라 서구사회에선 보기 힘든 현상이란 점이다. 물론
어느 나라든 도농 불균형은 존재한다. 도농 간 자원투입·성과배분에 있
어 절대 박탈과 상대 박탈의 온도 차이만 있을 뿐이다. 다 함께 성장하던
고성장시대가 끝난 선진국도 예외일 수 없다. 산업구조를 전환하며 승승
장구하던 중소도시의 몰락 스토리도 흔하다. 2000년대 이후 미국과 유럽
도 이 문제를 풀고자 고군분투했다. 해결법은 한마디로 새로운 방식의 로

컬리즘이다. 관점을 바꾼 지방정부가 지역 기반의 다중 이해관계자와 함께 그들만의 지역자산을 활용한 복원작업에 나서야 한다.

실제 둘러보면 인구감소, 산업 정체, 복지 파탄 등의 지역문제를 잘 풀어낸 해외사례는 꽤 있다. 한국이 좇는 선진국도 지역활성화를 위한 다양한 실험 시도를 많이 했다. 대부분 대량생산의 성장곡선이 멈춰 섰고 인구구조가 저출산·고령화로 재편된 성숙사회답게 지역단위의 활력 상실이 사회문제로 부각된 경우다. 도농 불문하고 과거의 생활체계가 급변하자 불황과 갈등은 일상사가 됐다. 그 돌파구로서 지역활성화가 각양각색의 모습으로 실현되었다. 아픔과 불행이 클수록 지속가능성을 위한 새로운 도전 사례가 늘어난다.

여기서 흥미로운 것은 모범지역의 공통점이다. 영미를 필두로 독일·일본 등 지역활성화의 효과성이 검증된 공간은 하나같이 연방제와 관련이 깊다. 자치권을 지닌 개별지역이 결합해 단일국가를 꾸린 역사성을 보유한 곳이 많다. 일본의 경우(지금은 아니지만), 막부시절의 번藩 체계가 연방의 자치행정과 닮았다. 이런 이유로 형태는 중앙집권이지만 지방자치의 수준·범위는 물론 개념·인식도 상당하다. 실제 미국·영국·독일·이탈리아·스페인 등 서구국가 중 상당수는 사실상의 연방제를 채택하며 고도의 자치분권을 실현한다. 자기 충족의 최소단위로 독립적인 활동의 분권화를 지향한다. 개별지역의 리더십과 거버넌스 아래에서 지역문제를 스스로 풀어내는 역사와 경험을 가졌다는 의미다. 지역활성화와 지역 자치력의 연결은 우연의 일치가 아니다. '연방 체계=지역자치'의 힘이다.

선진국의 교훈, 자치분권의 로컬리즘

그러므로 '자치분권=당사자성'으로 요약된다. 자치의 힘은 강력한 당사자성에서 비롯된다. 당사자성이란 본인 입장에서 문제를 인식하고 해결하는 동기나 기제를 뜻한다. 당사자성을 가지고 있다면 시급하고 절실할 수밖에 없어 행동에 큰 영향을 미친다. 실제 어떤 일이든 간절할수록 성과는 높아지는 경향이 있다. 즉 지역 쇠퇴를 스스로의 당면문제이자 해결과제로 삼을 때 에너지는 커지고 실행력은 강해진다. 당사자성은 행위 결과의 직접적인 이해관계자일수록 그에 비례해 부여되고 공유된다. 그렇다면 지역복원의 이해관계자는 결국 지역일 수밖에 없다.

문제해결을 통해 획득된 직접적인 경제 수혜나 간접적인 심리 만족도 지역으로 수렴된다. 따라서 지역복원에 당사자성이 녹아든 자치 체계는 중요하다. 스스로 문제를 체감하고 해결을 갈구할 뿐만 아니라 얻어낸 성과도 대부분 지역에 환원되기 때문이다. 자치自治의 기대효과란 이런 것이다. 여전히 중앙집권성이 강고한 한국에서 지역복원이 생각보다 더딘 이유도 여기에 있다. 한발 비켜선 중앙정부에만 의존·의탁해온 한계다.

당사자성을 '주인의식' 혹은 '주인다움'으로 표현해도 좋다. 자치권이 넓고 강할수록 가성비 좋은 지역복원이 목격되는 것은 문제에 대한 공감과 해결 의지가 내재화된 주인의식이 기능했기 때문이다. 자치야말로 자활自活과 자강自強을 실현하는 유효한 작동체계인 셈이다. 강조컨대 지역활성화는 스스로 살아내려는, 강해지려는 동기부여가 있을 때 힘을 얻는다. 아쉽게도 그간 한국의 지역활성화는 주객전도主客顚倒의 아이러니가 지배했다. 다른 방식이 없을까 생각하기는커녕 남달리 해보려는 시도조차 거의 없었다. 주인과 객은 다르다. 내 집의 문제를 객이 나서 이러쿵저러쿵할 뿐 아니라 심지어 의사결정을 해버려선 안 된다. 객체가 아닌 주체로 제자리를 찾는 게 우선이다. 때문에 최근 지역복원과 관련해 하나둘 시도되는 주인과 객의 기 싸움은 매우 바람직하다. 변질된 주객主客 관계를 바로잡고 문제해결의 실효성을 높이는 건강한 대결 구도다.

지역활성화에서 당사자성 혹은 주인의식을 강조하는 데는 이유가 있다. 누구보다 지역문제를 속속들이 가장 잘 알기 때문이다. 병명이 정확해야 치료가 확실해지듯 문제를 정밀하게 진단해야 걸맞은 해법을 찾아낼 수 있다. 문제를 오인하거나 원인을 오판하면 해결은커녕 새로운 갈등마저 유발한다. 돈은 썼는데 활기는 없고, 사업은 했는데 결과는 부실한, 타이틀과 영수증만 남은 사업사례는 부지기수다. 정밀한 문제 정의와 치밀한 원인 발굴 없이 위에서 하라는 사업이니 관성과 전례만 좇은 결과다.

실제 지금껏 실행된 지역복원의 제반사업은 해법을 찾는 노력보다 결과를 만드는 데 대부분의 시간을 쓰지 않았을까 싶다. 문제를 세밀하게 살피고 느끼고 정하는 작업은 의외로 과소평가됐다. 행정의 한계도 컸고 관성 추종도 컸다. 아인슈타인은 문제를 읽어내는 힘을 유독 강조했다. 그는 세상을 구하는 1시간이 있다면 55분은 문제가 무엇인지 규정하는 데 쓰고 해결책을 찾는 데 나머지 5분을 쓴다고 했다. 문제가 정확히 정의되면 해법은 의외로 단순명쾌해진다. 문제에만 집중하기에 이해 대립과 주변 이슈에 신경 쓸 일도 없다. 지역의 문제는 지역이 가장 잘 안다. 가장 확실한 직접성과 적극성을 지닌 당사자인 까닭이다.

보여주기에 치중한 지역활성화 반성

당사자, 즉 지역이 빠진 지역복원은 공허하고 씁쓸하다. 그럼에도 여태 껏 지역활성화는 그러한 함정에서 벗어나지 못했다. 혁신적인 문제해결 방안임에도 낯설고 불편할뿐더러 변화를 둘러싼 이익집단의 견제와 압박 까지 적잖아 당사자 중심으로의 사업 전환이 힘들었다. 오래도록 전승된 기존 틀에 맞춰 익숙한 끼어맞추기식의 구조화 후 예산을 내려보내고 결 과를 취합하는 게 안전하고 속 편했다. 그러니 지역활성화인데도, 주체는 중앙이고 객체는 지역이었다.

하물며 지역중심의 활성화를 주장해도 구조 자체가 먹혀들기 힘들었다. 사실, 도시재생도 이와 비슷하다. 그런데 왜 도시재생은 있는데 시골재생 은 없는지 궁금하지 않는가. 도시재생의 실행공간은 대부분 지방권역이 다. 도시로 불리기 힘든 지역조차 도시재생이란 타이틀로 획일화된 사업 이 펼쳐진다. 몰인간적이고 기계적인 재개발·재건축의 대안으로 도시재 생이 선택되었지만, 아쉬움은 남는다. 특히 시골은 활성화의 주도권은커 녕 간접적인 참여권이 전부다. 숱한 재생사업에도 불구하고, 성과와 만족 이 적다면 방법을 바꿔야 한다. 지역의 내발적 사업 추진이 그 대안이다.

지역활성화와 관련된 의사결정 시스템은 수정할 때가 됐다. 당사자가 스스로 문제를 규정하고 해결하도록 물꼬를 열어주고, 필요할 경우 행정 자원을 지원하거나 연결해 그들 손으로 완결하는 방식으로 전환해야 한다. 문제 정의 단계부터 지역활성화의 객체에 머물던 '지역'을 사실상 사업 주체로 삼는 식이다. 거칠게 표현하자면 중앙은 빠지는 게 좋다. 최소한의 역할이면 충분하다. 밑그림을 그린 후 지역이 잘하게끔 유도하고 조정하면 된다. 자치분권의 실효성은 지역활성화에도 그대로 적용된다.

중앙부처의 정책 세트를 두고 지역단위의 불만과 불편이 지금처럼 계속 불거지면 곤란하다. 중앙집권이 내포한 △중앙 장악성 △관료 우위성 △부처 중심성 △현장 단절성 △혁신 기피성 △기존 관례성 등의 한계는 극복대상이다. 예산만 쓰고 성과는 없는 고리타분한 방식은 바뀌어야 한다. 특히 새로운 방식을 기피하고 거부하는 관행은 수정되어야 한다. 관련 행위자가 특정 정책을 선호한다거나 그 정책이 현존 제도의 결과라면 지역활성화의 기대효과는 낮아질 수밖에 없다. 이들 거부권 행사자Veto-Player가 최소화되도록 결단과 의지가 필요하다. 지역활성화는 더 이상 미루기 힘든 중차대한 근원 과제다. 전면적인 변화를 통한 성과 달성이 절실하다.

중앙의 역할은 최소한의 유도와 조정

정치도 관료도 바뀌어야 할 시점이다. 영혼 없는 관료가 문제인 만큼 관료에 포획된 정치도 혁파 대상이다. 설명력이 떨어진 구시대의 유물이라면 혁신은 필수다. 정책은 갈등을 낳게 마련이다. 정책 그 자체가 누

국가에게 이익이고 또 손해인 까닭이다. 기존제도의 이익구조를 바꾸는 게 문제 해법의 새로운 실험이다. 모든 새로운 방식은 이해 갈등과 충돌 지점이 존재한다. 기득권의 저항을 이겨낼 용기와 결단, 그리고 이를 추동할 에너지와 방향성을 완비하는 게 급선무다.

첫출발의 지향점은 현장과 괴리된 정책 결정으로부터의 탈피다. 물론 중앙집권 방식이 모두 잘못된 건 아니다. 과거엔 되레 한정자원의 집중 배치로 성과 창출에 적잖이 기여했다. 우수한 관료의 탁월한 선택이 정책의 가성비를 확보해준 것이다. 지금도 우선순위 지정과 자원 배분의 굵직한 방향과 세세한 원칙을 통해 혼란을 줄이는 효과를 발휘한다. 부처 연계형 사업의 경우 정책 조율과 사업 조정도 기대된다. 그럼에도 과도한 중앙집중적 정책체계를 재검토해야 한다는 데 이견은 없다. 현장과 괴리된 정책의 폐해·부담을 더는 방치하기 어렵다. 낯익고 속 편한 지역활성

◼ 자치분권 로드맵(안)

비전	「내 삶을 바꾸는 자치분권」
목표	「연방제에 버금가는 강력한 지방분권」
핵심전략	① 중앙권한의 획기적 지방이양 ② 강력한 재정분권 추진 ③ 자치단체의 자치역량 제고 ④ 풀뿌리 주민자치 강화 ⑤ 네트워크형 지방행정체계 구축
추진기반	지방분권형 개헌 지원

자료: 행정안전부

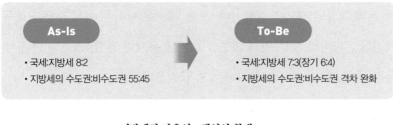

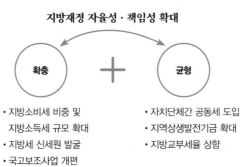

지방재정 자율성·책임성 확대

확충 + 균형

- 지방소비세 비중 및
  지방소득세 규모 확대
- 지방세 신세원 발굴
- 국고보조사업 개편

- 자치단체간 공동세 도입
- 지역상생발전기금 확대
- 지방교부세율 상향

자료: 행정안전부

화 정책은 없다.

그렇다면 바통을 이어받을 지역의 준비 정도와 실행 능력이 새로운 화두로 떠오른다. 정책의 무게중심을 '중앙 → 지역'으로 옮겨도 정작 지역이 받아들이지 못한다면 별무효과에 가깝다. 아쉽게도 지역별 온도 차이는 있다. 능력과 의지를 겸비한 지역이 있는가 하면 공익보다 사익에 밝은 복마전의 공간도 적잖다. 정치인과 지자체, 토호세력의 연합으로 강고하고 끈적한 탐욕 채널로 전락한 활성화 폐해 사례가 그렇다. 중앙 지향성의 지방판 우려다. 시골 공간을 공유한다고 해서 비효율의 분절적 사고체계가 사라지는 건 아니다. 이 경우, 지방이 사업을 원했어도 정작 주민은 없는 경우가 많다.

지자체의 정책 결정 시스템이 훨씬 관료적이고 폐쇄적인 사례마저 적잖다. 중앙 지향성을 해소했더니 또 다른 행정 중심성이 지배한다면 곤란하다. 실제 지역의 자체 정책 중 일부는 중앙보다 더 문제가 있거나 모든 문제를 그대로 가진 축소 버전인 경우가 흔하다. 뭣이든 짓고 보자는 경쟁적인 토건형 프로젝트가 그렇다. 정밀한 수요조사는커녕 주민 의사조차 반영하지 않은 결과다. 아이를 낳으면 은행대출까지 갚아준다는 지방판 저출산 대책과 견줄 만하다. 당사자성이 충분히 발굴·반영될지도 의문이다. 당사자성은 의미가 한정될 경우, 오히려 배제와 배타의 출발점이 된다. 결국 당사자성이 균등하게 녹아드는 민주적·개방적·자발적·협력적 사업체계가 필요하다. 지역이 활성화사업의 새로운 주체로 부상하는건 시간문제다. 준비된 지역만이 주민 행복이란 목표를 이룰 수 있다.

청년몰의
쓰라린 교훈

품평 1 "처음엔 의욕이 컸고, 손님도 적잖아 자신감이 넘쳤다. 그런데 갈수록 매출이 줄어들었다. 만만찮을 것이란 건 알았지만, 생각보다 바닥을 찍는 시점은 금방이었다. 지금은 종업원을 내보내고 혼자 간신히 버티는데 어떻게 될지 모르겠다. 의기투합했던 이웃 점포의 동년배 청년 사장은 결국 두손을 들었다. 지원금이 나올 때는 그래도 괜찮았다. 지금은 나도 모르게 취업 사이트를 뒤진다. 이대로면 정리하지 않을 수 없다. 경험은 얻었지만 시간을 버렸다는 생각이 떠나지 않는다. 딱 여기까지다. 다시 하라면 못 할 것 같다. 특별한 연고나 뒷배가 없다면 뜯어말리고 싶다."

품평 2 "솔직하게 기대 반 걱정 반이었다. 내리막길만 걷던 곳에 청년들이 가게를 연다는 데 반대할 이유는 없었다. 빈 점포가 많아질수록 손님은 더 줄어들지 않는가. 정부가 나서 돈을 지원해주고 언론에도 몇 번 소개되면서 잠깐이나마 활기가 돌았다. 버스까지 대절해 일부러 찾아오는 손님도 있었다. 기존에 장사하던 분들도 많든 적든 도와주어 오랜만의 북적임이 계속되길 바랐다. 갈등도 있었지만 좋은 게 좋은 거라고 참고 설득하며 품어 안고자 했다. 손님이 줄면서 모든 게 순식간에 바뀌었다. 겉만 번지르르한 가게들부터 문 닫고 빠져나갔다. 장사를 너무 쉽게들 봤다."

위의 품평 두 가지는 2000년대 초반부터 본격화된 전통시장 활성화사업 중 최근 비중이 커지고 있는 청년몰과 관련된 이슈다(한국개발연구원, 2007). 재래시장 육성을 위해 2004년 특별법이 제정된 후, 2005년부터 중기청을 중심으로 본격화되기 시작했다. 사업내용은 크게 시설 현대화와 경영혁신으로 구분된다. 당시 추진 주체는 재원 제공자인 중앙정부와 지방정부(지자체)로 설정됐다. 사업 초기에는 중기청뿐 아니라 총 6개 부처에서 유사사업을 추진했다. 해양수산부(수산시장 시설 개선 및 경영 지원), 산업자원부(중소 유통업 지원), 행정자치부(소도읍 육성 사업), 건설교통부(개발촉진지구) 등이 대표적이다.

보이는 손이 만든 폐업행렬

청년 창업을 통해 침체된 전통시장의 활기를 되찾게 하겠다는 청년몰 사업에 대한 현재의 평가는 엇갈린다. 대체적인 분위기는 낙관론에서 비관론으로의 전환이다. 시작할 때는 기대감이 컸지만 갈수록 신중론이 대세로 자리 잡는다. 애초의 목표 달성은커녕 또 다른 예산 낭비, 갈등 유발의 관치사업으로까지 비하된다. 실제 전국 곳곳의 재래시장에 위치한 청년몰을 보면 제대로 운영되는 곳이 손에 꼽을 정도다. 대부분은 개점 휴업이거나 아예 폐점한 후 볼썽사납게 방치된 유령공간으로 전락한 곳도 많다. 물론 여전히 사업은 진행 중이며, 차별적인 입점·운영 전략으로 유명한 곳도 적잖다. 취지 자체가 잘못되진 않았기에 개선점을 찾는 새로운 부흥 노력도 구체적이다.

그럼에도 혹평의 근거는 꽤 강력하고 이는 지속가능성의 부재로 압축된다. 가령 2019년 청년몰 사업으로 만들어진 489개 점포 중 229개(47%)가 폐업 혹은 휴업한 것으로 밝혀졌다. 2년차 생존율은 34%에 불과하다. 각자도생을 전제로 한 민간 영역의 1인기업 생존율(48%)보다 낮다(2019년 중기부 국감자료). 경영 악화가 주된 이유이나 속내는 복잡하다. 형태는 민간(청년)의 자발적인 경제활동인데, 내용은 정부 지원의 재정사업으로 해석되는 탓이다. 출발부터 시장 논리가 희석된, 즉 '보호된 정책사업'의 혐의 탓에 영리적인 지속가능성이 상대적으로 무시되었다는 얘기다. 정부가 돈을 지원해주니 무작정 창업했고, 지원이 끊기자 냉엄한 시장 논리에 패했다는 평가가 많다. 기대감으로 시작했지만, 갈수록 지원금으로 임차료 내며 버티다 결국 문 닫는 수순이 반복되는 이유다.

이런 곳은 셀 수 없이 많다. 전주 남부시장 청년몰, 순천 청춘창고, 부산

서면시장 온나몰, 수원 영동시장 이팔청춘 등 유명세로 인구에 회자된 경우는 물론이고 지명도가 낮은 더 많은 전통시장에도 활성화가 결여된 청년몰이 수두룩하다. 지적했듯이 당초 기획부터 오판이고 착각이었다는 평가는 설득력이 강하다. 호흡이 짧은 단년도 예산사업이 많은 탓에 실체적인 지속성보단 형식적인 성과만 강조됐다.

즉 밀어붙이기 사업이 태반이라 초기 개업이 중요하지 사후 유지는 크게 고려되지 않았다. 예산은 써야 하고 성과는 필요하니 창업만 부추길 뿐 결정적인 상권분석·창업교육은 순위가 밀릴 수밖에 없다. 그럼에도 사업은 계속된다. 중기부를 필두로 지자체까지 앞다퉈 예산 지원에 나선다. 조건만 갖추면 점포당 수천만 원의 지원금을 쏟아붓는다. 국비, 지방비 포함해 전통시장 활성화에만 연간 수백억 원이 투입된다. 지금도 청년몰 입점 희망자를 모집하는 공고가 줄을 잇는다.

앞의 두 가지 품평은 청년 점주·기존 상인의 것으로 입장 차이가 상당하다. 그래도 결국은 용두사미龍頭蛇尾의 교훈으로 모아진다. 적잖은 지역 활성화 사업 현장이 사업 초기와 달리 유야무야有耶無耶 이렇다 할 성과 없이 종료되는 것과 닮았다. 좋은 의도가 늘 좋은 결과를 만들지는 않는 셈이다. 취지는 옳았다. 정부로선 골칫거리인 청년 취·창업 유도와 전통시장(지역경제) 활성화라는 두 마리 토끼를 노림수로 내세웠다. 잘만 되면 일석이조의 꽤 알찬 집합적 성과 창출이 기대됐다. 아쉬운 건 면밀한 사전 검토와 정밀한 공정관리로 압축된다. 사실 이 부분은 기본 중의 기본이다. 자기자본을 태워 사업을 시작하는 민간조직이라면 상식에 속하는 필수 공정이다. 철저한 수요조사로 타당성을 확인해도 돌발변수로 어그러지는 경우가 부지기수다. 밑 빠진 독에 물을 붓지 않으려는 처절한 시장 논리는 사업의 성패를 결정짓는 필수 불가결한 요인이 아닐 수 없다.

지역활성화도 영리 없이 지속 없다!

2010년대부터 방방곡곡에서 청년 입점을 통한 시장 재건 프로젝트가 셀 수 없이 진행되면서 벤치마킹이 줄을 이었다. 일부는 시행착오를 거치며 안착한 모습을 보이지만, 상당수는 돈만 쓰고 사람도 떠나는 반면교사로 전락했다. 지원이 끊기자 폐업은 당연시됐고, 1년을 넘기면 오래 버틴 축이란 날 선 비판도 계속된다. 최소한 다양한 이해관계자와 의견을 나누고 협력만 했어도 실효성은 높아졌을 터다. 기존 상인의 눈으로 보면, 청년몰은 첫 단추부터 작위적이고 형식적이었던 듯하다. 곳곳에 물음표가 난무했다.

상권을 되살린다니 반대할 일은 아니지만 그게 가능한지 체감상 받아들이기 어려웠다. 카페·음식점 등이 생겨났지만 애초부터 목이 안 좋은 곳이라 사업성이 의심된 것이다. 입지가 나쁜데 사람이 올 리 없어서다. 우려는 현실이 됐다. 토박이와의 화학적인 융합이 고려되지 않았기에 시장 번영회 등 기존 조직과의 갈등마저 생겨났다. 불편한 동거는 매출이 줄수록 심화된다. 돈을 대주고 숫자만 뽑으면 그만인 행정적 사업 접근의 한계다. 지속적 환경 정비와 사후관리는 꽤 아쉬운 대목이다.

같은 맥락에서 예산 투입의 정당성이 도마 위에 오른다. 아직은 절대다수의 지역복원 프로젝트가 정부예산·행정기획으로 시작되기에 그만큼 예산을 둘러싼 적절성 논쟁은 뜨거울 수밖에 없다. 물론 시장 실패를 이겨낼 일종의 마중물로서 공공성은 인정되는 바다. 다만 신중론도 많다. 예산 사업이 맞는 경우도 있지만 그렇지 않은 영역도 적잖아서다.

예산 투입, 정부 개입이 정당성을 확보하려면 공공재적 성격과 함께 산업적·문화적 논리 등을 통해 시장 실패를 이겨낼 명확한 사유가 필요하다. 민간에 맡기면 문제해결이 어렵기에 대체 방식으로 정부 지원의 명분을 쌓자는 쪽이다. 정부가 개입해 시장을 형성할 수밖에 없다는 정당성의 확보다. 그게 없으면 정부 지원의 논리적 정당성은 훼손된다.

뿐만 아니라 먹튀를 양산하거나 흉내만 내는 무임승차를 부추기는 잘못된 신호를 줄 수도 있다. 물론 예산투입형 지역활성화는 필요하다. 멈춰선 한계공간을 재가동시킬 윤활유로서 예산은 바람직하다. 다만 자동 항법처럼 '지역복원=예산투입'의 무조건적이고 무분별한 접근 관성은 경계할 필요가 있다. 혹은 초기 단계에 한정하고, 자생적인 효율성과 지속적인 사업성을 겸비하도록 사후 지원으로 무게중심을 옮겨가는 게 권유된다.

'지역복원=예산투입'은 경계 대상

지역복원은 대부분 경제사업이다. 경제적 사업을 염두에 둔 결사체가 사업수행의 주체를 맡는다. 예산이 투입돼도 실행은 시장 논리로 이루어진다. 정부 의탁형 사업답게 실행 주체는 공공성을 내재화할지언정 이들 조직 역시 기본은 영리 방식이다. 협동조합, 사회적기업도 마찬가지다. 수익 배분이 제한될 뿐 돈을 못 벌면 생존할 수 없다. 아니면 기존의 민간조직이 주된 사업 주체로 부각된다. 개인사업자든 주식회사든, 민간조직은 이익 추구가 대전제다.

결국 지역활성화는 경제행위로 요약된다. 경제행위라면 이익 확보가 관건이다. 어쩌면 이익확보야말로 지역활성화의 최대 성과로 연결된다. '(예산투입) → 사업실행 → 이익확보 → 운영지속 → 고용창출 → 소비증가 →

 청년몰 국비 투입 현황

단위 : 억 원

자료: 중기부 및 소상공인시장진흥공단

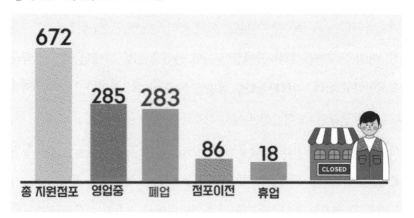

자료: 중기이코노미

세수확대 → 지역부활'의 선순환적 시스템이 구축되기 때문이다. 결국 정부예산은 정밀한 사전검토를 통해 의존성을 낮추고 사업성을 키우도록 활용되는 게 바람직하다. 경제사업답게 영리성을 자극해 자발적인 활동을 유인할 때 공공성의 자연스러운 확보도 가능하다.

정리하자면 지역활성화는 차근차근 정부 영역에서 벗어나는 게 좋다. 대신 시장의 다양한 민간 주체가 참여하도록 판을 만들어주는 역할이 요구된다. 청년몰의 교훈은 정부개입의 정당성과 무관하게 영리 기반의 시장성이 결여된 결과였다. 시장 실패를 이기자고 등장한 예산투입이 정부 실패를 낳는다면 재검토가 당연하다. 궁극적으로는 어떤 경제활동도 지역활성화와 연결되지 않는 건 없다.

그렇다면 지속적인 경제행위를 진작시키는 다양한 장치와 제도를 지역활성화 시스템에 품어내는 접근이 권유된다. 이를 통해 지원의 정당성과 역차별의 문제도 극복할 수 있다. 아담 스미스는 『국부론』에서 푸줏간, 술집, 빵집은 고객을 위한 자비심이 아닌 본인을 위한 자애심自愛心에 따라 움직인다고 했다. 지역활성화도 공공을 위한 선의와 공익만으로는 부족하다. 그가 전작인 『도덕감정론』에서 강조하는 연민Pity과 동정심Compassion은 사업이 지속될 때 비로소 통용된다. 공동체적 행복은 자생적인 경제행위를 통해 실현되고 확대되는 법이다. 정부 지원은 색안경을 낄 필요도, 어부바를 할 연유도 없다. 중요한 건 지역단위에서 펼쳐지는 각종 경제활동을 응원하는 일이다.

지역복원의 뉴 노멀
넥스트 사회적경제

지역복원은 강력한 시대의제일 수밖에 없다. 비교적 여유로운 대도시라면 몰라도 소멸 절벽에 내몰린 지방권역은 사실상 절체절명의 과제다. 동시에 위협적인 인구문제를 완화시킬 즉각적이고 실효적인 대응 논리 중 하나다. 그럼에도 여전히 정책의제의 우선순위에서는 밀리는 듯해 안타깝고 씁쓸하다. 다만 시간은 로컬리즘의 편이다. '지역복원 → 로컬리즘'은 부지불식간 연결·확대되며 순위가 역전될 수밖에 없다. 한국사회의 제반 문제를 풀어낼 공통적인 실행 공간이 로컬 단위인 까닭에서다. 2022년 정권교체에 따른 정책 변화도 로컬리즘 앞에서는 무의미하다. 여야 불문하고 지역복원이 정치생명과 직결되는 까닭이다. 역설적이게도 보수정권의 지역복원이 더 적극적일 확률도 점쳐진다. 새로운 정권도 도농격차 해소를 위해 국가발전의 축을 지역에 두겠다는 의지를 밝혔다.

따라서 정권교체와 지역복원은 별개이다. 정권이 바뀐다고 소홀히 할 과제가 아닌 데다 방치할 수 없다는 위기감이 어느 때보다 높기 때문이다. 가시화된 도농격차 · 인구압박이 위험수위를 훌쩍 넘긴 까닭이다. 인구 유출, 대학 붕괴, 상권 몰락, 기업 유출 등 악순환에 가속도마저 붙은 형국이다. 때문에 중앙정부의 정책의제로서 타이틀은 달라질지언정 지역복원의 내용엔 변화가 없다. 다만 경쟁 논리를 중시하는 보수정권답게 무조건적인 균등 지원보다 차별적인 선택과 집중 전략이 선호될 수는 있다. 그렇다면 능력과 의지를 갖춘 지자체는 복원 자원을 몰아주고, 그게 아니라면 자연도태 · 인수합병을 유도할 개연성도 충분하다. 아직 상황판단을 못 해 강 건너 불구경인 지역이 많지만, 갈수록 차별 지원의 기세를 선점하기 위한 지자체별 경쟁도 격화될 예정이다.

정권교체와 무관한 지자체별 차등지원

그렇다면 지역복원은 성공할 수 있을까? 지역활성화를 하면 주민은 행복해질까? 선행 경험을 종합해보건대 쉽지 않은 질문이다. 사업은 많이 했지만 주민이 반기는 경우는 드물다. 심지어 사업을 하는지도 모르는 사례마저 적잖다. 핀트가 엇나갔다는 얘기다. 문제를 정확히 읽지 못했으니 성과가 나올 리 만무하다. 주민이 빠진 활성화라는 세평을 유의해 들어야 하는 이유다. 그 목적이 주민 행복인 지역활성화 사업에서 기획부터 실행까지 주민의 의견·참여가 제한되니 껍데기만 남고 원하는 건 묻힐 수밖에 없다. 이대로는 곤란하다. 어렵다고 포기할 게 아니라 최대한 주민 목소리를 듣고 눈높이에 맞춰 조정된 방식이 절실하다. 지역활성화에도 뉴노멀이 필요한 것이다.

지역복원의 밸류체인은 대하드라마에 가깝다. 개개의 주민이 단역이 아닌 주역인, 긴 호흡의 전원참가형 프로젝트다. 투입예산과 사업기간의 한계로 단막드라마로 전락해서는 안 된다. 특정 사업은 완성이 아니라 연결을 위한 출발로 삼아야 한다. 무엇보다 협치 프레임이 중요하다. 하향식의 행정주도가 아닌 상향식의 민관협치가 바람직하다. 이 부분은 사회적경제를 비롯해 새로운 역할 주체의 등장을 통해 일부 실험 중이다. 더 중요한 건 민민협치다. 사업에 익숙한 일부 민간뿐만 아니라 성글지만 새롭게 역할할 수많은 주민·조직까지 참여하는 방식이 권유된다. 당사자성을 가진 지역주민 모두를 아우르는 재생사업을 지향해야 한다는 뜻이다. 개방적 소통과 민주적 결정을 바탕으로, 사업의 객체가 아닌 주체로 거듭날 때 말 그대로의 민간주도가 실현될 수 있다.

지역활성화의 유력한 주체 중 하나로 사회적경제 조직이 자주 언급된다. 행정과 주민 사이의 전달체계로서 지역단위에서 다양한 사회적경제 조직과 활동가가 활동한다. 기존의 행정사업을 수행하던 민간조직이 사회적경제로 전환되는 한편, 아예 새로운 플레이어가 사회적기업·협동조합(사회적협동조합)·자활기업·마을기업 등의 결사체를 조직해 행정 발주

프로젝트를 맡기도 한다. 반면 사회적경제와 무관하게 정부주도 복지사업 등을 영위하는 민간회사도 여전히 많다. 한국에선 아직 소수이지만 다양한 민간업체가 위탁형 행정사업에 도전한다. 사회문제를 영리적으로 풀려는 소셜 벤처 등 혁신적인 청년 그룹의 출사표도 잇따른다. 결국 행정의 대척점에 있는 민간은 분해되고 세분화된다. 사회적경제부터 기존 사업체, 중소 상공그룹, 골목상권, 소셜 벤처 등 민간 주체는 수없이 많다. 이들은 수익을 나눠 갖는 경쟁자이자 함께 판을 키우는 협력자일 수밖에 없다. 관민협치만큼 민민협력이 중요한 배경이다.

그럼에도 경쟁은 치열하고 견제는 상당하다. 사회적경제 업계는 경쟁 주체 중 비교우위적인 주도권을 갖는다. '정부 주도'라는 태생적, 구조적 특징 때문에 아무래도 사회적경제란 타이틀을 쥐고 있는 관련 주체가 다소 유리했던 것이다. 일자리 제공형·사회서비스 제공형·지역사회 공헌형·혼합형·기타(창의·혁신)형이라는 사회적기업의 5대 유형 대부분이 정부사업의 민간 대체형 성격을 가져서다. 즉 유무형의 정부지원이 전제된 사회적기업이란 인정까지 받았다면 공공 조달을 포함해 판로 확보에도 유리하다. 법인격이 무엇이든 사회적기업이란 라벨을 받고자 수많은 후보군이 노력하는 이유다. 서로 매출을 일으켜주는 상호거래도 적잖다. 한편 그렇지 않은 경쟁적인 민간 주체는 상대적인 비보호와 역차별에 노출된다. 비슷한 사업인데도 사회적경제란 생태계에서 비켜섰다는 점에서 역설적인 한계에 직면한다. 기존 사회적경제 생태계의 폐쇄적·연고적 정실주의에서 제외된 결과다.

주춤해진 사회적경제

　지역복원의 사업영역에서도 사회적경제 업계의 기존 장벽은 높고 넓다. 모두 그렇지는 않지만, 일부가 물을 흐리는 경우가 왕왕 있다. 일반화의 오류는 경계해야 하지만 사회적경제 업계만이 지역활성화의 핵심 주체란 인식은 위험하다. 사회적경제는 지역활성화의 수많은 역할 주체 중 하나일 뿐이다. 공공적인 사업내용과 민주적인 조직 지향 덕에 잘할 수 있는 여건은 구비했으나, 이상과 현실은 구분해 봐야 한다. 일부의 농담으로 듣고 싶지만, '물 들어올 때 노 젓자'라는 말까지 들릴 정도다. 사익을 우선하고, 정보를 은닉하고, 지역을 무시하고, 오로지 이권에만 밝은 경우도 있다. 프로젝트의 사유화 혐의(?), 즉 워싱Washing이다.

　실제로 관치에선 벗어난 듯 보이지만, 한쪽에서는 야합을 이끌며 성과를 위한 사업이 아닌 행정을 위한 사업도 횡행한다. 대의명분을 갖춘 사회적경제라는 이미지를 내세워 필요 이상의 보호와 지원을 정당화하는 부작용도 있다. 이래서는 지역활성화가 제대로 될 수 없다. 진정성이 없는 일부의 부작용만으로 치부해선 곤란하다. 사회적경제 업계가 생존을 넘어 성장하자면 적당한 긴장과 열린 배려는 필수다. 일례로 경쟁조직·후속주자일 수 있는 다양한 역할 주체와 함께하겠다는 마인드가 권유된다.

　지역에는 자원이 별로 없다고 한다. 특히 사람이 없다는 푸념이다. 지역복원의 위기감과 필요성은 높은데, 움직여줄 사람이 없다는 건 안타까운 한계지점이다. 그래서 발주처인 행정과 가깝고 실적과 경험을 갖춘 그

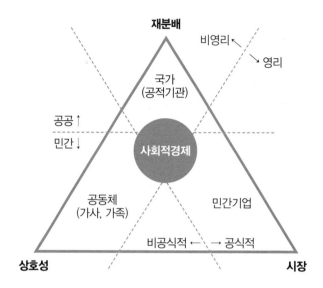

자료: EMES 유럽연구네트워크

룹 위주로, 주민조차 모르는 '그들만의 사업'이 곳곳에서 실행된다. 실제로 '사회적경제+지역활성화'와 연결된 프로젝트 중 상당수는 특정 그룹이 독점한다. 공모 정보와 행정절차에 밝은 일부가 지원해 사업을 따내고 그렇지 못한 지역주민은 아무리 원해도 행정 허들에 갇혀 입장조차 못 한다. 서류상·절차상 하자가 없다면 행정도 계약할 수밖에 없는 구조다.

물론 이 지적을 극복하고자 프로젝트의 구성 단계부터 지역주민을 반드시 결합하도록 하는 사업도 많지만 실효성은 낮다. 주민 구성의 대표성이 흔들리는 까닭이다. 현실적으로 참여할 수 있는 대상은 여성과 고령주민

위주다. 이들이 프로젝트를 성장의 기회로 삼을 수도 있겠지만, 대부분은 방관자에 머물 뿐 기대효과는 낮다. 더욱이 지역 단위에선 유교 기반적인 씨족문화·문중사회의 영향력이 꽤 건재해 주민참여도 제한적이다. 이렇다 보니 토박이보다는 외지인과 이주민이 지역활성화 사업을 하게 된다.

역설적으로, 사회적경제는 사회적경제를 넘어설 때 비로소 지향하는 가치를 실현할 수 있다. 사회적경제가 또 다른 이권조직이 돼선 곤란하다. 애초 취지처럼 공공성을 확보하자면 수많은 지역단위 이해관계자를 찾아내고 품어내며, 그 속에서 공동체의 가치를 확보하는 게 바람직하다. 작은 파이라도 기꺼이 나누고 도와주며 안내하는 형님 역할이 요구되는 것이다. 모두를 경쟁자가 아닌 협력자로 흡수하면 판은 되레 커진다.

이제 사회적경제는 전향적·개방적 자세로 다음 단계를 고민해야 한다. 긴장과 배려를 바탕으로, 사회적경제 외부와의 적극적 접촉과 협력을 해나가며 지역복원이란 목적을 달성해야 한다. 대안은 사회적경제를 벗어난 확장적인 협치모델일 수 있다. 즉 지역활성화를 포함한 사회문제를 풀어내는 달라진 방식으로서의 '혁신'이 핵심의제일 확률이 높다. '새 술은 새 부대에' 담기 위한 허들 제거와 협력 추동의 출발점이 사회적경제 업계에서 시작되어야 한다. '문 닫힌 캐슬'이 아닌 '개방된 광장'을 지향할 때 사회적경제는 이념을 넘어 생활로 안착할 수 있기 때문이다.

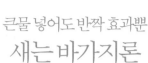

인구문제는 공간 문제다. 공간 선호로 갈리는 도농격차가 초저출산을 심화시킨다. 도농 간 출산 환경은 다르다. 교육·취업은 도시가 좋고, 주거·출산은 농촌의 허들이 낮다. 따라서 청년인구는 좋은 일자리를 찾아 도시로 몰려든다.

다만 도시는 출산 조건이 열악하다. '지방 → 서울·경기'로의 사회이동은 '저밀도·고출산 → 고밀도·저출산'으로의 공간 전환을 뜻한다. 2022년 출산율은 전년의 0.81명에서 또 떨어져서 0.78명을 기록했다. 0.78명이란 수치는 선두권을 형성하는 전남(0.97명), 강원(0.97명), 세종(1.12명)과 꼴찌인 서울(0.59명) 등의 통합 평균치다. 출산율이 높은 지방 청년의 서울행이 평균을 깎았다. 0.97명(전남, 강원)이 0.59명(서울)으로 옮겨가지 않도록 지역판 직주락職住樂의 고도화가 절실하다. 문제는 공간 격차에서 비롯된 사회이동형 출산 감소가 해가 갈수록 더 심화되고 있다는 것이다.

결국 저밀도 · 고출산의 지방 권역에서 사회적 유출을 낮추는 게 관건이다. 이때 기업 유치는 지방청년을 묶어두는 강력한 유인장치로 부각된다. 지방청년이 선호하는 기업이 로컬 단위에서 양질 고용에 나서면 청년 유출이 줄어들 수 있어서다. 선순환적 기대효과는 자연스럽게 확대된다. 세수 확보, 고용 유발의 직접효과부터 소비 진작, 지역 잔류의 파급효과까지 기대되는 것이다. 때문에 전국 단위의 유명 기업을 둘러싼 유치 경쟁은 치열하고 간절하다. 쇠락을 막아낼 우선의제답게 지역 정계는 '기업 유치=당선 보장'의 등식마저 상식이 되었다. 더 모시고 덜 떠나게 하기 위한 눈물나는 읍소부터 재정적 지원까지 총동원된다.

그럼에도 기업 유치가 만능열쇠일 수는 없다. 자립적인 순환경제에 필수적인 탈脫의존, 향向자립을 가로막는 탓이다. 언제든 떠날 수 있어 불안한 공생구조에 가깝다. 지역의 운명을 자본의 속성과 연결지으려면 충분한 고려와 전략이 필수다. 물론 없는 것보다는 훨씬 낫다. 초기 효과만 보면 역외 전입의 기업 유치는 로컬 회생의 착화제일 수 있다. 다만 신중하게 그리고 길게 볼 필요가 있다. '든 사람은 몰라도 난 사람은 안다'고 이후 상황이 변화해 떠난다면 이후 충격은 더 크고 짙다. 경영 성과의 역내 순환도 부정적이다. 행정중심복합도시인 세종의 선행 교훈을 보건대 유치 전략이 빛을 보자면 유출 방지책이 먼저다.

기업유치의 감춰진 허상

민간기업이든 공공기관이든 외부 결사체의 지역 유치는 화려한 겉과 빈약한 속이 공존한다. 역외 자본형 기업 유치는 초기일 때에 한정해 반짝 유효하다. 지역에 뿌리내린 '외지→토종' 방식의 기업활동은 의외로 드물다. 고향 창업처럼 특정 연고가 있어도 지역화는 어렵다. 관건은 유치 이후의 성과 환류와 순환경제의 실현이다. 아니면 기업 탈출을 배제할 수 없다. 기업이 떠나면 의존 구조는 멈추고, 실패한 자생경제의 기억만 남는다. '기업 유출 → 의존 붕괴 → 자력 부족 → 지역 쇠락'의 악순환이다.

그도 그럴 게 기업이 떠난 후 피폐해진 지역상권은 수없이 많다. 거액의 자금 투입이 전제된 기업 유치와 공공투자의 함정은 '새는 바가지The Leaky Bucket' 이론으로 정리된다. 1990년대부터 지역개발이 집중됐던 영국에서 나온 개념이다. 중앙예산을 포함해 외부자금이 지역에 투입됐지만, 성과가 신통찮다는 반성에서 비롯된다. 2002년 신경제재단NEF은 이를 투입자금의 외부 유출로 정리했다. 특정 지역의 경제를 하나의 바가지로 보고 외부에서 많은 돈을 쏟아부어도 균열을 막지 못하면 재생 성과가 줄어든다는 논리다. 예산투입, 기업 유치, 특구 설치, 관광 모객 등으로 외부에서 돈이 들어와도 상당액이 지역 외부로 유출되면 새는 바가지처럼 메말라간다.

실제로 유출 지점이 적잖으니 낭설은 아니다. 가령 건설공사는 규모가 클수록 전국망 대형사가 맡는다. 컨소시엄으로 지역업체를 넣거나 하청

발주를 해도 공사비 대부분은 외부 회사의 몫이다. 기업 유치도 그렇다. 원재료·판매관리비 등 지출 대상이 역내 업체가 아니라면 수익은 본사로 귀속된다. 일례로 영국 토요타 공장의 240여 부품 조달사 중 현지업체는 5개뿐이다. 또 스코틀랜드의 한 전기 회사에서 사용하는 금속부품 중 12%만이 지역 생산 몫이라고 한다(『地元経済を創りなおす』). 공장 유치로 거액의 외자가 들어와도 부품 대금 상당량은 외부로 빠져나간다는 의미다. 대형쇼핑몰 유치 효과도 이와 닮았다. 지역민의 고용 창출은 있겠지만 이윤의 대부분은 본사로 들어간다. 강력한 경쟁자에 굴복한 역내 상권의 매출 하락까지 포함하면 마이너스 효과는 더 커진다.

답은 명확하다. 바가지에 물을 남기는 방법은 두 가지뿐이다. 밖에서 더 많이 자주 붓거나 안에서 새는 구멍을 막는 것이다. 대부분 지금까지는 전자에 익숙했다. 지역에 돈이 없으니 중앙 예산이나 외부 자금을 끌어오자는 쪽이다. 쪽지예산 오명이나 혁신도시 로비처럼 '중앙 → 지역'으로의 자금 배분을 늘리려는 관행의 시작이다. 그러나 물을 더 붓는 방법은 명확한 재생 성과가 확인될 때만 유효하다. 외지 돈으로 지역을 되살린 사례는 거의 없다. 있어도 집중 투하에 따른 단편적 성과에 가깝다. 가성비(가격 대비 성능=산출가치/투입자금)가 낮다는 반면교사는 부인하기 어렵다.

새는 구멍 막아 역내 승수효과 높이기

새는 구멍부터 막는 게 급하다. 방수 처리부터 한 후 돈을 넣자는 논리다. 돈은 외부 자금이든 내부 금융이든 훌륭한 마중물이다. 구멍을 최소화해 투입된 자금이 잔존할 때 순환경제는 달성된다. '어떻게 외부에서 큰돈을 끌어올 것인가'만 바라보는 관행에서 벗어나는 게 먼저다. 새는 바가지론이 맞다면 기업 유치는 매력적이나 실효성은 낮다. 외자 유치, 대량 투하의 개발 논리는 신중해야 한다.

틈새를 막은 후 부어 넣은 물은 순환경제라는 물꼬에 올라타 목마른 지역을 적셔준다. 완전한 자립경제는 어려워도 역내 자금의 역외 유출을 최소화시켜 순환을 이끈다. '원천소득 → 원천소비 → 파생소득 → 파생소비…' 식의 역내 승수효과가 기대된다. 영국·일본 등에서는 누수 지점을 찾아 순환 가치로 연결시키는 작업이 본격적이다. 토착 기업 등 지역 주체를 최대한 결합시켜 역외 유출을 줄여내는 방식이 그렇다. 일본은 지역회사가 개발사업을 전담하는 조례까지 만들었다. 낙찰 기준에 지원 자격을 넣어 로컬업체의 인센티브에 집중한다.

물이 남을수록 승수효과는 커진다. 이는 투하자금이 유출·소멸되기 전에 여러 차례 순환되는 정도인 역내 승수효과Local Multiplier Effect로 확인된다. '역내투자 → 역내생산 → 역내소득 → 역내소비 → 역내조달'의 실현회차별 승수 배수는 커지고, 체인의 화살표가 끊겨 역외소득으로 유출되면 효과는 차감된다. 그러자면 활동 주체는 지역 외부(대기업)보다 지역 내부(토착기업)일 때 유리하다. 토착 주체라면 지역 착근적인 공급체인·고용 창출이 발생하고 역내소득도 남아 순환경제의 밑거름이 된다. 중앙이나 외부에 의존하는 재생작업은 바가지보다 돈에 집중한다. 지역 토대보다

자금 규모가 관심사였다. 따라서 획일적·제한적인 재생 성과가 반복됐고, 역외 유출의 딜레마 속에서 창출 효과가 소진되기만 했다.

지역 정책도 지역에서 만들어 외부로 내다 파는 지산외상地産外商을 강조해왔다. 유출자금의 통제에는 별 관심이 없었다. 문제는 지산외상이 쉽지 않다는 점이다. 매력적인 상품개발도 어려운데 역외로 판매하기란 더 어렵다. 그러니 내부 순환의 고도화로 눈을 돌리는 건 자연스럽다. 금융위기 후, 유럽 각국이 외부 충격에 휘둘리지 않는 자립경제를 표방한 이유가 여기에 있다. 에너지·식품 등 과도한 역외 분업이 취약성과 의존성을 심화시켜서다. 대안은 역내 자립을 통한 순환경제의 달성이다.

유명 브랜드 유치보다 소형경제에 주목

따라서 마중물은 마중물대로 찾되 우선 과제는 자립형 순환경제의 토대 마련이다. 외지의 대형 회사에 개발 주도권을 빼앗기지 않으려면 토착 주체의 참여 수준과 경쟁력을 키워내야 한다. 그 과정에서 거인과의 싸움은 피하는 게 좋다. 지역 단위가 도전하기 힘든 경쟁자다. 아마존 · 쿠팡 등 당일 배송의 유통 강자에 맞서기보다 지역 토착 · 골목 상권이라는 더 잘하는 것에 집중하자는 뜻이다. 불가능하지 않다. 지역화의 명분도 경제화의 실리도 충분하다.

다행히 작은 것이 아름다운 이유와 추억의 소환이 창출해낸 로컬상품도 늘어나는 추세다. 요즘 농담처럼 떠도는 말이 있다. 새벽배송이 지방소멸의 원인이고 스타벅스가 없어 청년들이 떠난다는 얘기다. 자조적인 너스레이지만, 웃고 넘길 일이 아니다. 반대로 유명 체인점이나 유통점이 생기면 상권이 부활할 것으로 기대한다. 지자체가 나서 유명 브랜드를 유치하자는 얘기까지 들린다. 이때 명심해야 할 것이 있다. 체인 점포든 제조 공장이든 지역경제에 지속적인 도움이 안 되면 무용지물이란 점이다.

유명 체인점은 지역활성화의 성공지표로 거론된다. 돈이 될 것 같으니 들어왔을 것이기 때문이다. 사회공헌만으로 출점하기란 쉽지 않다. 그만큼 출점 기준은 냉정하다. 반대로 부적합에 따른 폐점 진행 역시 신속하다. 더 큰 문제는 폐점에 따른 충격이다. 든 자리는 몰라도 난 자리는 표시가 나듯 폐점 여파는 크고 아프다. 대개는 폐점 기준이 유사해 동시다발로 지역상권을 떠난다. 외부 의존식 상권 운영은 지역 가치를 피폐화시키는 원인이 되기도 한다.

해외 사례를 보면 건강하고 지속적인 지역상권의 공통점은 균형 잡히고 개성적인 점포 구성이다. 외부 의존이 아니라 자체 생존을 위한 토착 점포의 협력 관리가 일반적이다. 점포를 세분화해 다양한 라인업을 보태고 기존 상인에 청년 창업까지 활력을 보탠다. 업종 쏠림을 막고 다양한 점포를 키우려면 상인회(상점가)를 중심으로 독자적인 상권 관리가 필요하다. 결국 창출된 가치를 지역 바깥으로 옮기려는 자본 본능을 제어할 선제장치를 마련하는 게 우선이다. 지역화를 담아낸 차별적 소형경제가 살아 움직일 때 기대효과는 높아진다.

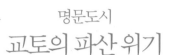

교토의 파산 위기

최근 일본의 천년고도 교토京都에 파산 경고등이 켜졌다. 2021년 "이대로면 10년 이내 파산한다"라는 교토 시장의 메시지가 그 근거다. 한때 연간 5,000만 인파를 끌어당긴 관광명소의 파산 예고는 외신의 토픽으로 한국에도 전해졌다. 열도의 충격은 상당하고 후폭풍은 거세다. 지역소멸이 심화된 농산어촌도 아닌 유명도시 교토의 재정 파탄이라 위기감은 더 높다. 임박한 연쇄 공포 때문이다.

특히 파산도시의 데자뷔를 일찌감치 겪어본 일본이라 후폭풍은 한층 현실적이고 구체적이다. 2006년 파산 지자체 1호의 불명예를 안은 홋카이도 유바리夕張시가 그렇다. 방만한 경영, 분식회계, 투자 실패가 뒤섞여, 인재人災가 빚은 지역 파탄의 끝판왕을 보여줬다. 유바리시는 현재 세금은 제일 비싼데 서비스는 가장 못 받는 도시로 전락했다. 거주민이 1명도 없는 유령마을만 20곳이다. 교토든 유바리든 위기의 흐름은 판박이처럼 닮았다. 급격한 시대 변화와 소홀한 대응체계는 같은 경로를 따라 상황을 악화시킨다. 파산 위기의 겉(재정 악화)과 속(인구 변화)은 놀랍도록 똑같다.

파산도시의 공통 루트

빚을 갚지 못하는 회사의 부도는 자연스럽다. 못 벌면 망하는 게 수순이다. 국가도 그렇다. 파산선언(디폴트), 채무조정(모라토리엄)처럼 망조를 경험한 나라도 적잖다. 반면 기초 지자체의 파산 뉴스는 낯설다. 교토 위기가 주목받는 배경이다. 그러나 찾아보면 사례는 많다. 금융위기 후인 2011년 미국에서만 앨라배마 제퍼슨카운티를 비롯해 4곳이 파산 신청을 했다. 2013년 디트로이트도 파산 절차에 들어갔다. 한국도 지불유예 선언 사례가 있다. 2010년 성남시 등 3개 지자체가 그랬다. 예외 없이 등장하는 '세수 감소 → 부채 행정 → 변제 불능'이 파산 도시의 공통 루트다.

원류에는 급격한 인구 감소와 방만한 재정 운영이 있었다. 교토 파산이 현실화된다면 동일한 루트다. 출발은 재정 적자다. 교토의 경우 실질 부채만 8,500억 엔에 달한다. 2021년부터 5년간 2,800억 엔의 재원 부족이 예상된다. 매년 500~600억 엔의 적자다. 어려울 때 끌어 쓰려고 만든 공채 상환기금도 곧 바닥 신세다. 파산 예고는 긴축경영을 위한 사전포석이다. 이대로 놔둘 수 없으니 개혁에 동의해달라는 메시지다.

특단의 대책도 발표됐다. 공무원 급여를 최대 6% 깎고, 인원도 550명 줄일 계획이다. 70세부터 적용되는 경로승차권도 75세로 상향했다. 보육료 지원(연 60억 엔)은 축소되어 본인 부담으로 넘어간다. 최고 수준의 복지와 서비스로 유명하던 교토로서는 구겨진 체면이 말이 아니다. 그나마 놔두면 미래가 없다는 게 중론이다.

파산 구조는 복합적이다. 어긋난 수요 예측에도 불구하고 밀어붙인 거액의 공공 건설이 직격탄을 날렸다. 빚으로 지었는데, 채무변제는커녕 운영 과정의 만성 적자까지 더한 시영 지하철이 대표적이다. 승객 감소를 무시한 탁상행정이 만든 전형적인 토건 실패 사례다. 팬데믹으로 관광 경제가 붕괴된 것도 한몫했다. 단 파산의 본질은 구조적이고 근원적인 변수로 향한다. 바로 인구 변화다. '인구 감소 ↔ 재정 악화'의 악순환이다.

구체적으로는 '출산 감소 → 고령화 심화 → 활력 저하 → 경기 침체 → 세수 감소 → 복지 압박 → 인구 유출'의 연결고리다. 저출산·고령화의 과도한 복지 지출을 감당하지 못하는 역내 경제의 세수 붕괴가 결정적이다. 세수의 근간인 고정자산세(재산세)·주민세가 저성장·인구병으로 급감했음에도 불구하고, 과도한 출산 장려, 노년 복지비는 그대로 유지됐다. 상황 변화를 방관하며 인기 정책을 지속한 것이 곳간의 바닥을 직면하게 된 원인이다. 무책임한 복지부동과 무대응 행정의 포퓰리즘이 파산 경고라는 값비싼 대가를 낳았다. 아쉽게도 인구 구조를 되돌리기란 거의 불가능하다. 2020년 교토의 인구는 8,982명 감소했다. 인구 감소·사회 전출 전국 1위다. 후속 청년의 정주 포기도 많다. 관광 유치용 과잉투자가 빚어낸 주택 가격 급등 탓이다. 매년 1,000명 넘는 사회적 감소(전출·전입)의 주력 그룹은 미래세대인 2030 청년 인구다. 요컨대 교토 탈출로 요약된다. 하지만 구조조정은 재건보다 미봉책이란 분석이 많다.

파산 도시 유바리의 살벌한 선행사례

파산 도시의 삶은 두말하면 잔소리다. 파산 위기 언급 후 교토가 긴장하는 것은 먼저 겪은 유바리의 살벌한 선행 사례 때문이다. 사람이 살기 힘든 거주 불능의 상황이 펼쳐질 것이 예상된다. 유바리의 오늘이 교토의 미래란 점에서 위기감은 높다.

유바리의 파산 선언은 총체적인 판단 착오가 빚어냈다. 1980년대 시작된 '탄광에서 관광으로'라는 개발 전략이 352억 엔의 누적 부채로 돌아왔다. 세수(8억 엔)를 감안하면 말도 안 되는 빚더미다. 사양화된 탄광 경제를 관광사업으로 전환하자는 취지였으나, 문제는 진행 과정에 있었다. 엇나간 수요 예측, 부실 행정, 멈춰선 감시 기능이 총체적 부실을 낳았다. 빚을 빚으로 막고 분식회계까지 횡행하며 눈과 귀를 닫은 결과였다. '부채 → 과잉 투자 → 매출 감소 → 채산 악화 → 세수 하락 → 유지 불능 → 신규 부채'의 악순환이다.

행정 리더의 조급함과 관성적인 전시사업의 달콤함이 유바리를 파산의 벼랑 끝까지 내몰았다. 자기 돈이었다면 못 했을 부실한 살림을 행정은 곪아서 터질 때까지 눈을 속여가며 반복했다. 자치권을 잃은 유바리의 재건

계획은 세금 인상과 혜택 감소로 돌아왔다. 이후 뼈를 깎는 구조조정은 재건 계획이 아닌 파괴 공작으로 불릴 정도다. 재건을 위한 최소 자원마저 줄인 탓이다. 이로써 정상 회귀라는 희망조차 사라졌다. 파산 당시 12만 명이었던 주민은 6,729명(2022년 말)까지 줄었다. 매년 수백 명씩 자연 감소, 사회 전출이 이루어진다. 위기 이후 단 한 번도 인구가 늘어난 적이 없다. 도시는 완전히 멈춰 섰다.

유바리는 지역소멸의 민낯을 잘 보여준다. 밥벌이는 멈춰 섰고 인기척은 끊어졌다. 필자는 현장조사에서 "생존과 관련된 지출을 제외하곤 모두 없앤다"라는 설명을 들었다. 허리띠를 조이고 조여서 빚을 갚겠다는 의지다. 260명이던 시의 직원은 100여 명으로 줄었다. 현재는 꽤 정상화가 됐다고는 하지만 연봉이 40%씩 깎인 상태다. 시의원도 18명에서 9명으로 줄었다. 2017년 시장 연봉(251만 엔)은 일본 최저를 기록했다. 퇴직금, 교제비도 없앴다.

반면 세금은 높였다. 잔류 주민이 빚잔치의 희생양이 된 것이다. 주민세와 재산세 모두 인상됐다. 경자동차세(7,200엔→1만 800엔), 하수도 사용료(1,470엔→2,440엔)도 올렸다. 공공시설은 폐쇄됐다. 초등학교는 6개에서 1개로 통합됐다. 공공의료인 시립 진료소 병상도 줄였다(171개→19개). CT, MRI 장비는 없앴다. 외과, 안과 등의 진료과목은 사라졌다. 사실상 병원 폐쇄 수준이다. 세금은 1등인데 서비스는 꼴찌라는 이미지마저 생겼다. 그야말로 웃픈(?) 성과도 있다. 높아질 것으로 예상한 사망률이 감소한 것이다. 아파도 의료서비스를 못 받을 것이므로 선제적으로 예방의료에 나선 덕이다. 궁하면 통한다는 아이러니다. '서로 돌봄'으로 불리는 주민조직의 네트워크도 강화됐다. 한국에서도 받아들인 마을 단위의 예방·재택 의료를 뜻하는 '지역 포괄 케어 시스템'의 사례로 인용된다.

한국 지자체 파산 선언 1호는

유바리의 현재 경험은 참혹하고 안타깝다. 그런데 우리도 강 건너 불구경할 상황이 아니다. 이미 인구 감소, 경제 피폐, 세수 악화로 살림살이가 어려워진 지자체는 수두룩하다. 중앙정부의 교부금·보조금을 제외한 자체 조달 재정이 50%대를 밑돈다(2021년 재정 자립도). 30% 미만 지역도 173개에 달한다. 63개는 자체 수입으로 인건비도 감당하지 못한다. 예산 낭비 신고 건수는 2,000건을 상회한다. 위기 돌파를 위한 혁신적인 지역 경영이 아니면 파산 도시 출현은 시간문제다.

파산 선언은 지역소멸을 앞당긴다. 중앙정부의 신탁통치를 받는다 해도 원죄에 따른 고통 분담은 피할 수 없다. 마른 수건을 쥐어짜는 엄청난 고통이다. 파산하고 후회한들 되돌릴 수 없다. 교토와 유바리의 타산지석은 파산 선언을 회피할 선제 대응의 필요로 연결된다. '파산 선언, 지역소멸, 유령마을'은 동의어다. 인구 변화의 속내와 본질을 읽어야 막아낼 수 있는 화두다. 감춰진 시한폭탄을 찾아내 뇌관을 없애는 게 관건이다.

파산은 수입보다 지출이 클 때 생긴다. 행정조직도 똑같다. 세입·세출처럼 이름만 조금 다르지 기본 구조는 같다. 회사조직은 대개 구조조정·

■▪ 유바리시의 파산 전후 비교표

	전성기	파산 직전	2022년
인구	11만 6,908명	1만 3,268명	6,729명
초등학교	22개	6개	1개
중학교	9개	3개	1개
시 직원	–	263명	97명
경자동차세	–	7,200엔	1만 800엔
시설사용료	–	–	50% 인상
하수도	–	1,470엔	2,440엔
쓰레기처리	–	–	1리터 2엔
시장급여	–	86만 2,000엔	25만 9,000엔
직원급여(기본급)	–	–	평균 15% 삭감

자료: https://style.nikkei.com/article/DGXMZO03666070W6A610C1000000

■▪ 2022년 지자체 재정자립도

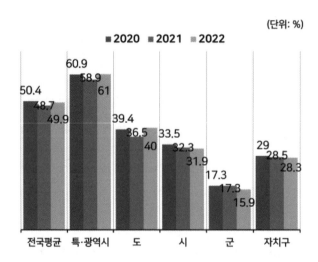

자료: 행정안전부

인구소멸과 로컬리즘

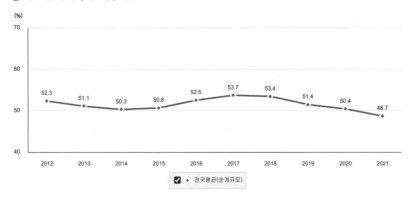

자료: 행정안전부

■▪ 연도별 전국평균 재정자립도

혁신실험으로 위기 타개를 모색한다. 비빌 만한 언덕이 없기에 자기 책임 하에 발본개혁에 나선다. 그런데 행정조직은 사뭇 다르다. 공공성을 내세운 무주공산의 모럴 해저드와 무책임이 난무한다. 빚과 표를 맞바꾸는 후진적 · 관성적 공공사업을 반복한다. 줄여도 안 될 판에 교토 · 유바리처럼 공격적인 토건사업에 나서는 상황도 익숙하다. 불편한 절약보다 익숙한 채무로, 눈앞의 위험을 피하겠다는 차원이다. 주인 없는 조직답게 뒷날을 생각하지 않는 무모한 자충수가 화려한 승부수로 포장돼 포퓰리즘을 완성한다.

우리라고 지역소멸의 경고에서 자유로울 리 없다. 인구 변화의 속도 · 규모를 보건대 일본 걱정은 오지랖에 가깝다. 229개 기초 지자체 중 재정 염려가 없는 곳은 극소수다. 그럼에도 문제 인식은커녕 실패 전철에 익숙하다. 더 이상 주저해서는 안 된다. 인구변화의 엄중 경고에 발맞춘 고달프지만 유의미한 선제대응만이 살 길이다.

전국 각지의 지역복원 사업

왜 성과가 없을까

　　　　　　팬데믹으로 관심에서 살짝 비켜선 인
구병도 시나브로 유통기한이 끝난 듯하다. 자연감소(출산−사망=마이너스)가
확인된 2019년 이후 사회문제로 부각된 인구 악재가 코로나19 사태로 일
정 부분 가려지고 덮였지만, 최근 일단락되면서 재차 수면 위로 떠오르고
있어서다. 만약 팬데믹이 없었다면, 인구 문제발 갈등 화두는 보다 일찍
한국사회의 혼돈과 시련을 앞당겼을 것이다. 팬데믹이 워낙 대형 이슈라
인구문제도 덮으며 비켜설 수 있었다.

　이제 인구변화는 압도적 핫이슈로 부각된다. 막강한 파괴력과 후폭풍
을 내재한 난제 중의 난제인 까닭이다. 브레이크 풀린 고속열차처럼 시간
조차 우리 편이 아니다. 이대로라면 한국사회를 떠받쳐온 세대 부조형 정

책운영은 기능 부전, 제도 무용론에 휩싸일 것이다. 물구나무형 가분수(고령화/저출산)로의 구조 급변과 고도 성장형 기존 체제는 양립할 수 없다. 구조개혁이 지속가능한 미래 설계의 첫걸음이라면 그 기본은 문제의 원류인 인구 대응에서 출발해야 한다. 벌써 시작했어도 이미 늦은 대응 과제가 인구 위기다. 공정 단축을 위한 집중적 · 효율적 대책 마련이 필수다. 복기하면서 후회할 일은 안 하는 게 좋다. 인구 혁신을 위한 대타협은 늦었지만 그나마 지금이 마지막 기회다.

없는 게 없는 인구 대응 정책

모르면 놔둬도 알면 내버려 둘 수 없는 게 인구 문제다. 체감도가 클수록 위기감도 비례해 커진다. 때문에 중앙정부보다 지방정부의 인구 대응이 발빠른 편이다. 평균치를 갉아먹는 인구병이 농산어촌일수록 중증인 탓이다. 몇몇 인구 증가 지자체를 빼면 절대다수에게 소멸 경고장이 던져졌다. 출산 장려 · 주거 지원 · 전입 유인 등 정책 세트가 총동원된다. 기업 이전 · 기관 유치 등의 경합 전선도 뜨겁다. 재정 투입을 통한 관광 · 산업 거점형 인프라 구축은 일상적이다. 균형 뉴딜 등 중앙예산에 의존한 세부 사업까지 포함하면 사실상 없는 게 없다.

어디서 성과를 냈다는 입소문이 퍼지면 따라하기 식의 벤치마킹도 빈번하다. 출산 정책은 눈물겹다. 액수 · 대상 등 자녀 숫자별 차등 지원금을 내세워 출혈 경쟁을 반복한다. 자녀를 낳으면 1억 빚을 갚아준다거나 임대료를 면제해준다는 곳도 생겨났다. 튈수록 주목받기에 이색적 · 파격적 아이디어는 계속된다. 윗단에서 뿌려지는 중앙 정책과 겹치는 내용도 부지기수다. 해서 경쟁을 넘어 과열이란 혹평이 많다. 돈의 관점에서 보면 가성비가 낮거나 마이너스다. 투입은 많은데 산출(출산율 세계 꼴찌)은 형편없다. 영리 조직이나 개별 가정의 살림살이라면 진즉 망했을 수준이다.

인구 대응은 문제의 본질부터 목표 설정까지 획기적 재검토와 전반적 재조정이 필수다. 목표가 옳은지, 내용이 맞는지 살펴봐야 실패 확률이 낮아진다. 그렇다면 인구 대응의 목표는 뭘까. 십중팔구 '인구증가'다. 인구감소가 원인이니 증가로의 방향 전환을 내건다. 항상 출산 장려가 최우선 순위에 놓이는 이유다. 하지만 사실 여기서부터 핀트가 엇나간다. 물론 인구증가란 방향은 맞다. 간절히 원하는 최종목표이기도 하다. 로컬리즘도 마지막엔 인구증가에 방점을 찍는다. 관건은 실현 여부이다. 하락 추세에 접어든 선행 사회 중 인구유지선(2.1명)까지 늘린 사례는 없다. 바닥을 찍고 살짝 반전했거나 저점 다지기가 고작이다.

드라마틱한 반전 성과를 거둔 일본도 1.26명(2005년)에서 1.34명(2021년)까지였다. 한때는 분위기가 좋았지만(2015년 1.45명) 다시 내려앉았다. 프랑스도 1.65명(1993년)에서 1.87명(2019년)까지 늘렸지만 추가 상승은 쉽잖다. 반짝 반등은 있어도 장기 추세형 인구증가를 완성하기란 매우 어렵다. 서구의 경우, 이민출산 · 국제전입의 양수겸장형 이민 확대도 주효했다. 대부분의 선진국은 인구증가보다는 감소 저지를 정책 목표로 선택한다. 덜떨어지겠다는 하방 경직성의 확보다. 목표가 감소 · 저지라면 정책 내용은 달라진다. 최소한 출산 일변도에서 벗어나 생활 전체로 다양화될 것이다. 낳으면 돈으로 보상하는 방식만 고집하지 말고, 낳을 만한 양육형 직주락의 기반 환경을 개선하는 식이다.

실패 후의 교훈, 인구증가보다 감소 저지

로컬의 인구증가는 탁상공론이 빚어낸 신기루에 가깝다. 비현실적인 정책 목표에 의한 희망고문과도 같다. 인구증가를 지향할지언정 단번에 닿긴 어렵다는 뜻이다. 감소 저지처럼 당면 단계를 하나둘 밟아가는 게 옳다. 인구감소에 돌입한 일본은 1억 인구 유지를 정책 목표로 내걸었다. 1억 2,600만 명의 추세 하락을 받아들이되, 최대한의 감소 억지로 1억은 지키자는 취지다. 추세에 맞선들 고비용·저성과의 보여주기 식 전시행정만 초래했다는 뼈아픈 경험 탓이다.

실제로 2008년 인구 정점(1억 2,800만 명)을 기록한 후 어떤 노력도 먹혀들지 않았다. 추계대로라면 2040년 전후로 1억 인구선이 깨지고 2110년 4,286만 명까지 축소된다. 따라서 가용자원을 총동원해 1억 데드라인을 지키는 감소 저지로 방향을 틀었다. 주무 부처인 특임장관(1억 총활약상)의 설치 배경이다. 2016년부터는 인구정책의 상징 문구로 '로컬리즘'이 채택됐다. '감소 저지=로컬리즘'의 논리 구조를 완성한 것이다. 출산 장려형 자연 증가보다 출산 유지형 사회 이동에 방점을 찍은 조치다. 비교적 고출산인 농산어촌의 사회 전출을 줄여 균형 인구를 유지하겠다는 전략이다. 급격해진 '농촌 → 도시'로의 사회 이동이 인구감소의 본질이다.

　도시는 농촌보다 출산율이 낮다. 인구밀도가 높을수록 출산 환경은 나빠진다. 때문에 향向도시형 사회 이동이 많으면 인구감소는 가팔라진다. 지역에 남으면 출산이 기대되는데, 교육 · 취업을 위한 사회 이동이 계속되면 급속도로 상황이 악화된다. 따라서 감소 저지는 곧 유출 방지로의 정책 전환을 뜻한다. 특히 재생산력(후속여성)의 지역 잔류를 통해 유출 방지 · 출산 유지라는 일석이조를 기대할 수 있다. 또한 지역 청년의 고향 정주는 도시 청년의 지역 유인보다 수월하다.

　일본은 감소 저지를 위해 지방고용 · 지방이주 · 청년직주 · 지역부활의 4대 전략을 도출했다. '농촌 → 도시'로의 이동 행렬을 매년 6만 명 줄이자는 세부 목표까지 내놨다. 반대로 '도시→농촌'의 유입 목표는 4만 명이다. 합하면 연 10만 인구의 지방 정주가 목표다. 지자체는 감소 저지를 위한 전출 방지, 전입 확대에 맞춰 자원 배분을 수정한다. 뺏고 뺏기는 소모적 인구 쟁탈전보다 지역 인구가 잔존하도록 애향적 · 공동체적 가치 확산에 주목하는 것이다. 지역 청년의 직주 완성을 위한 고용창출 · 사업기회 · 순환경제의 선순환 기반 마련에 적극적이다.

감소 저지를 위한 새로운 무기

　로컬리즘을 설정할 때 인구증가라는 불능의 목표를 고수할 필요는 없다. '고 출산지 → 저 출산지'로의 전출입을 줄여 인구감소를 통제하는 게 바람직하다. 문제의 본질은 사회 이동인 까닭이다. 방치와 오판의 대가는 값비싸다. 예산과 노력을 물거품처럼 사라지게 한다. 자원 배분에 실패한 인구 갈등은 정부의 실패로 귀결된다. 목표 수정을 위한 관점의 전환이 시급하다. 지금까지 잘못된 신호는 충분히 많았다. 출혈적 출산 정책보다 잔류적 정주 모델이 간절하다. 더 뺏는 쟁탈전에서 덜 잃는 자구책으로의 무게중심 이동이다. 선거 시즌이면 인구 하한을 지키겠다고 얼굴을 붉혔던, 주소 이전 유치 경쟁 등의 불필요한 소모전을 끝내자는 의미다.

결국 공멸보다는 상생이다. 자치 분권을 위한 중앙정부의 권력 하방은 앞으로도 계속될 전망이다. 예산과 권한을 내려놓는 게 쉽진 않지만, 지방자치형 도농 균형을 위한 분권 행정은 시대의 화두다. 정부도 숙명으로 받아들이며 관련 정책의 실효 확보에 나섰다. 기획능력과 기대성과를 면밀히 살피며 한정된 자원을 차등 지원하는 것이 유력하다. 무능력·무대책의 소멸지역까지 챙길 여유는 없다. 줄 세우기 논란에도 불구하고, 감소저지의 실효적 인구 목표에 다가선 지역을 우선할 수밖에 없다.

이로써 공은 지역으로 넘어온다. 인구 유지로 지역의 운명을 거듭나게 할 새로운 구조·실행만이 지자체의 살길이다. 유바리·교토처럼 재정 낭비형 지역 파산은 곤란하다. 하나같이 출혈경쟁에서 비롯된 인구 목표가 빚어낸 자충수였다. 인구 쟁탈은 제로섬이다. 지역 간 희비가 있을 뿐 사회 전체로는 제로다. 감소 저지의 우선 과제는 지역 인구의 유출 방지부터다. 교육·취업을 위해 지역을 떠나는 15~24세 청년 인구부터 덜 떠나도록 챙기는 게 좋다. 취학 자녀의 교육 문제로 지역을 떠나는 부모 세대가

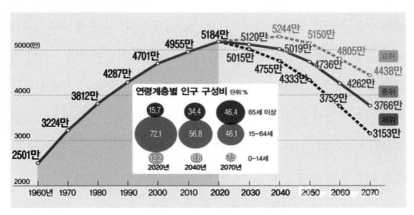

자료: 복지타임즈(원자료-통계청)

가시권이다. 초점은 정주 기반의 확립에 있다.

내발적 지역 발전론처럼 방치된 지역 자원을 회생의 보물로 역전시켜 구슬로 꿰는 혁신 실험이 요구된다. 지역사회를 구성하는 다양한 이해관계자를 감소 저지의 선수단이자 응원단으로 적극 끌어당길 때 가성비를 비롯한 변화의 임팩트가 담보된다. 인구추계를 봐도 229개 기초단체 중 소멸 위기에서 비켜선 곳은 없다. 시간은 없고 자원은 적은데 헛발질을 반복하면 끝은 자명하다. 해봤는데 안 되면 방법을 바꾸는 게 상식이다. 자연증가(출산-사망=플러스)형 인구증가를 고수할 여유는 없다. 덜 줄어들게 하자는 감소 저지로의 목표 전환이 현실적이다. 본격화될 지방분권과 자치행정은 인구 목표의 전환 여부에 맞춰 승패가 엇갈릴 전망이다.

지방소멸 극복 화두
지역 기반의 로컬리즘

주지하듯 한국사회의 불행 원인 중 하나는 도농격차다. 서울·수도권의 일극집중은 한정된 자원의 무한쟁탈을 뜻한다. 이것이 집값 폭등의 배경이다. 일자리를 독점하고 있으니 떠나기는커녕 지방인구의 사회 전입까지 반복된다. 반면 지방엔 사람도 돈도 없다. 이대로라면 인적 끊긴 지방 소멸은 정해진 미래다. 한편으로 서울살이도 녹록찮다. 감축 성장과 각자도생의 자원 경쟁은 극단으로 치닫는다. 따라서 후속세대는 전통적인 행복을 버린다. 인내가 전제되는 연애·결혼·출산 대신 눈앞의 개인 행복을 추구한다. 도농 모두 승자 없는 한판 승부에 열중한다. 균형이 중요하건만 도농 불균형은 갈수록 심화된다. 정책 대응은 뒤늦은 헛발질에 허덕인다. 불행의 진원지에 도농격차를 위치시켜도 무리는 없다.

언제나 치우침보단 적절함이 좋다. 중간(평균)이 탄탄할 때 가장 안정적이다. 인구밀도도 그렇다. 단위면적당(1㎢) 거주인구만 봐도 한국은 불균형의 극치다. 2021년 한국의 전국 평균 인구밀도는 515명인데, 서울은 1만 5,650명에 달한다. 무려 평균 수치의 30배다. 참고로 강원은 90명에 불과하다(KOSIS). 2019년 자연 감소와 2020년 총인구 감소로 그나마 시계열로는 감소세다. 서울의 인구밀도가 낮아진 건 스태그플레이션(저성장·고물가)으로 서울살이가 힘들어 탈경화脫京化가 심화된 결과다.

그럼에도 서울 중심의 자원 독과점은 여전하다. 고비용의 생활도시를 앞세운 빗장도시답게 견고한 비교우위를 고수한다. 압권은 강력한 서울 중심의 일자리다. 빗장을 경계로, 밤엔 떠나도 낮엔 되돌아올 수밖에 없다. 아침저녁의 출퇴근 행렬은 가속화된 직주職住 이탈이 만들어낸 신풍경이다. 그 와중에 인구는 더 집중된다. 서울은 포기한 상태에서 서울 접경의 수도권이 유력 후보다. 청년 인구에겐 교육·취업을 통한 호구지책을 실현해줄 최후 공간인 까닭이다. 덕분에 경기·인천은 인구가 증가한다(2022년에는 그나마 월별 기준으로 경기권역의 인구감소도 확인됨. 총인구 감소에 따른 파장으로 해석된다). 전 국토의 12%에 속하는 수도권에 총인구의 52%가 살아가는 이유다.

자원 집적 클러스터가 만든 서울 경제학

한국 인구는 2020년 사상초유의 감소세로 전환됐다. 자연증감(출생자-사망자)은 2019년부터 마이너스(데드크로스)를 찍었다. 해외 사례를 보건대, 국제적 유입 덕에 총인구는 다소 늘어나게 마련인데, 한국은 그나마 1년 만에 마무리하며 총인구 감소국이 됐다. 총원이 주는데 한 곳이 늘면 어디선가는 줄어들 것이다. 바로 수도권을 뺀 지방 권역이다. 동전의 양면처럼 도시 밀집과 농촌 과소는 동의어다. 참고로 인구밀도 1위인 서울 양천구는 2만 6,316명, 최하위인 강원도 인제군은 19.3명이다(2019년 말 기준).

개개인의 사회 이동은 합리적인 선택이지만, 사회 전체로는 비용 유발과 불균형을 낳는다. 지속가능성의 훼손이다. 한쪽은 넘치고 한쪽은 부족해, 효율적 자원 배분을 가로막는다. 집적도시의 자원 쟁탈보다 심각한 것은 한계 취락의 기능 부전이다. 관심도 의지도 비켜선 외로운 소멸 공간인 탓이다. 균형 회복은 시급한 과제다. 이대로라면 도시·농촌의 역내 분업은 깨져버린다. 농촌이 서울을 떠받치고 있다는 점에서 생태계의 건강한 연결망이 붕괴되는 것이다. 답은 '로컬리즘'으로 귀결된다. 농촌의 오늘이 한국의 내일이다. 지방이 죽으면 국가도 죽는다.

서울·수도권만 보면 통계의 함정에 빠지게 된다. 서울은 숱한 재료가 뒤섞인 대표적인 집적지다. 많은 걸 가졌고 더 가질 태세다. 인구도 돈도 기회도 위력적이다. 소문과 경험은 자석처럼 강력하게 주변 자원을 흡수한다. 뭐든 끌어당기는 '서울 블랙홀'이라 할 만하다. 정치·경제·사회·문화 등 항목 불문이다. 그런데 서울 공화국 탓만 해서는 곤란하다. 일극화의 자원 집적은 개별 주체들의 합리적이고 효율적인 기대 가설에 기반한다. 한데 모이면 좋다는 클러스터 추구 효과다. 금융이 여의도에, 벤처가 테헤란로에 집중되는 식이다. 생태계가 모이면 플랫폼이 강화되듯 집적 가치는 탐색과 거래 비용을 낮춘다. 15~24세 청년인구가 서울로 향하는 이유다. 서울발 '교육 → 취업'의 연계 고리도 비교우위에 있다. 좋은 일자리와 직결된 스펙과 평판을 모조리 서울이 움켜쥔 결과다.

서울이란 성벽은 견고하고 육중하다. 세계의 어떤 수도보다 일극집중이 강하다. 인구밀도·GRDP^{지역총생산} 등 양적 지표로는 최고 수준이다. 유명 기업 본사의 70~80%는 물론 신규 취업 60~70%가 서울에서 이뤄진다. 여기에 생활 인프라까지 가세한다. 공공기관(117개), 대학(48개), 요양기관(2만 2,683개), 문화시설(111개)이 밀집되어 있다(2019년). 국토의 0.6%에 불과한 서울이 엄청난 GRDP(423조 원, 22%)를 독점하는 배경이다(2018년). 서울은 여전히 배가 고프다. 가격 급등과 수급 붕괴로 전 국민의 시름이 된 서울의 아파트는 시가총액이 2014년 626조 원에서 2022년 6월 1,342조 원으로 급등했다. 최근의 급락세 탓에 1,330조 원(2022년 10월)까지 떨어졌지만, 살인적인 독주란 점에는 변함이 없다. 범서울권이라 할 수 있는 경기·인천을 넣으면 집중도는 한층 높아진다. GRDP(990조 원, 52%)만 절반 이상으로 수도권 인구 비중과 일치한다(52%). 2명 중 1명이 사는 12%의 땅덩이가 만든 불균형의 현실이다.

서울의 미래, 디스토피아 vs. 유토피아

서울은 기울어진 운동장을 닮았다. 성벽 안과 밖의 금권金權 여부로 소수의 빗장인구와 다수의 추방인구가 엇갈린다. 당연한 결과이겠지만, 빗장 안쪽에서의 폭탄 돌리기는 계속되기 어렵다. 『멋진 신세계』의 마약 '소마 soma'처럼 돈과 일자리를 독점한 덕분에 시간은 벌 수 있겠지만, 그것은 시한부이고 조건부일 수밖에 없다. 갈수록 넓어지고 높아지는 빗장 앞에서, 후속세대는 소마는 동경이 아닌 경계 대상이란 사실을 절감한다.

그 결과 청년세대의 반발과 포기는 가속화된다. '취업 → 연애 → 결혼 → 출산 → 자가自家'의 인생 과제를 거부한다. 계층 이동이 막혔으니, 빚더미일 것이 확실한 미래의 고통보다는 나다움을 추구하며 현재를 즐기겠다는 트렌드는 자연스럽다. 기괴한 빗장도시의 폭주에 맞선 새로운 청년세대의 등장이다. 빗장도시는 흔들릴 수밖에 없다. 이런 상황이 집단 우울감이라는 자충수로 전락하지 않도록 묘책이 강구되어야 한다. 더 이상 상황 방치는 곤란하다. 지금이 미래 서울을 둘러싼 '디스토피아 vs. 유토피아'의 갈림길일지도 모른다.

인구 충격은 차별적이다. 맷집 좋은 도시는 버티지만 이미 취약한 농촌에겐 치명타다. 수도권을 제외한 기타 권역은 중증의 환자 신세다. 급격히 떠오른 균형발전론이 시대 화두란 건 그만큼 한계 취락이 많다는 반증이다. 이곳엔 사람도 돈도 희망도 없다. 아기 울음은 사라진 지 오래고 곡소리만 들려온다. 미래가 없으니 청년이 떠나는 건 당연지사다. 남아달라 애원한들 명분과 실리 모두에서 설득력이 없다. 자식들에게 "서울 10리 안에 살라"고 했던 정약용의 말은 오늘날 한층 더 의미심장하다.

지방 권역의 박탈감과 모멸감은 일상사다. 천정부지의 서울 집값에 온통 난리지만 나머지 88%의 국토 공간은 배제된 방관자일 따름이다. 저성장발 디플레이션이 심화되면 지방은 회생조차 어렵다. 이대로면 유령마을은 예약된 상태다. 인적이 끊어진 곳에 돈이 돌 리 만무하다. 아직은 고령인구로 연명하지만 다사多死 사회가 본격화되면 미래는 없다. 경고는 구체적이다. 2015년 일본 정부는 소멸 산식(20~39세 여성/65세 이상=0.5 미만)을 발표해 화제가 되었다. 한국의 상황을 이 식에 대입하면, 기초지자체 중 절반 이상이 이미 소멸 위험의 경고장을 받은 셈이다. 이대로 가면 5~10년 후 지방권역 대다수가 소멸 수준에 들어선다.

애타는 당사자로선 급해질 수밖에 없다. 해마다 축소·악화되는 지역 단위의 각종 통계는 실존적인 위협 수치로 인식된다. 탄탄했던 지방 거점 대학마저 구조조정을 입에 담는다. 규모·범위의 경제로 버텨왔던 지역 상권은 해일처럼 몰려오는 폐업 소식에 속수무책이다. 한계·과소의 딱지를 떼지 않는 한 몰락은 기정사실인지라 묘책 마련에 분주하다. 진정성도 달라졌다. 능력은 차치하고 의지만큼은 높아졌다. 몇 년간 상황의 심각성을 체감한 결과다. 실제 선거 시즌이면 활성화 실현 공약이 선순위를 차지한다. 침묵이 동의가 아니듯, 지역주민도 고향 소멸이라는 감정적 호소를 넘어 최저 생활의 품질 확보로 시선을 옮긴다. '하면 좋은 게' 아닌 '꼭 해야 할' 절체절명의 미션이 된 셈이다.

환경은 무르익었다. 다양한 형태의 중앙예산까지 대거 풀리면서 재생사업을 떠받친다. 2023년부터는 '고향사랑기부금제'도 실행된다. 선행 국가인 일본 사례를 보건대 지방재정을 구원해줄 강력한 지원 체계가 아닐 수 없다. 미약하나마 하나둘 성과를 내는 사례도 있다. 그럼에도 고민스럽다. 가성비는커녕 부작용을 양산한 과거 경로를 반복할 수 있기 때문이다. 이름만 바꾼 채 형식과 내용은 비슷한 과거 정책의 재구성이란 혐의도 구체적이다. 호기好機가 실기失機가 되지 않을지 우려하는 시선이 현실화되지 않도록, 똑똑하고 효과적인 대응 체계가 절실한 이유다.

로컬리즘의 필승 조건

뉴 노멀에 맞는 새로운 도농 균형론의 기획과 실행이 필요하다. 당장 목적의 재구축이 먼저다. 무엇을 위한, 누구를 위한 활성화인지 목적성을 분명히 하자는 취지다. 이와 관련해 과거 방식은 오히려 역내 불균형을 심화시켰다. 하드웨어적인 토건사업 위주라 일부만 단발적 수혜를 입을 뿐, 전면적인 순환경제는 실현되지 못했다. 허술한 수요조사의 결과로, 사업 이후 흉물로 방치되고 추가적인 운영비까지 부담하는 곳이 많다. 짓고 닦는 활성화도 필요하나, 중요한 건 주민 행복의 담보다. 고루 혜택이 돌아가고 길게 지역에서 살아남는 활성화가 바람직하다.

다음은 방식의 재구성이다. 행정이 모두 한다는 사고 체계는 과거의 유물이다. 시장의 실패 사례만큼 정부 실패도 많다. 행정주도형 하향 방식보다 주민참여형 상향 방식을 대안으로 삼아야 한다. 공공예산을 넣더라도, 행정의 거리두기와 내려놓기는 필수다.

지역활성화는 '지역'이 중심이어야 한다. 기획도, 실행도, 평가도 지역이 주체일 때 효과적이다. 한국의 지역활성화는 갈 길이 멀다. 개선되고 있지만, 여전히 많은 경우 당사자보다 외부인의 입김과 이해로 결정된다. 40여 년의 균형발전론이 도농 불균형을 낳은 배경이다. 추진 내용부터 진행 방식까지, 천편일률적인 토건 중심의 전국구 범용 모델이 아직도 표준으로 치부된다. 해서 어디든 판박이처럼 황폐화된다.

하지만 지역은 모두 다르다. 입지·역사·산업·인구·성향 등 똑같은 곳은 없다. 전국 표준을 적용하면 편하긴 해도 남는 게 없다. 차별화된 그들만의 활성화가 탐색·거래·감시의 비용을 줄이고 지속적인 성과 창출로 이어진다. 중앙은 지역을 응원하고 지원하면 충분하다. 규제·예산 등의 권력 하방을 통해 스스로 행복해지는 지역 시스템을 키워야 한다. 그것을 해주는 것이 자치분권의 논리다. 수많은 성공사례의 공통분모가 지역 중심 로컬리즘이란 건 우연의 일치일 수 없다.

'중앙 일괄 → 지역 자생'의 방향 전환에도 꼬리표는 붙는다. '과연 지역은 준비되어 있는가'라는 이슈다. '달라진 활성화를 추진할 능력과 의지가 지역 공간에 갖춰졌는가'라고 질문해야 한다. 자치분권이 이루어지고, 로컬리즘이 선택되어도 이를 실행할 자생적이고 내발적인 에너지가 없다면 무용지물이다. 방치된 한계취락 특유의 폐쇄성·무력감을 벗겨내는 게 먼저다. 귀촌·귀향 10년을 넘긴 이들을 '서울 것'이란 호칭으로 역차별하는

인구소멸과 로컬리즘

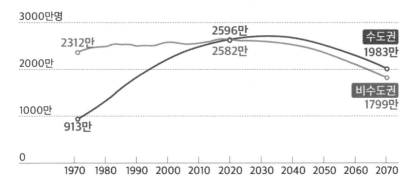

자료: 조선비즈(원자료: 통계청)

■ 지역별 GRDP 비교(2021년 잠정)

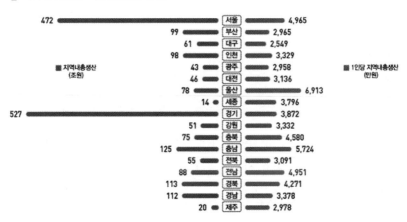

자료: 통계청

상황에서 지역은 생존할 수 없다. 번거롭고 힘들지만, 다양한 이해관계를
공론화해 타협하고 조율하는 참여 · 결정 구조를 갖추는 게 로컬리즘의

전제조건이다. 원주민만 지역의 주민이 아니다. 최대한 많은 이들이 인적 자원으로 연결될 때 활성화는 지속가능해진다. 지역 행정은 기획부터 실행·관리까지 직접적인 당사자성을 품도록 유도해야 한다. 선의만 요구해서는 안 된다. 이해를 적절히 배분할 때 민간 혁신과 영리 성과가 보장된다.

로컬리즘이 또 다른 관제사업이 돼선 곤란하다. 공공발 프로젝트라도 민관 협치의 새로운 대응체계로 완수되어야 한다. 달라진 행정 접근과 주민 참여도 권유된다. 즉 뉴 노멀에 맞는 로컬리즘을 완성할 절호의 기회다. 간단하고 손쉬운 활성화는 경계 대상이다. 로컬리즘에 수많은 참여와 복잡한 체계가 녹아들 때 비로소 행복 품질은 높아진다. 시간 앞에 무너지지 않도록, 긴 호흡 속에서 작지만 확실한 성과를 내야 역내 행복과 순환경제가 달성될 것이다.

지역 특화적이고 차별화된 창발創發 모델을 고민할 시간이다. 229개 기초지자체는 229개의 활성화 모델을 갖는 게 바람직하다. 로컬리즘은 '비정상의 정상화'를 위한, 한국사회의 미래 지속을 위한 새로운 실험이다. 괴물화된 빗장도시의 구심력을 약화시키고, 유령화된 과소마을로의 원심력을 강화시킬 강력한 아이디어다. 도시가 시골을 삼키듯 과거가 미래를 삼키면 낭패다. 어쩌면 로컬리즘은 불행한 사회를 풀어낼 마지막 카드일지도 모른다.

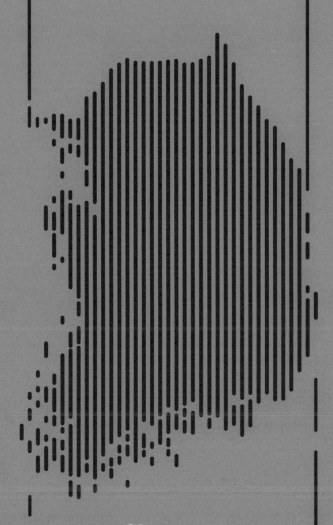

Chapter 02

로컬의 어벤저스,
청년·바보·외지인

누가 할 것인가?

행정이 빠질수록
성공한다?

"정부예산이 적을수록 지역복원은 성공한다."

"행정관료가 빠질수록 지역복원은 좋아진다."

"정부가 끼면 성공시키지는 못해도 실패시킬 수는 있다."

꽤 과격하고 자극적인 가설이다. 감정적이고 단선적인 품평일 수도 있다. 그렇다고 대놓고 부인하기도 쉽잖은 논리다. 그럼직한 의심과 혐의를 적잖이 봐왔던 탓이다. 실제 지역복원과 관련해 행정을 경험한 현장 단위의 상당수 이해관계자가 토로한 솔직 담백한(?) 속내다. 정도의 차이는 있으나, 대부분 예산 투입과 관료 주도에 대해 부정적인 입장을 피력한다. 뒤집으면 그간의 경험상 돈과 행정이 지역활성화의 전부란 말과 같다. 예산을 넣고 행정이 이끄는 지역활성화가 그만큼 많았다는 얘기다.

그런데도 성과는 별로였다. 돈은 뿌려졌는데 극소수만 웃는 이상한(?) 지역활성화가 곳곳에서 목격된다. 당장의 성과는커녕 훗날의 부담까지 얹은 변질된 곳도 많다. 앞에서 밝힌 3가지 가설처럼 정부예산·행정관료 중심의 지역복원 실행체계는 로컬 행복의 도약대가 아닌 걸림돌로 의심받는 지경에 이르렀다. 적어도 행정이 나설수록 번잡하고 기대효과가 낮아진다는 평가를 부인하긴 어렵다. 지역을 되살릴 실효적인 예산·행정으로의 사업 회귀가 강력하게 권고되는 이유다.

그렇다고 행정 지분을 폄하해선 곤란하다. 행정발 금융·인적 자원만큼 지역복원에 중요하고 긴요한 요소도 없다. 지역 현장의 의심을 이해 못 할 바는 아니지만 성과 창출에 연결되도록 제대로 활용하는 전략 수립이 먼저다. 특히 지역활성화란 것이 주민 행복을 전제한 공익사업이란 점에서 예산·관료의 투입은 절대적이고 자연스럽다. 많은 경우 성공으로 가는 첫발을 떼게 하는 마중물로 빼어난 역할을 수행한다. 부작용을 줄이도록 노력하는 게 관건이며 없는 것보단 있는 편이 우호적이다. 행정의 참여와 감시, 조정을 지역사회의 재건을 위한 호재로 품어내는 것이 중요하다. 이를 위해서도 전원 참가형의 시민 주체는 결정적 요소일 수밖에 없다.

돈이든 사람이든 행정발 자원 결합은 지역복원에 실질적인 도움이 되는 방향으로 그 역할을 유도해야 한다. 행정은 광범위하며 강력하다. 특히 지자체는 많은 능력과 경험, 권한을 지닌 지역사회 거버넌스의 결정권자이자 막강한 이해당사자다. 더욱이 사업 실행 시점에 결부되는 각종 법률에 밝을뿐더러 규제 상황까지 정통하므로 사실상 지역복원 프로젝트의 핵심 주체일 수밖에 없다. 실제로 공공예산과 관료 능력이 잘 발휘되면 안 될 것도 되게 하는 놀라운 마법(?)이 펼쳐진다. 반대로 행정이 지역복원의 순풍을 막고 역풍을 부르는 재앙도 적잖게 관찰된다.

한국사회의 행정 파워는 건재하다. 과거엔 더 그랬다. 한정된 재원으로 생존을 넘어 국가 발전이라는 미션을 묵묵히 수행해온 관료사회의 덕을 톡톡히 봤다. 공복公僕으로서의 역할과 애국심·사명감을 토대로 국부 창출을 위한 지난한 과제를 효율적으로 달성해온 역사성도 갖고 있다. 우리가 이룬 단기간의 압축 성장에 관료주의가 한몫했다는 데에 이견은 없다. 1993년 세계은행이 '동아시아의 기적: 경제성장과 공적 정책'이란 보고서를 통해 한국 등 4개국의 성공 비결로 유능한 관료기구의 효율적 시장 개입을 호평했을 정도다.

요약하면 관료집단이 국가 발전에 필요한 다양한 기초 조건을 축적하면서 경제정책에 개입한 게 주효했다는 의미다. 국가의 시장 개입을 경계하는 기관에서 관료주의를 인정했다는 점에서 꽤 이례적인 분석이었다. 물론 정경 유착과 양극화를 들며, 패거리의 야합 성과에 불과한 '정실 자본주의Crony Capitalism'라는 반론도 있었다. 지역활성화에 있어서도 그런 부작용을 차치한다면, 관료의 사업 개입이 소모적 지역 경쟁을 해소하고 국내의 분업 구조를 완성하는 데 일정 부분 기여한 바 있다.

다만, 시대가 변했다. 과거엔 먹혔어도 현재 고개가 갸웃거려진다면 면밀히 따져보는 게 상식이다. 관료주의적 정책 개입이 시장 조정을 통한 효과 창출에 맞서 악순환적인 부작용을 낳는다면 냉정하게 실익을 분석해야 한다. 혁신을 통해 달라진 몸에 어울리는 옷을 만들자는 의미다. 시장 실패만큼 매서운 부메랑인 정부 실패를 인정하고, 지역활성화에도 적절한 개혁방안을 적용하는 인식의 전환이 절실하다. 예산 부담, 규제 경직 등 관료주의와 맞물린 정부 실패를 이겨낼 새로운 지역활성화 모델을 고민하자는 얘기다.

안타깝게도 설명력을 잃은 과거 방식의 개념과 경로에 함몰된 지역활성화 현장은 차고 넘친다. 행정이 세금을 동원해 길을 닦고 건물을 지으면 지역복원이 저절로 이뤄질 것이라 믿는 신봉 세력도 적잖다. 더 이상은 곤란하다. 급박한 시대 변화를 반영한 지역복원만이 행정도 살고 지역도 사는 유일한 방책이다. 고무적인 것은 이것이 약간의 변화와 수정만으로 충분히 달성된다는 점이다. 제로섬zero-sum이 아닌 플러스섬plus-sum이 지역활성화의 기본 셈법인 까닭이다. 의지가 있고 경험이 쌓이면 지역복원의 뉴 노멀이 창출된다. 좀 더 확장한다면, 인구문제·지역소멸을 포함한 사회문제의 세계적 화두인 SDGs지속가능개발목표도 민관협력의 재구성을 통해 실현할 수 있다. 선행 사례인 일본은 지자체가 이를 흡수한 지 오래다.

행정이 해야 할 2가지, 내려놓기와 거리두기

그렇다면 행정은 어떻게 변해야 할까? 실효적인 지역복원을 위한 행정 역할을 어떻게 규정하고 이를 어디에 위치시켜야 할까? 핵심은 '내려놓기' 와 '거리두기'다. 최대한의 전원 참여를 전제로, 개별 상황에 따라 이해 층위를 대표하는 지역주민에게 그동안 행정이 맡은 역할과 기능을 넘겨주는 방식이 좋다.

물론 다 내놓고 빠지라는 얘기는 아니다. 빠질 수도 없다. 예산·사업의 집행자로서 행정 기능은 분명히 존재한다. 전문가가 축적한 경쟁력을 평가절하할 이유도 없다. 다만 무게중심을 옮기라는 의미다. 선진국에서는 지역주민과 함께 논의하고 결정하는, 아래로부터의 지역활성화를 유도하는 방식이 자주 확인된다. 사업의 기획 단계부터 투명하고 열린 채널을 통해 지역 민심을 최대한 담아내는 식이다. 사업을 결정할 때도 협의·설득·숙의를 거쳐 말 그대로의 민관협치를 실행할 수 있도록 인식의 전환이 필요하다. 행정 편의에 기초한 무사안일의 관성을 벗어야 한다. 힘들고 귀찮지만 권력·권위의 하방下方 조치를 통해 지역활성화를 밀실에서 광장으로 끌어내야 한다.

민관협치는 아름다운 말이지만 현재로선 뜬구름 같은 이슈다. 협치 실험이 늘고 있지만 아직은 손에 안 잡힌다. 그나마 해당 사례 상당수는 우왕좌왕에 중구난방인 경우가 적잖다. 이렇다 할 모범 사례를 찾기도 어렵다. 어쩌면 당연한 수순이다. 초기 단계답게 혼란과 갈등은 자연스럽다. 중요한 건 그럼에도 실현해내겠다는 강력한 의지와 끊임없는 실천이다. 시행착오가 발목을 잡도록 방치해선 곤란하다.

1995년 민선(직선)제로 기초단체장을 선출한 이래로 장기간 자치분권을 시도했지만, 여전히 '중앙정부 vs. 지방정부'의 협치 성과가 적다는 점도 고려 대상이다. 예산과 권한의 중앙집중은 애초의 법률 취지(지방자치법)와 달리 '내려놓기'와 '거리두기'를 실천하지 않은 결과일 수밖에 없다. 7대 3의 행정사무, 8대 2의 세제 배분 등이 안타깝지만 엄중한 민관협치의 현실이다. 전문가 집단의 분권 협치도 쉽지 않은 마당에 주민과의 협치 실현은 허울뿐인 슬로건에 그칠 공산이 크다는 의미다.

그렇다고 포기할 수는 없다. 자치분권을 위한 중앙정부와 지방정부의 기 싸움과는 별개로, 지역복원을 위한 민관협치는 방치하거나 축소할 명분과 실리 모두 빈약하다. 즉 전자는 제로섬일지 모르나, 후자는 플러스섬에 가깝다. 지역이 되살아나면 주민만 좋은 게 아니라 지자체의 지속가능성도 담보된다. '사업 성공 → 지역 활기 → 경기 회복 → 소득 증대 → 세수 확대 → 기반 강화 → 직주職住 실현 → 인구 유지(증가)'의 확장적 선순환 구조는 절실하고도 강력한 기대효과를 갖는다.

반대로 지역이 망하는데 행정이 버틸 수는 없는 노릇이다. 지역 공무원의 미래가 지역복원에 달렸기 때문이다. 기초지자체 간의 인수합병M&A을 통해 지역 소멸 후에도 정년 보장이 가능할지 모르겠으나, 소멸이 심화될수록 근무환경의 내리막길은 불을 보듯 뻔하다. 선거철만 되면 정치인들이 인구 하한선을 맞추고자 갖은 노력을 하는 데는 그럴만한 이유가 있다. 공무원도 마찬가지다. 지역이 건강하고 활기찰 때 얻는 편익이 더 크고 많을 수밖에 없다.

제대로 된 민관협치는 지역 전체의 플러스섬

로컬 행복에 닿는 지역복원은 모두에게 좋다. 민관협치를 통한 방식이
그 설명력을 한층 높여준다. 주민 편익과 대치된다는 혐의(?)를 받는 토호
의 이익세력에조차 민관협치가 위협일 수만은 없다. 당장 독점 이익이 줄
어들지는 몰라도 길게는 지역사회에 구축된 순환경제를 통해 더 많은 사
업 기회를 확보할 수 있기 때문이다. 관건은 '내려놓기'와 '거리두기'의 실
천뿐이다. 거대한 제도 변경은 필요치 않다.

지자체발 행정당국의 결정이면 충분하다. 모든 걸 다하겠다는 관성에서

◤ SDGs 실현형 민관협력 연결고리

자료: 일본 내각부

벗어나 지역주민과 역할을 나누고 함께 결정하겠다는 결심만 서면 민관협치는 절반에 닿은 것이다. 가장 어려운 터널을 통과한 셈이다. 행정은 불편해도 사업은 성과를 낸다. 실제로 행정의 권력 하방과 주민의 사업 참여로 실현된 지역활성화 사업이 성과로 연결되는 경우가 많다. 더욱이 시간이 지남에 따라, 협치 성과는 신뢰 자본처럼 보너스의 유발 가치까지 낳는다. 무형의 협치 경험이 지역의 정성 가치로 체화되기 때문이다.

이제 남는 건 지방정부와 함께 민관협치의 한 축을 맡을 지역주민의 역량이다. 행정이 권한을 내려놓고 사업에 거리까지 뒀는데, 이를 받아줄 협치 상대가 그만큼의 의지와 능력이 없다면 심각한 문제가 아닐 수 없다. 그도 그럴 것이 대부분 지역에서 주민은 장기간 소외되어 왔기에 아마추어일 수밖에 없다. 혹은 지역 착근적인 일부 시민이 틈새를 장악하며 새로운 이해집단으로 대표성을 독점할 여지도 있다.

그래서 최대한의 전원 참가형 주민 결합이 중요해진다. 이런 편성·조정 기능은 경험과 숙련도를 보유한 행정이 앞서 해주는 것이 옳다. 중립적·객관적 대표성을 보유한 주민을 발굴·설득해 협치 완성을 위한 기반을 다지는 작업이 필요하다. 그렇지 않으면 주민 참여가 불협화음으로 변질될 우려가 있다. 배가 산으로 가듯, 시행착오로 과도한 수업료를 지불할 수 있어서다. 때문에 주민을 찾고 역량을 키우고 지역활성화의 모범적인 혁신 주체가 되도록 하는 행정 역할이 강조된다. 물론 단번에 대등한 협치 능력이 형성되지는 않을 것이다. 긴 호흡과 면밀한 준비가 관민협치의 첫 걸음이다.

왜 지역주민의
전원 참여인가

마을을 되살리는 지름길과 로컬을 복
원해내는 묘책은 없다. 수많은 해답 중 설명력과 만족도가 높은 걸 고르는
방법뿐이다. 없는 정답을 찾아 나서는 건 무의미하다. 배가 고프면 밥을
짓는 게 정답이지만, 당장 어렵다면 사서 먹거나 다른 걸 찾아야 한다. 다
행스럽게도 무수한 선행 사례를 참조하면 선택할 메뉴는 많다. 편하고 손
쉬운 활성화일수록 부작용을 낳는 법이다. 단순한 예산 낭비를 넘어 의욕
조차 꺾어버리는 실패 사례도 많다. 한 번의 실패가 다음번 기회까지 빼앗
는 나쁜 신호가 아닐 수 없다. 지역복원은 단발 사업이 아닌 반복적 · 지속
적 연결 사업이 전제된다는 점에서 경계해야 할 접근법이다.

해답의 공통분모는 '사람'이다. 결국 모든 건 사람에게 달렸다. 누가 하

느냐에 따라 사업의 성패가 갈리는 건 지역복원도 마찬가지다. 물론 사람은 많다. 한정된 예산을 배분하며 활성화의 큰 그림을 그리는 정치권과 중앙정부의 관료집단부터 재생 공간의 실질적 의사결정을 좌우하는 지자체 행정과 의회 조직까지 무수한 공무원이 관여한다. 재생사업을 수행하는 다종다양한 민간의 사업 주체도 사람으로 총칭된다. 지역 기반의 중소상공업자부터 전국기반의 대기업까지, 로컬을 되살리는 수많은 공정에 투입된다. 최근엔 사회문제를 영리 모델로 접근하는 '사회적경제'라는 결사체까지 가세한다.

그간의 지역활성화는 성과만큼 미련도 많았다. 돋보이는 성공사례도 있지만, 흐지부지 예산을 까먹거나 사업 이후 지역을 갈등 공간으로 전락시킨 실패 모델도 많다. 성공한 지역활성화는 당연히 칭찬하며 벤치마킹하고, 반대로 투입 대비 기대효과가 낮은 경우는 철저한 원인 분석과 대안 모색을 통해 반면교사로 활용해야 한다.

성과를 엇갈리게 한 많은 요소가 있으나, 절대적인 요소는 사람으로 귀결된다. '누가 기획하고 추진하며, 관리·감시하는가'에 따라 성패가 엇갈린다. 정리하면 주민을 지역복원의 객체로 보는 행정주도적 하향식 접근은 가성비가 낮다. 지역주민의 행복 향상이 지역활성화의 본질인데, 정작 해당 사업에 지역주민이 배제되거나 소외되면 본말전도이기 때문이다. 지역복원의 제반 사업과 관련한 핵심 주체는 지역주민이다. 그들의 목소리와 발걸음이 사업에 녹아들 때 성공 확률이 높아진다. 아쉽게도 이제까지는 '주민=객체'라는 관성과 고정관념에 함몰되어 있었다.

'주민=객체' 라는 뿌리 깊은 고정관념

지역복원의 성공 조건을 거론할 때 사람은 곧 '주민'이다. 정확히는 주민 참여가 지역활성화의 새로운 접근법이다. '주민=주체'라는 사고의 전환을 토대로 일련의 사업 공정에 최대한의 주민 참여를 전제할 때 성과가 담보된다. 가장 바람직한 건 지역주민의 전원 참여다. 이해관계자로서 당사자성을 지닌 지역주민이 최대한 많이 참여하는 게 중요하다.

물론 말처럼 쉽지 않은 과제다. 간접선거가 필요해진 복잡다단한 시대 상황을 보건대, 물리적 참여 자체가 힘든 시대다. 도시처럼 이웃 간의 교류가 없고 공동체성이 무너진 공간에선 특히 전원 참여가 어렵다. 그렇다고 내버려 두기엔 반면교사의 실패 사례가 못내 걱정스럽다. 적어도 지금처럼 수동적, 제한적 주민참여에서 벗어나 최대한 능동적이고 적극적인 의사결정을 하도록 유도해야 한다.

주민참여는 지역복원의 새로운 실험이다. 방식 전환에 따라 복잡한 과제와 갈등이 생겨날 수밖에 없다. 당장 누구를 주민으로 규정할지부터 문제다. 또 참여하란다고 참여할지도 의문이다. 참여의 기준을 어떻게 정할지도 혼란스럽다. 지속적인 주민참여를 위한 제도화는 더욱 힘들다. 기존에 참여해왔던 주민 혹은 주민조직과의 관계 설정도 쉽잖은 과제다. 동시다발로 단번에 주민참여를 실현할 수도 없다.

정리하자면 긴 호흡으로 수많은 작은 시도가 축적되고 체화될 때 효과가 달성된다. 앞서 밝혔듯이 지역활성화 사업에서의 주민참여는 곳곳에 넘어야 할 허들이 산재한다. 기존 체계로 접근하면 낯설고 복잡한 경로란 사실은 두말하면 잔소리다. 그것이 과거 방식을 고집할 이유는 될 수 없다. 무엇보다 지역이 불행해질 활성화를 반복해서는 곤란하다. 주민참여는 그 틀을 깰 새로운 접근법이다.

혹자에게 주민참여는 사활을 걸고 막아야 할 새로운 도전이다. 프로젝트에 지역 단위의 알짜사업을 녹여내며 그들만의 리그를 통해 예산과 이권을 독과점해왔던 지역 기반의 토호집단이 대표적이다. 익숙한 유착관계로 형성된 지역 기반 이너서클은 정치적 거래와 경제적 야합을 주고받으며 사실상 무소불위의 지역 권력으로 군림해왔다. 이들이 때로는 보호받고 때로는 야합하며 지역활성화의 예산·대상·방식을 독점한 결과가 한계취락의 소멸 위험을 가중시켰다.

기존의 사업 루틴으로 실리를 챙겨왔다면 새로운 주민참가형 지역활성화는 불편하고 짜증나는 위협일 수밖에 없다. 반발과 견제는 당연하다. 정치인을 필두로 중앙부처에까지 압력을 가하거나 대놓고 읍소하며 이익 확보에 매진한다. 이들에게 주민참여형 지역복원은 최대한 막아야 할 강력한 변화일 수밖에 없다. 즉 민관협치를 위한 전원 참여는 상당한 저항이 예상된다. 가뜩이나 주민 여론을 모으기도 힘든데 이해집단이 딴죽까지 걸면 첫 단추조차 꿰기 힘들 것이다.

전원 참여의 기대효과는 무궁무진

반대로 주민참여를 극대화·고도화할 때 얻어지는 기대효과는 많다. 번거롭고 복잡하지만 시스템화될수록 다양한 정량 성과와 정성 성과를 예상할 수 있다. 당장 토호세력의 독점 이익이 경계되면서 투명한 사업 진행과 적절한 예산 배분이 가능해진다. 적극적인 주민참여로 깜깜이 사업 진행과 의사결정을 저지할 수 있는 것이다. 사업 전후의 모니터링까지 관리되면 예산 낭비는 더 꼼꼼하게 막을 수 있다. 아예 주민조직이 사업 주체로 데뷔하면 이익의 균등화와 파급력도 확보된다. 비영리적 공동

▪ 지역주민의 달라진 환경·배경과 방향 수정

체회사(협동조합 등)가 사업 주체가 되면, 조직 자체의 민주성·개방성·자발성 덕에 사익보다 공익이 우선되기 때문이다.

지역복원이 순환경제로 확산되면, 지역에 산재한 사회적 취약계층에게 고용 기회와 자활 경험을 심어줌으로써 복지 이슈도 해결할 수 있다. 무엇보다 적극적인 주민참여가 제도화되면 지역 문제에 관심을 갖고 스스로 해결하려는 공감대가 공동체성의 회복으로 이어진다. 사회적·지역적 신뢰자본의 구축인 셈이다. 신뢰자본이 형성되면 더 적은 비용으로 더 많은 혜택이 가능하다는 것은 상식에 가깝다.

주민참여가 허울에 그쳐서는 안 된다. 지금도 주민참여가 없는 건 아니다. 존재하나 기능하지 않는다는 것이 보다 정확한 평가다. 지역 단위의 다양한 정책·사업에 직간접적으로 참여한 경험이 있거나 관련 정보에 접근할 수 있는 극소수 주민에 한정되면 곤란하다. 홈페이지에 띄우고 가두 현수막으로 알렸다고 주민참여가 올곧이 이루어지진 않는다. 지역 현안에 참여하겠다고 문턱 높은 관공서를 편하게 들락날락할 주민은 거의 없다. 찾아가는 주민 발굴이 필요한 때다.

대표성을 지닌 다양한 주민 층위를 선정하고 접촉해 그들을 행정 무대에 참여시키는 전략이 권유된다. 해외에선 지자체가 중심이 되어 협의체나 회의체를 구성·운영하되 상시적으로 구성원을 확대하는 방식이 보편적이다. IT 기술에 힘입어 온라인을 통한 주민참여가 수월해졌다는 점도 고무적이다. 적절한 인센티브로 운영의 묘를 더한다면 그간 배제되었던 주민들의 자발적 참여도 얼마든지 가능하다.

자본주의 대안모델
인본주의 로컬리즘

'자본주의 vs. 인본주의.'

둘의 대립 관점은 오랜 역사성을 갖는다. 자본주의가 고장 났거나 기능이 나빠졌을 때는 으레 대안 수단 혹은 대체 모델로 인본주의가 부각되곤 했다. 가깝게는 2008년 금융위기 때 자본의 독점·탐욕·탈선을 막을 유력한 대안으로 인본주의적 경제철학이 관심을 모았다. 인간·노동이 존중받기까진 못하더라도 최소한 차별만큼은 없도록 자본주의의 제도장치를 수정·재편하자는 논의가 본격화된 것이다. 1990년대 이후 글로벌 어젠다로 떠오른 사회연대경제 혹은 사회적경제의 배경과도 일맥상통한다. 공고했던 자본 우위의 질서를 재구성하자는 차원이다.

방향은 하나다. 미래사회를 위한 지속가능성의 확보다. 성장의 한계와 격차의 확대를 넘어 공동체를 건강하게 꾸리자는 의도다. 늘 압도적 우위에서 힘을 행사했던 자본주의만으로는 지속가능성이 훼손·감퇴한다는 지적은 설득적이다. 무시되고 소외됐던 인본주의를 강화함으로써 자본주의의 부작용을 줄이는 방식으로의 제도 변용도 동반됐다. 유럽을 필두로 좌파 정권이 득세한 배경이다. 여기엔 자본주의를 대체할 새로운 질서가 마뜩잖다는 현실론도 한몫했다. 대체재가 없기에 보완재로서 인본주의에 주목하자는 논리다. 자본주의와의 완벽한 결별이나 폐기는 현실적으로 불가능해서다.

해서 인본주의는 새로운 실험으로 받아들여진다. 아직은 자본주의가 워낙 강력해 인본주의가 비집고 들어갈 틈이 거의 없지만, 시간이 갈수록 조금씩 흡수·반영되는 추세다. 뜨거운 논쟁거리이지만, 늘 압도적 승자가 정해진 '성장 vs. 분배'의 무게중심을 성장에서 분배로 옮겨가는 제도 변화가 그렇다. 한국으로 좁혀서 보면 고전적인 재벌 개혁, 시장 규제와 함께 최근엔 임차인·골목상권·비정규직·청년 등 자본 약자를 위한 안전장치가 속속 강화되는 추세다. 자본주의도 지은 죄(?)가 있다 보니, 완벽한 무시에서 벗어나 일부나마 수정 요구에 응하는 분위기다. 여기엔 99%가 무너지면 얻을 게 없다는 인식도 존재한다.

인본주의도 만능은 아니다. 자본주의가 절대가치가 아니듯 인본주의도 한계를 갖고 있다. 자본주의에만 원죄를 묻는 것은 옳지 않다. 완전한 경쟁과 사유재산 인정으로 요약되는 자본주의는 그 발상이 잘못된 것이 아니다. 당시엔 근대를 열어젖힌 혁신 모델이었다. 시장과 자유 거래는 어두운 중세에서 풍족한 근대로 안내해주었고, 양적 성장은 절대빈곤을 해결했다. 훗날 자본이 오도하고 왜곡되어 부작용과 불균형을 확대했을 뿐이다. 인본주의도 절대선의 착각에 빠지면 비효율·불합리·저생산의 사회비용을 유발한다. 즉 자본주의의 장점과 기능을 토대로 인본주의를 접목하고 혁신을 시도하는 것이 바람직하다.

적절한 균형과 긴장이 필요

'자본 → 인본'으로의 관점 전환은 다양한 잠재력과 새로운 가능성에 연결된다. 기본 작동 방식으로서 자본주의는 채택하되, 성과지향과 가치중심에 그간 부족했던 인간·노동을 배치함으로써 새로운 기회와 건강한 미래를 모색할 수 있어서다. 이로써 자본주의의 불협화음은 줄여내고 인본주의의 상생 효과를 거머쥘 수 있다. 동시에 '자본↓+인본↑'의 적절한 균형과 긴장 관계 속에서 지속가능한 포트폴리오도 담보된다. 경제는 수단이란 점에서 그간의 뒤집힌 주종관계를 복원하는 것이다. 목적(개인 행복)보다 강조된 수단(경제 방식)에게 제자리를 돌려주자는 취지다.

새롭게 접근하는 지역복원도 배경이나 관점의 전환은 똑같다. '자본↓+인본↑'의 새로운 작동 체계로 지역의 건강한 활력을 모색하는 것이 관건이다. 지금까지의 주된 추진 방식은 자본 중심성으로 요약된다. 예산과 사업은 있었지만 정작 사람과 행복은 없었다. 극소수의 자본 편향적 이해관계자에게만 수혜가 주어졌을 뿐, 지역에 사는 대다수 주민에겐 직접적인 가치와 성과가 제한적이었다. 지역활성화란 타이틀로 실행되는 대다수 사업엔 정작 사람(=주민)이 없다. 자본 중심으로 기계적이고 일률적으로 진행될 따름이었다. 십중팔구 주민 행복이 목적일 텐데, 아이러니하게도 이들은 정책의 객체일 뿐 주체인 적이 거의 없었다. 지켜볼 뿐 참여는 힘든 배제·소외의 현장에 불과했다.

인본주의는 재구성될 지역복원의 핵심 기제로 역할하는 게 바람직하다. 숱한 사업이 있었건만 목적 달성이 빈약했다면 재검토는 당연한 수순이다. 출발은 과거 경로에서 확인된 한계와 약점을 극복하는 새 판 짜기부터 시작해야 한다. 기획부터 실행은 물론 사후관리까지 총체적인 설계 재편이 필요하다. 자금과 주체, 사업내용까지 발본적인 개혁이 요구된다. 제로에서 시작하거나, 만약 그것이 불가피하다면 적어도 '자본↓+인본↑'을 반영하는 방식으로의 전환이 필요하다. 본인 돈이면 절대 안 할 일들이 지역활성화란 이름으로 반복되는 건 멈춰야 한다. 주민 그 누구도 반기지 않고 웃지 않는 사업이 지역을 부활시킨다는 명목으로 채택되는 것도 매한가지다.

그렇다면 지역활성화의 새롭고 강력한 대안이 될 인본주의의 핵심은 뭘까? 즉 누구를 위한 지역활성화가 바람직할까? 당연히 지역공동체에 발딛고 사는 주민일 터다. 주민 효용의 최대 확보야말로 지역활성화가 갖는 본연의 취지다. 하지만 주민을 위한 지역활성화로 끝나선 곤란하다. 과거의 방식도 슬로건만큼은 주민을 위한 사업이었다. '지역활성화+인본주의'의 새로운 연결 지점에서 부각할 혁신 방식은 사업 주체로서의 주민참여로 요약된다. 지역의 주인답게 주민이 스스로 기획 · 실행 · 관리하는 적극적인 주체가 되어야 한다. 그럴 때만이 자발적 · 자구적 · 자생적인 주민참여형 지역활성화가 완성된다.

최대 다수의 최대 참여

지역복원은 '지역'에 관련된 모든 이들을 위한 프로젝트다. 그들이 지금보다 더 행복한 삶을 살도록 토대를 깔아주는 작업이다. 지향 지점은 주민 다수의 최대 행복이다. 기술적으로 지역주민의 전원 참가는 힘들다 해도 이를 가급적 실현하려는 배려와 장치는 필수다. 어쩔 수 없는 측면이 있을 지언정 소외와 배제는 최소화하는 게 맞다. 대의代議를 채택해도 숙의熟議를 동반하는 게 바람직하다는 얘기다. 수많은 악기가 조율되어 아름다운 선율을 들려주는 교향곡과 같다. 하나라도 삐걱대면 불협화음이 나오듯 가급적 세심하고 정밀한 미세조정이 필요하다.

그러나 현실은 사뭇 다르다. 개별 주민의 이해관계가 다른 데다 사업을 둘러싼 의지와 능력조차 제각각이라 조율은커녕 참여조차 쉽잖다. 광장식 공론 시스템을 갖추기엔 갈 길이 멀다. 반면 기존의 행정 중심 사업 모델은 폐쇄적인 추진 관행 탓에 광범위한 주민참여를 흡수 · 반영하기엔 제한적이다. 형식상 정보를 공개하고 주체를 공모해도 결과는 이너서클, 그들만의 참여가 많았다. 주민 다수의 무관심과 불참은 일상적이었다. 옥상옥과 층층시하로 기본계획(중앙정부)과 시행계획(지방정부)을 내려보내는 톱다운 방식의 관행도 한몫했다. 지방 주도의 독자적 사업도 기본 맥락은 다르지 않다. 이 방식을 깨는 첫걸음이 주민참여일 수밖에 없다. 지역주민을 지역활성화의 유력한 이해관계자이자 사업 파트너로 설정한 후 그들의 목소리를 대의·숙의로 반영하는 게 바람직하다.

지역주민은 다종다양하다. 지역이라 불리는 공통의 공간에서 생활공동체를 공유하나 밥벌이·가치관·지향점은 십인십색일 수밖에 없다. 주민은 지역활성화와 관련해서도 구분된다. 내용을 알거나 사업을 경험해본 사람이 있는 반면, 절대다수는 사업이 끝난 후에야 알거나 관심조차 없는 경우가 많다. 민간조직도 비슷하다. 활성화와 관련된 직간접적인 사업 범위에 있거나 경험해본 조직은 내용에 밝겠지만, 그렇잖다면 연결고리는 없다. 그러니 토건사업에 특화된 영리회사가 손쉽게 해당 사업을 수주하고 종국엔 토호화되는 경향마저 있었다. 최악의 경우 지방판 정경유착도 심화된다. 사단·재단법인 등 일부의 지역 거점 비영리조직이 공공성을 강조하면서도 유착적인 모델로 변질된 사례도 있다.

따라서 기존 한계를 극복하자면 지역활성화 프로젝트에 다종다양한 지역주민의 총망라된 참여가 권유된다. 사업 내용을 알든 모르든, 직접 이해가 있든 없든, 최대한의 주민참여를 이루는 것이 협치 실현은 물론 무게중심을 잡는 데 유리하다. 기존의 독점 환경을 혁파할 뿐 아니라 중립적이고 객관적인 의견 제안 및 이견 조율을 통해 최대한 많은 주민이 수혜·편익을 얻을 수 있다. 운명공동체일 수밖에 없는 지자체가 중심에 서서, 찾아가는 주민 발굴과 설득하는 사업 참여를 위한 기반 정비 및 실천 체계를

117

갖추는 게 먼저다. 기존의 주민조직도 진영 논리와 이해관계에서 벗어나 적극적 합류와 역할 강화를 도모한다면 지속가능성에 도움이 된다. 즉 다수 참여가 전제될 때 말뿐인 공익公益을 넘어 진정한 다중의 공익共益이 실현된다.

주민 참여 위한 투 트랙 전략

주민참여는 투 트랙으로 확대·강화하는 게 좋다. 지역활성화에 밝은 기존 주민과 조직의 안정적인 '고도화'와 함께 그간 빠졌던 지역주민의 신규 참여를 통한 '확장화'가 그렇다. 참여 수준을 질적으로 높임과 동시에 다양한 주민을 양적으로 포괄한다는 점에서 바람직하다. 먼저 선경험을 축적한 주민 및 주민조직은 기존 패턴의 재검토·재구성을 통해, 향후 확대될 지역활성화 프로젝트의 준비작업으로 삼는 게 좋다. 관성과 타성에서 벗어나 지역 회복이라는 애초 목적을 재차 확인·공감하며 질적인 능력 강화의 기회로 내재화하자는 의미다. 공감과 협의를 통해 조직 운영의 민주성, 혁신성, 투명성을 높여, 영리를 추구하는 상대와 맞부딪혀도 재무·성과 모두 우월한 시스템을 갖추는 작업이다. 또한 개방성과 연대성의 지점을 자발적으로 넓혀 또 다른 지역주민을 품어내는 구조도 필요하다.

무관심 속에 방관자로 소외됐던 수많은 지역주민을 지역 이슈에 포함하고 사업 공정에 역할하도록 양적 확대를 추진하는 것도 절실하다. 일종의 새로운 피 수혈이다. 눈앞의 사적 과제인 호구지책에 급급할 수밖에 없는 다중 주민을 언제 혜택이 돌아올지 모르는 공적사업(지역활성화)에 끌어들이는 건 쉽잖다.

그럼에도 새로운 주민참여는 기존 무대에 활기와 긴장을 제공할 뿐 아니라 낭비와 갈등을 줄이고 신뢰·성과를 높이는 데 결정적이다. 지역을 소수의 사업 공간에서 다수의 생활공간으로 전환하는 계기도 된다. 그러자면 주민·조직 등 기존 경험자의 공감과 배려가 필요하다. 신진을 품어 안는 전향적인 자세와 적극적인 협조로 발굴을 늘리고 이탈을 줄여야 한다. 최대한 그들의 언어와 문법에 맞춰, 신진의 상실감과 소외감이 없도록 허들을 낮추는 것도 필요하다. 개별 주민이든 주민 단체든 새로운 피가 협력·연대하는 아군이 되면 로컬리즘의 실현뿐 아니라 기존 생태계의 발전에도 도움이 된다.

질적 강화든 양적 확대든 주민참여를 실효화하는 방법은 많다. 의지가 문제일 뿐 수단은 수두룩하다. 대표적인 게 정보 제공을 통한 홍보·교육이다. 방관자를 당사자로 흡수하자면 내용을 이해하고 지향을 공감하는 끊임없는 동기 부여와 성과 배분이 필수다. 협동조합 7원칙 중 제5원칙이 '교육·훈련·정보제공'인 데는 그럴만한 이유가 있다. 동일 목적·이해 합치를 전제로 결성된 협동조합이라도 조합원을 위한 교육·훈련·정보제공이 적거나 없으면 쉽사리 붕괴된다는 건 장기간 축적된 선행 경험이다.

하물며 지역활성화라는 큰 그림은 해당 사업에 대한 관심과 애정이 없다면 사상누각일 수밖에 없다. 자본주의 대신 인본주의로 움직이는 협동조합마저 이럴진대 범위도 넓고 이해도 복잡한 지역활성화는 체계적·지속적 참여 동기를 제공하는 것이 결정적이다. 홍보와 교육을 통해 지역과 한 몸이라는 당사자성을 강화함으로써 주민참여의 근원적 동기로 활용할 수 있다.

생활문제의 소프트웨어 복원과 참여 독려

지역복원에 참여할 새로운 잠재 주민은 의외로 곳곳에 산재한다. 비단 지역 기반의 밥벌이 종사자만 해당되는 게 아니다. 일례로 대도시든 베드타운이든 도시 공간엔 익명성을 지닌 수많은 지역주민이 생활한다. 낮엔 다른 지역으로 출근하고 밤에 퇴근해 시공간의 분리가 발생할 뿐 기본적인 생활거점은 지역 단위일 수밖에 없는 경우다. 옆집에 누가 사는지도 모르는 이방인의 집합 공간으로 불리는 아파트 입주민도 그렇다. 직주가 일치하는 소규모 농촌 권역보다야 못하지만 엄연히 주민성을 획득한 이들이다.

따라서 이들 모두가 지역활성화의 잠재적인 참여 주체로 위치 및 역할할 수 있다. 게다가 지역 참여의 기회를 주고 경험이 쌓이면 훌륭한 인적자원으로서의 능력과 자질도 갖추게 된다. 다들 전문화된 직업 경력과 각각의 인생 경로를 지녔기에 지역활성화를 위한 사업 공정에 다양하게 기여할 수 있다.

인구소멸과 로컬리즘

다중 주민의 총의總意를 수집·반영하기도 좋다. 가령 고령사회를 맞아 대량 퇴직이 예고됐다는 점에서, 은퇴 주민을 지역활성화의 인적자원으로 쓰면 다양한 전문지식이 손쉽게 확보된다. 경력단절 주민도 마찬가지다. 토건 중심의 하드웨어적 재생 방식에서 벗어나 생활 문제를 다룰 소프트웨어적인 해결 모델이 절실하기에 이들을 활용할 여지는 많다. 최근 지역을 막론하고 핫이슈로 부각된 양육·간병 문제의 해결을 비경제활동인구에서 찾는 식이다. 양육·간병 인력을 시장에서 고가로 구입하는 대신 잉여화된 지역주민을 새로운 서비스 공급자로 재구성하도록 모델을 짜는 것도 훌륭한 지역활성화인 까닭이다.

뜯어보면 주민이 복원 과정에 참여할 수단과 루트는 많다. 경직된 대면 회의와 사업 결합만이 전부는 아니다. 코로나19 이후 뉴노멀로 확산된 비대면 회의 등 방식도 다양화된다. 단순한 자문부터 실체적 사업 참여까지 참여의 정도도 조정될 수 있다. 적절한 인센티브까지 더하면 지역활성화에 기여할 새로운 주민참여는 얼마든지 확장된다. '행정 주도 → 민관협치'의 자연스러운 실현인 셈이다.

지역복원은
전원 주연의 대하드라마

모든 건 사람에 달렸다. 지역복원도
매한가지다. 특히 '사람'이 로컬 복원 사업의 수단이자 목적이란 점에서 최
대한 지역주민의 목소리를 듣고 눈높이를 맞추는 작업이 중요하다. 시간
이 갈수록 지역 단위에서 많은 일이 벌어지고 있는데, 아쉽게도 평가 중
절대다수가 "주민이 제외된다"는 지적으로 요약되는 것은 문제가 아닐 수
없다.

주지하듯 행정이 사업을 고지하고, 경험 있는 몇몇 조직·개인이 선정
되는 식의 그들끼리 진행하던 관행은 아쉬운 대목이 많다. 복잡하고 방대
한 문서작업처럼 높게 설정된 허들은 불특정 다수의 지역주민이 프로젝트
에 참여하지 못하게 만드는 제한 장치로 언급될 정도다. 그러니 행간을 아

는 브로커가 개입하고 곳곳에서 프로젝트를 위한 프로젝트만 펼쳐진다.

지역복원은 단판 사업이 아니다. 프로젝트는 단발일지언정 지역을 살리기 위한 각종 사업은 지역이 존재하는 한 반복될 수밖에 없다. 진정성은 둘째치고 실효적인 균형발전이 지상 최대의 국책과제로 부각된 이상 자원·예산도 대거 투입될 게 당연시된다. 그만큼 초기 단계일수록 개념을 정확히 잡고 시스템을 확실히 앉히는 게 중요하다. 핵심은 사람, 즉 지역주민에게 사업의 필요와 방법, 역할을 계속해 묻고 들으며 구조를 정착하는 것이다.

지역활성화는 한둘의 주연과 소수의 조연이 엮어내는 단편 드라마가 아니라 지역주민 한 사람 한 사람의 인생이 지역과 어울리며 녹여낸 대하드라마에 가깝다. 즉 지역복원은 엑스트라 없는 전원 주연의 인생사이다. 그들이 방관자가 아닌 참여자, 객체가 아닌 주체로 거듭날 기회를 만들어야 한다.

지역복원의 3대 핵심 주연

뒤에서 자세히 설명하겠지만, 일본이 끄집어낸 지역복원의 3대 주연은 청년(若者)·바보(馬鹿者)·외지인(よそ者)이다. 이는 우리에게 중요한 시사점을 준다. 핵심은 기존 참여 방식의 재구성이다. 새로운 자질·시선·의지를 갖춘 구성원의 추가 참여를 통해 새로운 판을 짜거나 그들을 결합시킬 때 좋은 성과가 실현된다. 청년처럼 날렵한 실행력을 갖추고, 바보처럼

독특한 발상력을 발휘하며, 외지인처럼 냉정한 기획력을 발굴·반영해 새로운 방식으로 접근해보자는 얘기다. 기존의 참여 주체와 비교하면 꽤 이질적인 설정이다.

익숙한 방식으로 새로운 혁신은 어렵다. 밖에서 데려오든 안에서 키워내든 인적자원의 발굴·동원 방법은 많다. 지역에 맞게 꾸리면 된다. 그럼에도 순서는 있다. 일단은 지역 내부에서 새로운 사업 주역이 될 잠재적 주체를 찾는 게 좋다. 외부 결합에 비해 상대적으로 정합성과 가성비가 좋기 때문이다. 내부 공급의 경우 새로운 피를 수혈한다는 점과도 맞아떨어져 신선함과 긴장감이 동반된다.

그렇다면 지역주민이면서 동시에 3대 인적자원의 공통인자를 두루 갖춘 예비 인재는 어디서 찾을 수 있을까? 고민스러운 대목이 아닐 수 없다. 정답이 없는 질문이다. 지역별로 천양지차이므로 일반화가 어렵다. 다만 3040세대가 유력한 정답에 가깝다. 이들이 3대 인적자원의 주요 특징을 잠재적으로 지닌 내부 주민일 확률이 높다.

3040세대를 중심으로 지역복원의 이슈·화두를 공감시키고 사업의 기초적인 판을 깔아놓은 후, 필요하면 이주자든 전문가든 외부 인력을 결합하는 게 좋다. 초고령화가 진행된 지역이라면 50대까지 넣으면 된다. 중요한 건 지역을 떠받치는 굳건한 허리이자 생산·소비의 왕성한 주역을 지역활성화에 끌어당기려는 시도다. 맞춤식 홍보·교육을 적절한 인센티브로 엮어내고, 이해관계와 당사자성이 공감·확대되면 훨씬 탄탄해질 것이다.

또한 해당 지역에서 생산적인 호구지책을 이어가는 경제 주체일수록 유력하다. 회사를 경영하든 점포를 운영하든 해당 지역에서 뭔가를 해봤거나 하고 있는 경우다. 지역소멸의 충격이 직접적일 뿐만 아니라 지역 부활의 수혜도 일차적일 수밖에 없는 생산 그룹에의 주목이다. 절실함과 관심도가 이들을 방관자적 입장에서 실천가적 주체로 업그레이드할 수 있다. 젊은 데다 지역과의 운명공동체란 점에서 돌파력과 도전정신도 키워낼 수 있다. 지역 생태계를 공유하는 네트워크를 지역활성화에 포함할 여지도 충분하다. 이미 연결망을 갖췄을 확률이 높아 효율적인 시너지도 기대할 수 있다. 물론 본인의 사업과 프로젝트가 얽힐 경우에는 객관적인 이해 조정이 필요하다. 이때는 대외 투명성과 정보 공개성을 강화해 해결하면 된다. 사람이 겁나서 사업을 포기해선 안 된다.

지역을 살리는 양키의 호랑이

이쯤에서 강조해야 할 것이 있다. 지역활성화는 예산사업만 뜻하지 않는다는 것이다. 행정사업은 지역복원을 보조하는 보완재에 가깝지, 그 자체가 전부이거나 목적일 수 없다. 행정 이외의 다종다양한 역할 주체가 수행하는 수많은 개별 사업들이 모여 궁극적인 활성화를 실현 · 축적하는 법이다. 민간에서 시작된 혁신적인 아이디어가 지역 단위에서 실행되면서 플러스 효과를 만들어내면 그 자체가 지역활성화이다.

때문에 지역활성화를 미션으로 두는 것도 좋지만, 비즈니스를 내세운 자발적인 민간의 시도도 굳이 폄하할 이유가 없다. 사익 추구가 공익 실현으로 체화되면, 어떤 행위나 사업이든 꼭 필요하고 바람직한 지역활성화이기 때문이다. 즉 지역활성화를 공모사업으로만 한정 짓지 말자. 행정발 공모사업은 지역복원을 위한 물꼬를 열거나 첫 삽을 뜨는 역할로 충분하다. 균형 잡힌 지역활성화 포트폴리오에는 민간의 자조적·내발적 사업이 더 결정적이다.

가능하면 지역 산업 혹은 골목상권이 지역활성화의 주체로 나서야 한다. 행정에 의탁·의존하기보다 자생적인 혁신 노력을 통해 스스로 살길을 모색하는 방식이 지역활성화로 연결될 때 기대효과는 높아진다. 행정발 프로젝트가 도움이 되면 활용하는 게 좋지만, 편입·종속되면 효과성은 감소한다. 대부분의 경우, 일부에게만 작은 수혜가 단발로 주어질 뿐이다. 반면 행정에 의존하는 데 익숙해지면 자생력과 혁신성은 줄어들 수밖에 없다. 지역활성화의 궁극적인 지향점이 자활自活적 공간 완성이란 점에서 관제사업은 명확히 구분해야 한다. 행정과는 거리를 두고 이용하되, 한편에선 자발적인 민간사업을 개별로 혹은 연대해 키워가는 전략이 필요하다.

일본에는 '양키의 호랑이ヤンキーの虎'란 신조어가 있다. 지역활성화와 관련해 성공의 열쇠를 쥐고 있는 존재를 이렇게 부른다. '양키'란 예전에는 폭주족을 일컬었는데, 지금은 반골 기질을 지닌 불량 청소년을 의미한다. 뻐딱한 비주류란 인상이 짙다. 지역활성화 무대에서 사용되는 양키란 단어는 결이 조금 다르다. 지역사회에서 배제되고 소외된 청년인구를 뜻한

다. 교육·취업을 위해 고향을 떠나지 않았지만, 그렇다고 지역 내부에서 인정받는 역할의 경제활동에 종사하는 경우도 드물다. 어릴 적 아웃사이더 경험을 했다는 혐의(?)와 특유의 반골 기질 탓에 무난한 취업은 쉽지 않다. 물론 고향 생활에 만족하며 지역에서 일자리를 찾아 평범하게 살아가는 사례도 해당된다. 공통점은 지방에서 태어났으나 굳이 도시 생활을 지향하지 않는 청년 그룹이다.

호랑이는 이들에게 장악력을 행사하는 사람이다. 지역활성화 분야에선 지역의 기업을 이끄는 젊은 경영자나 후대 경영인을 뜻한다. 일자리를 통해 소위 양키들에게 생산적인 경제 주체가 될 기회를 제공하는 것이다. 정리하자면, 상황상 어쩔 수 없이 얌전하게 지방·교외에 살고 있는 그저 그런 청년을 고용하는 지역 기반 사업을 하는 이들이 '양키의 호랑이'다. 일본의 경우, 지역활성화에 성과를 냈다고 평가받는 곳엔 많든 적든 늘 이들이 있다. 사업 내용은 소형 건설사나 주유소, 간병시설, 술집, 휴대폰 판매업, 편의점 등 다양하다. 어느 지역이든 있는 필수 업종이다. 전국구 대기업과는 결이 다른데, 장대한 비전보다는 눈앞의 사업에 매진하는 것이 특징이다. 이들이 지역 고용 창출의 일등공신이다. 즉 저학력에 상대적으로 빨리 결혼·출산을 하며 지역에서 살고자 하는 양키들을 주로 고용한다. 일자리가 주어지니 소비·생산·투자의 선순환이 발생하면서 지역경제를 떠받치게 된다. 어쩌면 지역 상권을 지켜내는 최후의 보루이자 재건을 위한 유일한 희망일 수 있다.

호랑이는 두 부류

호랑이는 둘로 나뉜다. 하나는 지역에서 오랫동안 사업을 펼친 선대로부터 사업을 물려받은 후계 그룹이다. 대부분 좋은 대학을 졸업한 후 도시 생활을 경험하고, 최종적으로 고향에 돌아와 선대 사업을 이어받는다. 이 때 구태의연한 경영에서 탈피해 새로운 도전으로 사업 수준을 한 단계 업그레이드시키는 수순이다. 한국으로 치면 부산의 삼진어묵 사례가 대표적이다. 미국 유학 중이던 3대 후계자가 29세에 대표를 맡아 10년 만에 연매

■ '양키의 호랑이' 기대효과

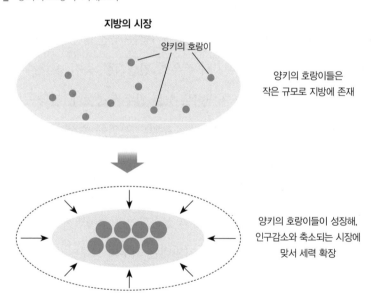

지방의 시장

양키의 호랑이

양키의 호랑이들은
작은 규모로 지방에 존재

양키의 호랑이들이 성장해,
인구감소와 축소되는 시장에
맞서 세력 확장

자료: 藤野 英人(2016), 『ヤンキーの虎』, 東洋経済新報社, p.172

출액 1,000억 원을 돌파했다.

또 다른 하나는 자수성가 스타일이다. 학교 졸업 후 아르바이트든 계약직이든 취업해 판매업·음식료업 등을 경험한다. 이후 경험을 쌓고 독립해 살아남은 사례다. 자의든 타의든 안정적인 인생 경로를 벗어난 경험이 되레 이들의 강력한 무기다. 나름 산전수전 겪으며 근성과 의지를 키워낸 결과다. 이들은 네트워크에 협력적이며 적극적이다. 비슷한 입장의 동료 그룹을 결성해 정보를 공유하거나 협업하며 새로운 가능성을 모색한다. 네크워크 안에서의 상호 거래도 활발하다. 이들이 만들어내는 부가가치는 지역 안에 환류된다. 대기업처럼 본사로 빠져나가지 않는다.

지역복원에는 이들의 합류가 중요하다. 호랑이들의 손을 빌려 불을 댕기자는 것이다. 물론 지역에도 엘리트는 있다. 행정부터 은행, 언론, 교육, 공공기관 등에 근무하는 고급 인재가 있지만, 이들만으로는 부족하다. 그런데 이들은 호랑이들을 낮춰 보는 습관이 있다. 곤란한 편견이지만 횡행하는 현실이다. 엘리트의 안정주의만으로 지역 혁신은 불가능하다. 몸에 체득된 호랑이의 위기관리 능력과 위험을 감수하는 방식이 필수다. 지역의 운명을 결정할 의사결정 집단에 호랑이를 초대해야 한다. 줄어드는 파이를 조금씩 나눠 가지며 만족하려는 엘리트적 사고방식보단 기꺼이 위험을 택하고 현실을 돌파하려는 호랑이적 실천 의지가 절실하다. 주춧돌을 놓는 단계부터 기둥·서까래를 얹는 모든 과정에서, 엘리트만의 밀실 결정이 아닌 호랑이의 현실감각과 혁신 경험을 녹여 넣는 것이 좋다. 그 속에서 공익적이고 균형적인 지역재생 프로젝트가 시작된다.

로컬을 구할
청년, 바보, 외지인

　　　　　　　　　　　　　　　문제가 안 풀리면 방법을 바꿔야 한
다. 얽힌 실마리는 새로운 방식일 때 풀리기 시작한다. 문제를 풀어내는
새로운 방법을 혁신이라 부른다. 변화에서 힌트를 찾고 실행으로 해법을
찾는 과정이다. 사회문제는 산적한 상태다. 해묵은 숙제만큼 새로운 과제
도 많다. 혁신이 절실한 배경이다. 지역활성화도 그렇다. 그간 수많은 노
력을 기울였건만 복원은커녕 붕괴에 직면했다면 원점에서 방식과 체계를
재고해야 한다. 이것이 혁신의 첫걸음이다. 문제를 정확히 이해해야 정밀
한 진단과 처방이 나오므로 귀찮고 복잡해도 꼭 필요한 수순이다.

　이때 필요한 게 외부의 시선이다. 나무는 숲을 보지 못한다. 숲 안에 있
으면 전체를 볼 수 없다. 숲을 보려면 위로 올라가거나 숲을 볼 수 있는 이

들에게 물어야 한다. 그래야 전체 조망과 부분 진단이 가능해진다. 아름다운 숲과 건강한 나무는 둘을 아울러 바라보는 객관적이고 중립적인 위치일 때 발견되고 평가된다. 부분만 집중하면 전체에 소홀할 수 있다. 지역은 숲이다. 다종다양한 나무가 따로 또 함께 엮이고 섞여 지역이라 불리는 숲을 이룬다. 따라서 지역활성화에 현미경만큼 중요한 게 망원경이다. 세부 사업에 깊게 천착하는 것만큼 지역 전체를 넓게 조율하는 것이 관건이다. 낯선 시선과 조언이 불편하고 성가셔도 개방성을 품을 때 숲은 건강해진다. 외부의 시선으로 숲을 바라보는 이들을 열린 마음으로 받아들이자.

그렇다면 숲을 바라볼 수 있는 사람은 누굴까? 객관적이고 중립적 입장에서 지역의 문제를 정확히 읽어내고 공정성과 균형감각, 조정 능력으로 최대한의 성과 창출을 유도할 인적 자원은 어디에서 찾을 수 있을까. 나무를 읽는 것도 어려운데 숲까지 그려낼 심미안을 찾기란 쉽지 않다. 다만 몇몇 후보군은 있다. 이들이 합류한다고 반드시 성과를 낸다는 보장은 없으나, 적어도 지역활성화의 개념과 지향을 재검토하는 기회란 점에서는 시도해봄직하다. 새로운 피가 수혈되면 관성에서 벗어나 긴장을 유지하고 새로운 논의가 활발해진다. 기본적으로 후보군은 그간의 지역활성화로부터 비켜서거나 벗어나 있었던 경우로 압축된다.

젊고 대담하며 기발한

이와 관련해 일본의 재미난 선행 사례가 있다. 2014년 사회적 이동이란

개념을 들어, 자연 증감만의 통계가 갖는 한계를 지적하면서 훨씬 빨라질 지역소멸을 주장한 마츠다增田 보고서의 좌장 마츠다 히로야의 생각이다. 그에 따르면, 지역을 되살릴 새로운 주역은 '청년(若者), 외지인(よそ者), 바보(馬鹿者)'다.

사실 처음으로 이 셋을 혁신 주체로 공론화한 이는 마카베 아키오真壁昭夫다. 과거의 성공 경험을 고집하며 혁신을 주저하는 일본 기업의 현실을 지적한 책(『若者 よそ者 馬鹿者: イノベーションは彼らから始まる!』)에서 제안했다. 시대 변화에 맞는 새로운 시스템·모델을 만들기 위해 필요한 혁신적 인재 조건을 설파한 것이다. 그간의 시스템에서 벗어나 강력한 에너지를 지닌 청년과 과거 가치관에서 자유로운 바보, 그리고 조직 바깥에서 기존 구조를 비판적으로 보는 외지인이라는 3대 인적 자원이 혁신 주체라는 결론이다. 이들이 기업과 사회를 변혁하는 요체라는 입장인데, 이를 지역 복원에 차용하면서 유명해졌다.

마카베 아키오는 경제학자답게 기업의 혁신 주체를 적극적으로 내재화하지 않으면 희망이 없다는 논지를 펼쳤다. 마츠다를 비롯한 지역활성화 전문 그룹이 지역활성화에도 3대 인적 자원이 필수일 수밖에 없다고 동의하면서 널리 알려졌다. 마츠다의 존재감과 코멘트가 강력하기도 했지만, 성공 사례에 이들이 빠지지 않았다는 현장 경험도 한몫했다. 지금은 바이블처럼 여겨지며 3대 인적 자원을 지역별로 엮어내는 작업이 한창이다. 혁신 인재가 지역의 운명을 결정할 요인이기 때문이다.

먼저 청년이다. 청년과 지역이 뭉치면 미래를 그려내는 엄청난 에너지가 된다. 상식을 고집하지 않는 데다 실천력까지 겸비한 신세대적인 특징은 자칫 고인 물로 전락하기 쉬운 기존 방식에 변화의 씨앗을 뿌릴 수 있다. 중요한 건 나이가 아니다. 청년 특유의 감각을 지녔느냐가 관건이다. 적극적 실행력과 전향적 판단력의 문제다. 청년 참여를 위한 선행 제도도 많았다. 일본의 '지역이전협력대'나 한국의 '도시청년시골파견제'가 그렇다. 한국의 경우 15~39세면 모두에게 문호가 개방된다. 시골 자원을 활용한 청년창업을 유도하기 위해 1인당 3,000만 원의 지원금을 제공한다. 이 밖에도 외지 청년을 대상으로 보조금발 이주 촉진책을 활발히 편다. 다만 외지 청년을 유입하기 위한 예산보다 지역 청년의 유출 방지를 위한 투자가 우선돼야 한다는 지적은 유념할 필요가 있다.

다음은 바보다. 뉘앙스 탓에 선입견을 갖겠지만 사전적 의미로 받아들일 필요는 없다. 언제 어디서든 엉뚱하고 기발한 발상을 자유롭게 하고 또 남의 눈을 의식하지 않고 행동하는 용기를 가졌다는 의미로 이해하는 게 좋다. 바보처럼 사고하는 건 의외로 효과적이다. 정해진 길이 아니기에 부정되기 쉽지만, 그런 경험이 쌓여 의외의 성과를 낼 수 있어서다. 가령 한계와 약점뿐인 공간이라며 자포자기한 동네조차 바보가 투입되면 상황이 달라진다. 흔하디흔할뿐더러 종종 거추장스러운 유휴자원조차, 바보 같은 역발상과 터무니없는 제안이 반영되면 훌륭한 지역 자원으로 변신할 수 있다. 감춰진 자원의 재발굴인 셈이다. 보통 사람의 눈엔 안 보이는 것을 바보는 다른 차원에서 인식한다. 결국 지역활성화에 필요한 바보란 아이디어 차원의 문제다. 상식을 넘어서는 아이디어와 애정을 갖춘 대담한 기획력이 전제된다. 무책임한 질서 파괴자와는 다르다.

마지막으로 외지인은 숲을 바라보는 능력에 주목한 것이다. 중립적인 기획력을 발휘하려면 당장의 이해관계에서 자유롭거나 한발 벗어난 외부 인재가 필요하다. 제3자적인 냉정한 관점과 객관적 분석이 그러하다. 다양한 통계 등 객관적인 정보에서 지역의 강점과 약점을 읽어내고 활용하는 능력은 외부자가 낫다. 앞서 말한 청년·바보와 달리, 외부의 시선은 반드시 필요한 인적 자원이란 평가가 많다.

앞의 둘은 없어도 되나 외부 인재는 사실상 필수 요소로 받아들이는 분위기다. 외지인은 후보가 많다. 단순한 지역 이주민부터 숙련된 전문가까지 포함된다. 시야를 넓히면 사업에서 빠졌던 원주민의 신규 참여도 취지상 유사한 효과를 기대할 수 있다. 자주 인용되는 것은 고향 출신으로 외부 경험을 쌓은 후 귀향한 사례다. 적절한 균형감각으로 내부·외부의 밸런스를 맞출 수 있어서다. 일본의 경우 외지인을 둘러싼 공급 시장까지 형성되어 있다. 지역별 맞춤식 인재 수급을 내걸고 행정과 협업하며 외지인을 지역에 공급해주는 형태다. 관련 컨설팅과 프로젝트 사례는 수두룩하다.

지역주민은 석탄

3대 인적 자원은 착화제

이들 3대 인적 자원은 하나같이 지역 복원의 착화제란 공통점을 갖는다. 3대 인적 자원을 모두 품을 수 없다면, 적어도 제반 조건을 갖춘 우수 인재를 확보해야 한다. 이들이 지역활성화의 리더가 되어 지역주민과 함께할 때 성과가 기대된다. 다행스러운 건 외지인 중 일부는 나머지 둘의 특장점을 두루 갖췄을 수 있다는 점이다. 소멸보고서를 쓴 마츠다 히로야는 "다른 지역에서 온 사람, 그중에서도 젊거나 무모한 사람이 지역활성화의 성공적 변화를 이끈다"라고 했다. 따라서 외부의 평가와 조언을 곱씹어보라고 권한다. 그에 따르면 한 명을 불러와 별 성과가 없다면, 또 다른 사람을 불러오면 된다. 그러자면 끈질긴 의지와 반복된 노력이 필수다. 마츠다는 "1,000번 불러오면 그중 2~3번은 도움이 되는데, 그것도 아주 행운인 경우"라며 "원석은 좀체 드러나지 않을 뿐더러 연마하는 것도 힘들다"라고 했다.

실제 상당수 한계마을에서는 지역활성화를 위해 외부에 도움과 조언을 적극적으로 청한다. 지역을 되살릴 영웅을 찾아 나서는 게 붐일 정도다. 지역 스스로 인구감소와 마을 쇠퇴라는 선입견에 사로잡혀 자포자기한 결과다. 한국은 아직 초기 단계이지만, 일본을 비롯한 미국·유럽 등 선행 경험을 지닌 곳에선 성공한 지역활성화의 노하우를 사업모델BM로 내세워 곳곳을 누비는 외부인들이 적잖다. 비단 지역활성화에만 3대 인적 자원이 유용한 것도 아니다. 다양한 역사 속에서 소외된 인재와 외부 인재의 차별화된 기획력·발상력·실천력은 혁신 성과의 공통 토대란 게 증명된다. 반대로 경로를 벗어나지 않는 익숙함은 혁신의 장애물이다. 내부의 폐쇄성과 불투명성이 만들어낸 익숙한 관행에서 벗어나는 것이야말로 혁신의 출발이란 점에서 3대 인적 자원의 자질과 품성은 중요할 수밖에 없다.

물론 반론은 있다. 언제부턴가 3대 인적 자원이 지역활성화의 금과옥조로 받아들여지는 분위기를 경계하는 쪽이다. "이들이 없이 활성화가 안 된다"라는 말은 좋은 핑곗거리에 불과하다는 입장이다. 방관하는 이들은 "불러주지 않아 실패했다"라고 변명하고, 지역은 "3대 인재가 없어 움직이지 않는다"라고 변명을 한다. 여기까지 진행되면 곤란하다. 상당한 위화감이 엄습할 수밖에 없다. 역으로 3대 인적 자원은 얼마든 동원할 수 있다.

동시에 3대 인적 자원이 좋은 면만 있는 것도 아니다. 즉 청년이라고 모두 기대하는 자질을 갖춘 건 아니다. 젊은데 더 보수적인 경우도 흔하다.

극단적 사례이지만, 공모 정보에 밝아 보조금 사냥에만 관심 있는 청년도 있다. 합의 형성에만 참여하며 스스로 코디네이터에 머무는 소극형도 적잖다. 바보도 그 비슷하다. 지역사회에서 완전히 벗어난 위치라면, 압도적인 존재감이나 설득력 없이는 아이디어가 채택되기 어렵다. 적어도 일정한 신뢰 구축은 기본 중의 기본이다. 외지인은 절실함이 적어 무책임한 참견과 딴지를 거는 방해 요소가 될 수 있다. '아니면 말고'의 우려다. 관건은 자질이지 겉모습이나 조건이 아니다.

3대 인재가 먹히지 않는다?

3대 인적 자원론이 먹혀들지 않는 사례가 속출한다는 분석도 있다. 성공했거나 성공 조짐이 보이는 사례의 중심 인물에게 물어보니 청년 · 바보 · 외지인이 없다는 응답보다 많다는 쪽이다. 외지인이 있어도 플러스로 작용한다고 보기 어렵고, 아예 프로젝트와 인간관계를 망치는 실패 사례마저 목격된다. 동시에 바보의 자질인 주변 반대와 무관한 도전정신과 용기는 사업하는 리더에겐 필수여서 굳이 새로운 바보에게 의존할 이유가 없다는 얘기도 있다. 지역주민에게서 외부의 시선을 얻을 기회도 있다. 프로젝트를 냉정하게 볼 수 있는 기회와 독려가 없을 뿐 중립성과 객관성을 갖춘 인재는 어디나 있기 때문이다. 다양한 지역주민과 소통 · 협의하는 것 자체가 3대 인적 자원의 정합성을 발굴 · 적용하는 것과 같다. 따라서 3대 인적 자원을 내부에서 체계적으로 교육 · 육성하려는 움직임도 가시적이

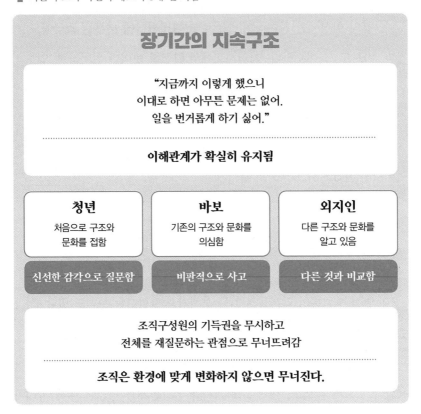

장기간의 지속구조

"지금까지 이렇게 했으니
이대로 하면 아무튼 문제는 없어.
일을 번거롭게 하기 싫어."

이해관계가 확실히 유지됨

청년	바보	외지인
처음으로 구조와 문화를 접함	기존의 구조와 문화를 의심함	다른 구조와 문화를 알고 있음
신선한 감각으로 질문함	비판적으로 사고	다른 것과 비교함

조직구성원의 기득권을 무시하고
전체를 재질문하는 관점으로 무너뜨려감

조직은 환경에 맞게 변화하지 않으면 무너진다.

자료: http://www.teoria.jp/?p=509

다. 지역활성화란 것이 장기적·연결적이란 점에서 인적 자원의 내부 공급은 의미가 크다.

3대 인적 자원이 없어 활성화가 어렵다는 말은 성립하기 어렵다. 있으면 좋겠으나 없다고 낭패는 아니다. 대체·보완할 대상은 얼마든 있기 때문이다. 결국 중요한 것은 지역활성화를 하려는 의지와 진정성이다. 비유하자면 지역주민은 석탄이고, 3대 인적 자원은 착화제다. 지역에 대한 애정을 모태로 각자의 역할은 구분된다. 착화제가 있어도 석탄이 없으면 곤란하듯 둘은 함께 기능할 때 의미와 효과가 배가된다.

특히 스스로 의지를 갖고 지역을 되살리려는 주민이 없다면 불을 붙여도 오래갈 수 없다. 어쩌면 지역복원에 절실히 필요한 건 사람보다 각오가 아닐까 싶다. 되살리려는 절실함과 진정한 실천이 필요하다. 주민 모두를 대상으로 지역을 되살리려는 의지를 키우고 불을 붙이는 단계까지가 사업 성패의 관건인 셈이다. 처음부터 천재적인 능력을 발휘하는 사람은 거의 없다. 성공 사례란 것도 결과만 비춰지고 호평만 부각된 덕분이다. 그러니 무조건 따라 해서는 곤란하다. 프로세스를 살펴보면, 도전 초기부터 적재적소의 인적 자원이 발굴되고 육성되어 핵심적인 성공 인자로 자리매김하기 때문이다.

굽은 나무가 지키고 소 키울 사람이 넘쳐나는

"다 떠나면 소는 누가 키우나?"

현재 로컬의 울분과 속내가 이런 게 아닐까 싶다. 소를 키우든 밭을 갈든 사람이 필요한데, 정작 손길이 없어 방치된 논밭이 흘러넘친다. 주민이 떠나니 빈집은 늘어나고, 활기가 없으니 동네는 숨 죽은 상태다. 외지 촌락으로 갈수록 젊은 시절 동네에서 청춘을 보낸 고령 주민을 빼면 사람의 온기를 찾기 어렵다. 그마저 간병과 의료를 이유로 도시 자녀를 찾아 떠나는 고령인구의 행렬이 적잖다.

아직은 마을회관에 모여 서로의 버팀목이 되지만, 이들마저 사라지면 동네 소멸 라벨은 당연지사다. 전체 농촌 마을(3만 6,000여 개) 중 10~20%는 실질적 과소 마을일 정도다. 실제 20가구 이하 마을은 2010년 3,091개에서 2015년 1,270개로 감소했다. 정도 차이는 있지만, 60가구 이하 마을도 추세적인 인구감소가 본격화됐다(통계청 농림어업총조사, 2016). 뭘 하고 싶어도 사람이 없다는 건 냉엄한 현실이다.

소를 키운다는 비유는 결국 지역에서 살아간다는 뜻이다. 지역에 터를 잡고 살아가는 주민 없이는 동네가 유지되지 않는다. 주민 수가 많고 그 면면이 다양한 동네일수록 왁자지껄한 역동성과 활기찬 에너지가 넘친다. 당연히 생활 기반은 확대되고 순환경제는 선순환된다. 이를 통해 나날이 발전하는 정주定住 시스템이 완성되는 것이다.

정주는 지역활성화의 기반이자 목표다. 안정적인 주거 공간의 실현은 주민의 규모와 맞닿는다. 지역공동체가 유지되려면 최소한의 정주 주민이 필요하다. 여기에 못 미치면 역내의 경제적 분업 구조는 물론 최소한의 행정 서비스조차 공급받기 어렵다. 과소 지역끼리 행정단위를 합치는 지역발 대합병M&A이 발생하는 배경이다. 그러니 소를 키울 주민과 정주 시스템은 중차대한 변수다.

선순환적 정주 시스템은 쉽게 만들어지지 않는다. 깨지는 건 금방이지만 만드는 데는 많은 노력과 시간이 필요하다. 이때 주민 눈높이에 맞는 정주 조건을 지속적으로 업그레이드해 만족감과 효용감을 높여가는 구조를 갖추는 것이 결정적이다. 주민이 불편·불안·불만을 느끼는 동네가 유지될 리 없다. 기회가 되면 언제든 떠나겠다는 공간에서 정주 시스템이 돌아갈 리 없다. 전국 곳곳의 한계취락이 급속도로 과소화되는 것도 이런 정주 구조가 깨진 결과다. 남아 있는 주민은 대안이 없거나 떠나본들 뾰족한 수가 없는 고령인구로 재편된다. 사과가 열려도 딸 사람이 없고, 논밭이 넘쳐도 농사지을 인력이 없다. 애정을 갖고 지역에 계속해 살 수 있도록 주민이 원하는 정주 환경을 갖추는 게 급선무다. 굽은 나무가 고향을 지킨다지만, 굽은 나무도 잘 살아갈 수 있는 정주 환경의 강화가 먼저다.

정주 시스템은 지역 내부에서 만들어질 때 효과적이고 바람직하다. 지역마다 원하는 정주 조건이 다를 수밖에 없다. 큰 그림은 생활 유지를 위한 생산·고용·소비·투자가 순환되는 형태이지만, 세세한 내용과 체계는 특화되는 게 자연스럽다. 때문에 외부 관찰자 혹은 정책당국보다는 당사자성을 갖춘 내부의 이해관계자가 정주 시스템을 기획·실행·관리하는 게 바람직하다.

다양한 외부 주체와의 연대도 필요하지만, 출발은 지역에서 삶을 꾸려나가는 주민과 조직이다. 이들의 적극적 사업 참여로 지역특수성을 반영한 맞춤식 정주 시스템이 만들어진다. 활발한 주민 참여를 전제로 한 자치 실험이 한 예다. 적극적인 개방형·참여형 주민 공동체가 자신들의 정주 시스템을 총괄하는 게 옳다. 정책·행정은 최대한 많은 주민·조직이 시스템 수립에 참여하도록 지원하는 독려자 역할이면 충분하다.

정주 시스템 실험, 주민자치회의 힘

사회가 진화하듯 참여는 확대된다. 과거보다 주민참여의 기회와 루트는 늘어났다. 적어도 제도적으로는 정주 환경을 개선하는 각종 작업에 참여할 방법이 있다. 아직 갈 길은 멀지만, 독점적이고 폐쇄적이었던 예전 방식보다는 좋아졌다. 곳곳에서 발견되는 '주민자치회'가 대표적이다. 이는 MB정부에서 시작한 일종의 주민자치조직이다. 주민을 정책의 최종소비자에서 공동생산자로 끌어올리겠다는 실험이다. '내 삶을 바꾸는 자치분권시대'란 슬로건처럼, 주민의 정책 참여를 통해 지역 이슈의 일방적인 소비자에서 협력하는 생산자로 바꿔보자는 취지다. '풀뿌리 자치의 활성화와 민주적 참여의식 고양'이라는 목적성이 읽힌다. 자문 역할에 그쳤던 기존의 주민자치위원회가 원형이다. 자발적 주민기구로서의 대표성과 기능성을 강화해, 민주적 방식으로 지역의 직역·계층·기관을 대표한다. 핵심은 자치다.

주민자치회는 최소 30명 이상으로 구성된다. 지역별로 30~50명 정도로 자율적인 형태를 보인다. 주민자치회 위원은 주민등록이 있거나 체류 자격을 갖춘 외국인은 물론 사업장 주소를 둔 경우도 해당된다. 학교·기관·단체가 위치한다면 그 임직원에게도 자격이 주어진다. 위원은 공개 추첨으로 선출된다.

특정 성별이 60% 이하가 되고, 사회적 약자 등 다양한 계층이 참여하도록 노력하라는 권고사항이 있다. 기본적으로는 최소 6시간 이상 주민자치

교육 과정을 이수해야 한다. 2년 임기의 무보수 명예직이지만, 예산 범위에서 소정의 실비·수당을 지급할 수 있다. 주민자치회가 공공사업을 할 때, 행정 지원과 함께 전년도 주민세(개인균등분) 징수액에 상당하는 예산 지원이 가능하다. 이른바 주민참여예산으로 불리는데 최대 3억 원 안팎의 사업 결정 권한을 갖는다. 3,800여 개의 읍면동 주민자치위원회 중 주민자치회로 전환한 곳은 626곳이다(2020년).

성과는 적잖다. 아직 사업 단위가 큰 지역활성화 프로젝트까지는 포괄하지 못하지만, 주민자치형 공공서비스 구축사업을 통해 지역공동체를 활성화하고 삶의 질을 향상시킨 사례가 속속 소개된다. 주무 부처인 행정안전부는 마을사업 중 이색사업을 발굴해 실험 확대를 꾀하고 있다. 가령 쓰레기 문제를 해결한 재활용 정거장 사업(대전 갈마1동), 세대 교류형 문화탐방 프로그램인 어룡탐방(광주 어룡동), 자치예산으로 육아용품 교환권을 주는 마더박스 사업(논산 취암동) 등이 거론된다.

취합하면 주민자치회가 잘 움직일수록 마을이 긍정적인 방향으로 달라진다는 입장은 공통적이다. 의견 수렴이 쉽잖지만, 사업 과정에서 성취감과 애향심이 높아져 만족도가 상당하다. 주민센터와의 협의·심의를 통해 위탁 사무를 수행하는 곳도 증가세다. 마을계획 수립, 주민총회 개최 등 공동체 이슈에 직접 참여한 경험이 쌓인 결과다. 실제로 주민 의견 수렴 절차인 주민총회에서 주민자치활동을 논의·결정한다. 주민자치회가 수립하는 주민자치·마을발전·민관협력 등에 관한 종합계획을 세우는 것이다. 연 1회 이상 개최하며 주민자치회에서 의결된 안건을 상정한다. 그럼에도 갈 길은 멀다. 아직은 행정과 대등한 위치가 아니고, 예산도 적으며, 참여는 더 어렵다. 다만 지역활성화를 위한 작지만 큰 걸음을 뗐다는 데 의미가 있다.

주민자치회를 개방형 공동체로

주민자치회를 둘러싼 논쟁도 있다. 어떻게 대표성을 확보할 것인가가 그중 하나다. 전체 주민의 총의를 대표할 수 있는 조직 구성이 가능한가에 대한 문제다. 특히 공개 추첨으로 위원을 뽑는 방식이 논란거리다. 현실적 한계를 반영한 장치이지만 "누구나 참여한다지만 아무나 다 한다"라는 불평이 구체적이다. 100% 무작위로 추첨하는 서울시의 경우가 특히 그렇다. 물론 관제 성격이 짙은 기존의 주민자치위원회보다는 낫다. 읍면동장의 자문기구인 주민자치위원회는 알음알음 관변단체장 위주로 임명이 이루어졌다. 이런 칸막이 방식보다는 신청한 사람을 대상으로 공개 추첨을 하는 편이 낫다.

그럼에도 '주민자치위원회 → 주민자치회'로 넘어가는 과정에서 기존의 숙련된 경험과 지적 자산이 단절될 수 있다는 한계도 거론된다. 기존 참여자가 배제됨으로써, 무보수 명예직이 갖는 봉사활동으로서의 참여가 평가 절하될 우려도 있다. 애써 쌓은 자치 경험의 지속가능성이 훼손될 수 있다는 반론이다. 하지만 현실은 좀 다르다. 참여주민이 적다 보니, 대부분의 주민자치위원회 경험자가 주민자치회로 이전되었다. 지역별로, 주민 대표

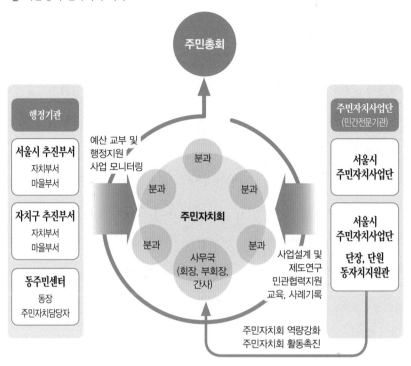

서울형 주민자치회 맥락도

자료: 서울시

성을 항목별로 나눠 비중을 조정하려는 새로운 시도도 있지만 일반적이지는 않다. 향후 개선되어야 할 부분이다.

이처럼 주민조직으로 형성된 공동체는 긍정적인 만큼 부정적인 부분도 많다. 아직은 폐쇄적인 데다 익명으로 진행되다 보니 개방성이나 투명성이 담보되지 않는 경우가 적잖다. 주민의 다양한 욕망을 하나의 깔대기에 모으기 위해서는 참여와 균형감각이 절실하다. 다만 잘 갖춰지면 정주 시스템은 확실히 개선된다. 개성이 넘치면서 협동이 일상적인 강한 마을을 꿈꿀 수 있다. 그러자면 주민의 자율성과 창의성이 보장되면서 협력하고 연대할 다양한 기회와 체계가 필요하다. 이를 바탕으로 취향이 존중되고 배려와 도움이 오가는 네트워크와 안전망을 갖출 수 있다. 결과적으로 모든 삶이 성장하고 경계를 넘어선 창의적 협력과 융합으로 일상적인 혁신이 이뤄질 수 있다.

민주적이고 개방적이며 신뢰받는 참여의 로컬 공간이 실현되면, 외지인조차 그곳에서 살고 싶어 한다. 그들이 마을의 강점으로 재투하되는 다원적인 마을 모델이 만들어지는 것이다. 궁극적으로는 사적 이익을 추구하는 영리조직부터 공적 이익을 추구하는 사회적경제 · 연대 조직, 비영리 조직까지 서로 협력하며 함께 성장하는 자유로운 주민 연대체로서 지역사회의 발전을 도모할 수 있다.

방관과 애정 사이
관계인구로 소멸 방어

∎

인구 변화의 상당한 지분은 우량한 지역으로 몰려드는 사회이동에 있다. 이것이 도농격차와 인구감소를 유발한다. 교육·취업·의료 등 기반 환경이 탁월한 도시로의 쏠림 현상이 심각한 출산 감소를 낳기 때문이다. 비교열위의 농산어촌 지역은 자연감소에 사회전출까지 이중고 속에서 급속히 위기 공간으로 전락한다. 고령인구의 자연사망이 일단락되면 주민등록 거주인구 제로인 이른바 유령마을이 될 것이다.

반면 인구 블랙홀인 수도권은 출산 포기에도 불구하고, 끝없는 사회전입 덕에 끝없이 팽창하고 있다. 인구감소로 돌아선 서울은 차치하고, 경기권은 갈수록 자원 독점이 심화된다. 미증유의 한국형 도농격차의 출발점이다. 경기도가 17개 광역지자체 중 유일한 인구 경합의 승자가 된 이유이기도 하다. 한계 지역은 절체절명의 소멸 압박에 섰다. 도농 간 기울어진 운동장은 지속가능성을 위태롭게 한다. 해서 지역의 활력을 회복하려는 프로젝트가 한창이다. 더 미룰 수 없는, 지역 재생에의 간절한 희망과 도전이 진행 중이다.

물론 복잡하고 지난하다. 지역복원을 위한 의지·능력부터 예산·방식까지 논쟁거리다. 그나마 관심조차 없던 예전보다는 홍수처럼 넘쳐나는 아이디어가 반갑다. 가보지 못한 경로이기에 시행착오는 자연스럽다. 와중에 주목받는 새로운 혁신 이슈도 인기다. 지역 소멸에서 탈피할 방법론으로서 '관계인구'를 확보하자는 제안이 대표적이다. 소멸지역의 인구증가가 최종 목표이지만, 힘들고 복잡한 산식이라 중간 단계의 타협안으로 해석된다. 주민이 늘면 좋겠지만, 우선은 실현 가능한 관계부터 돈독히 쌓자는 차원이다. 즉 '교류인구 → 관계인구 → 정주인구'로의 연결고리를 상정한 구상이다. 쏠림에서 균형으로 나아가는 길목을 나누어, 지역에의 관심·애정의 정도를 인구집단으로 분해·치환한 개념이다.

로컬리즘을 떠받칠 강력한 인적 자원

최근 부각된 관계인구는 로컬리즘을 떠받칠 강력한 인적 자원으로 평가된다. 확률이 낮은 전입은 일단 포기하고, 로컬과의 관계 증진을 통해 지역복원의 훌륭한 우군을 만들자는 취지다. 관계인구란 어떤 식으로든 지역과 관계를 지닌 외부인을 뜻한다. 애정과 방관 사이에 존재하는 그룹인 셈이다. 주민등록상 거주자이거나 이주자인 정주인구와는 다르다.

정주인구는 지역에 삶의 터전을 둔 주민이다. 지방 출신으로 도시에 거주 후 귀향한 U턴, 도시 출신이 지방에 이주하는 I턴, 지방 출신이 고향이 아닌 기타 지역에 이주하는 J턴을 아우른다. 지역복원의 최종 목표인 사회 전입형 정주 확대에 해당한다. 정주민을 늘리려 인구 쟁탈전이 벌어지는 배경이다. 때문에 외지인이 주민등록을 옮기면 인센티브를 주는 정책이 인기를 얻는다. 제로섬 논쟁에도 불구하고 정주 확대는 지역 재생의 우선 지표로 해석된다.

하지만 관계인구는 다르다. 애정을 갖고 자주 찾거나, 지역 현안에 관심을 갖고 참여하는 경우를 일컫는다. 교육 · 취업을 이유로 고향을 떠났지만, 지역 연고가 있다면 이에 해당된다. 고향사랑기부금제로 힘을 보태줄 강력한 잠재 후보다. 파견근무 등으로 직장 · 거주의 직간접적 경험이 있다면 더 좋다. 최근 논쟁적인 정주 확대보다 관계인구를 늘리려는 정책이 현실적인 대안으로 떠올랐다. 뺏기고 뺏는 전입 경쟁이 아닌 지역과 함께 관계를 다지는 잠재적인 우군 그룹을 지향한다. 지역에 기반한 느슨한 인적 고리 확장이란 취지를 갖는다. 관계인구와는 다른 '교류인구'란 개념도 있다. 관광 · 여행으로 한두 번 찾아온 경우다. 지역에 가보긴 했지만 특별한 관계가 없는 방관적 위치다. 지역과의 인연은 희박하다.

관계인구는 정주인구와 교류인구의 중간쯤에 있다. 관계인구보다 더 끈적한 '체류인구'까지 넣으면 '교류 → 관계 → 체류 → 정주'의 단계가 설정된다. 체류인구란 특별한 연고 없이 잠깐 사는 유형으로 한달살이가 대표적 사례다. 이중 관계인구가 지역의 활력을 높일 강력한 주체로 떠올랐다. 정주인구보다 제한적이지만 교류인구보다 포괄적인 관계인구를 지역 재생의 지지 세력으로 삼아 활로를 찾겠다는 얘기다. 지역에 터전을 둔 정주형 인구증가가 사실상 닿기 힘든 목표란 점에서 현실 타협적인 선택지다.

때문에 귀촌이나 귀향처럼 실체적 인구 유입보다 관심·애정으로 맺어지는 관계적 지역 경험이 농산어촌의 생존전략 중 하나로 평가된다. 정주인구 유입을 위한 경쟁적이고 소모적인 금전 지원과 그럼에도 낮은 정착률의 한계를 극복하려는 차원이다. 관계인구는 앞서 지역소멸의 경고등이 켜진 일본에서 고안한 개념이다. 뭘 해도 성과가 낮아 고민하던 찰나, 작지만 강한 연결을 떠올린 상상력이 한몫했다. 제3의 주민이란 평가처럼 관계인구를 늘려 지역 재생의 소중한 실마리를 만들어낸 사례는 많다.

특명! 관계인구를 늘려라

관계인구는 책상물림의 화두가 아니다. 소멸지역을 되살리려는 현장의 선행 경험과 시행착오가 추출한 대안이다. 오랫동안 고군분투하며 도출한 지역 재생의 돌파 힌트다. 2011년 대지진 이후 관계성을 지닌 외지인이 지역 활력과 직결된다는 경험에서 비롯되었다. 이후 관련 서적이 연이어 출간되며 입소문이 났다. 정책 무용론에 고민하던 일본 정부도 2018년 관계인구를 공식 의제로 채택하고 적극적인 기반 조성에 나섰다. 총무성은 아예 관계인구 포털사이트(www.soumu.go.jp/kankeijinkou)를 운영한다. 지역 재생 · 인구 대책의 대안으로 격상되며 법률 체계까지 갖췄고, 매년 30~40개 지자체의 모델 사업을 선정해 지원한다(관계인구 창출 · 확대 사업).

후속 연구가 이어지면서 개념은 고도화되고 전략은 세분되었다. '관계= 심리적 관심+실천적 관여'가 대표적이다. 관계성의 진화 구조는 '무관심 → 정주화'란 단순한 흐름이 아니다. 대신 화살표를 쪼개 특산물 구매, 지역 기부(고향사랑기부금제), 반복 방문, 행사 참여, 다거점 생활(오도이촌) 등 단계별로 강해지는 관계 접점에 주목한다. 길게는 현대사회의 옅어진 고향 구축에까지 닿는다. 고향처럼 여길 수 있도록 관계인구와의 계속적이고 다면적인 네트워크를 구축하는 전략도 많다. 정부사업에 있어서도 관계인구의 관심 공간은 지역보다 고향이란 단어로 공식화된다. 갈수록 관계인구는 분화된다. 개인뿐 아니라 기업, 비영리단체, 대학은 물론 겸업 · 부업 수요까지 아우른다. 인재(관계인구)와 공간(지역 문제)이 협업하고 성과를 내면 충분히 지원하기 위함이다.

관계인구 확보 사업은 몇 가지 유형을 띤다. △관계를 지닌 사람과의 연결 기회 제공 △향후 관계성을 가질 것이 예상되는 잠재 후보와의 수요 매칭 △도시 주민 · 조직의 연대로 지역에 대한 관심 배양 등이 그렇다. 특히 기술과 지식을 가진 도시의 인재에게 지역의 과제를 풀도록 함께 연대하는 협업이 눈에 띈다.

성과는 좋다. 관계인구를 처음 제안한 것으로 알려진 NPO도호쿠타베루통신는 지역의 생산자와 도시 소비자를 스토리로 연결해 화제를 낳았다. 생산자의 면면을 스토리로 엮은 정보지로 가치 교류와 현장 접점의 기회를 늘리며 도농 간의 새로운 커뮤니티를 창출했다. 요컨대 CSACommunity Supported Agriculture라는 지역 지원형 농업 모델로 발전했다. 오키나와의 섬 '이에 마을'은 체험형 여행을 통해 관계인구를 늘렸다. 여행사와 함께 민가 숙박·어업 체험 프로그램을 만든 후 단골 방문으로 유도해 관계성을 높인 것이다. 한번 경험 후 다시 섬을 찾는 관계인구가 늘자 이곳에 취업·정주하는 성과도 나왔다. 1993년과 2018년을 비교하면 연간 숙박자(317명 → 4만 4,370명), 수학여행(3개 교 → 300개 교), 민박 가정 수(22호 → 213호) 등

■ 관계인구 개념도

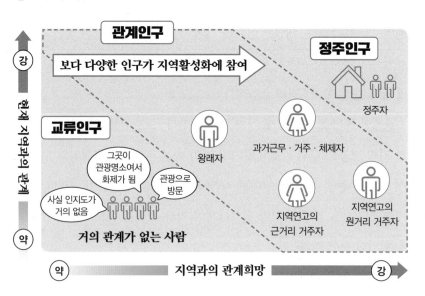

자료: 일본 총무성

모든 부문에서 관계인구의 토대가 강화됐다.

한편 2만 3,000명까지 인구가 급감한 내륙의 히다시는 2017년 히다시 팬클럽을 만들어 약 7,000명의 관계인구를 확보했다. 회원 한정 이벤트와 할인행사 등 재미난 기획으로 회원이면 모두 관광 대사가 되도록 접점을 강화한 덕분이다. 관계 안내소란 플랫폼에서는 체험 여행, 자원봉사 등 관계인구를 타깃으로 한 연결 사업도 인기다.

관계 → 활력의 순환형 네트워크

소멸 위기의 한계지역을 되살릴 카드는 누가 뭐래도 정주의 확보다. 주민이 늘면 지역은 산다. 문제는 이게 만만찮다는 것이다. 안타깝게도 자원이 많은 중앙은 경직적이고, 한계가 많은 지역은 수동적이다. 둘의 괴리가 커질수록 소멸의 비탈은 가팔라진다. 무관심한 교류인구와 고비용의 정주인구로 나누는 이분법적 사고 체계를 넘어설 대안 카드는 그만큼 절실하다.

그러니 관계인구란 아이디어는 시의적절하다. 가성비가 좋을뿐더러 약간의 물꼬만 터주면 민간과 지역의 새로운 혁신 실험도 기대된다. 반면 갈등 비용은 감소한다. 주지하듯 외지인의 지역 정주는 허들 천지다. 정주 목적으로 전입했는데, 원주민과 부딪혀 재차 전출하는 경우도 많다. 원인은 텃세부터 행정편의 규제까지 다양하다.

그런데 관계인구는 여기서 자유롭다. 이방인과 정주민 사이의 필요와 수급을 매칭하면 느슨한 협업 모델이 얼마든지 가능하다. 완벽한 방관과 각별한 애정의 중간 단위를 아이디어화하자는 것이다. 어떤 식이든 지역·주민과 연결되면 관계인구다. 출향인, 기부자, 체재자는 물론 정기적 지역 방문과 지역 물품 소비 그룹까지 포괄한다. 물론 관계성의 개념이 작위적이고 광범위할 뿐 아니라 도시·농촌의 쌍방 공간만 강조한다는 한계는 있다.

그럼에도 관계인구로 지역과의 접점을 넓혀 '관계 → 활력'의 순환형 네트워크를 쌓자는 데는 이견이 없다. 현존 수단 중 가능성과 설득력을 두루 갖춘 탁월한 개념인 까닭이다. 일본 사례를 보건대, 관계에서 활력을 찾기 위한 실행 전략은 수없이 많다. 보다 많은 이들이 지역 균형을 위한 주체로 자리매김하도록 공론화하고 프로젝트에 나설 때다. 요컨대 관계인구는 실효적인 로컬리즘의 실행 수단이자 인구 전환의 설득력 있는 대안 과제다.

전문가의 함정에서
지역가의 엔진으로

지역을 되살리자고 뜻을 모았다면 그 다음은 '어떻게'의 방법론에 직면한다. 키를 쥐었든 지켜보는 입장이든 사업에 투입될 수단과 방법을 논의하는 것부터 막막하다. 공청회와 보고회를 열어도 배가 산으로 가기 십상이다. 사실상 모두를 만족시킬 모범답안 없이 하나하나 부딪히며 그려갈 수밖에 없어서다. 이때 전가의 보도처럼 사업의 추진 근거와 주민의 공개 설득을 뒷받침해주는 제도장치로서, 전문가 집단이 투입된다. 일상다반사의 우왕좌왕·좌충우돌을 전문지식과 경험을 내세워 깔끔하게 정리하는 형태다. 숙련된 전문가가 "그렇다"고 하면 대개의 이견과 반발은 '근거 없음'으로 일단락된다. 이론에 밝고 현장을 아는 전문가 집단의 의견이 하나로 모아지면 반발은 설 땅이 없다.

변화된 새로운 로컬리즘은 피하기 힘든 시대 화두다. 그렇다면 관심은 모처럼의 균형발전이 옳다는 것을 증명해줄 성과 창출로 집중된다. 대부분 초기 단계라 최종 판단은 뒷날로 미뤄지지만, 괜찮은 초기 성과라도 보여주어야 로컬리즘의 확대 논리가 강화될 것이다.

즉 첫 단추를 잘 꿰어야 한다. 지역 재생을 성공시킬 전제조건은 단계별로 다양하다. 수많은 참여 주체와 추진 체계가 공정별로 드나들며 최종 완성에 투입된다. 단 백지 상태의 밑그림부터 채색이 끝난 후의 작품 관리까지 빠지지 않는 공통분모가 있다. 강력한 존재감을 발휘하며 단순 자문부터 사업 위탁까지 도맡는 전문가 집단이다. 짭짤한 사업 모델답게 언제부터인가 시장까지 형성되었다. 지역복원에 직간접적으로 참여하는 자칭타칭 전문가의 등장은 본격적이다.

전문가의 경쟁력을 활용하는 방법

지역복원을 원하나 방법이 마뜩잖을 때 전문가는 가뭄의 단비요, 사막의 오아시스다. 아무리 찾아도 없던 뾰족한 수를 어렵잖게 내놓는 비기(?)를 선뵈며 전문가의 경쟁력을 발휘한다. 해당 분야에 상당한 지식과 경험을 지닌 이들답게 무無의 딜레마에 빠진 지역사회에 구체화된 유有의 영역을 펼쳐놓는다. 어떤 조직이든, 어떤 사업이든 전문적인 싱크탱크에 의존할 수밖에 없는 이유다. 기대효과는 좋다. 문제를 최소화하고 성과를 최대화하는 최적 조합을 찾아내는 게 본업이니 당연하다. 신뢰할 수 있는 전문가의 힘은 로컬리즘 사업 현장에도 유효하고 바람직하다.

이런 점에서 한국은 일종의 내비게이션 사회다. 내비게이션처럼 정해진 길을 제안하고 권유한다. 익숙한 표준 경로에서 벗어나면 불안감이 커지고 결정장애를 초래한다. 분명히 아닌데도 근거 없는 믿음으로 안내를 따르고, 스스로 선택 자체를 하지 못하는 곤란한 경우도 많다. 경험이 적을수록 경로 이탈 후의 경고는 부담스럽다. 정해진 코스대로 가면 최소한 비난받을 일은 없어서다. 그런데 과연 그럴까. 고민이 필요한 때다. 지역활성화도 매한가지다. 정해진, 익숙한 경로에 대한 재검토가 필요하다.

전문가만 믿으면 곤란하다. 도움은 되겠지만 반드시 최대 성과를 내는 건 아니다. 기계적, 정보적 결함이 많을뿐더러 무엇보다 로컬 주체의 자기결정권을 없애버린다. 주지하듯 내비게이션만 좇으면 운전자의 기능은 갈수록 열화劣化된다. 도로표지판과 상충해도 내비게이션의 말을 듣는다. 30분이면 닿을 거리를 한두 시간 걸려 도착하는 웃지 못할 불상사도 생긴다. 수단·방식에 대한 과도한 신뢰가 낳은 결과다. 가끔은 자신의 머리로 생각할 필요가 있다. 동물적 감각이 기계적 판단보다 나은 경우도 적잖다. 이렇듯 경로 이탈에 대한 불안감은 지역활성화의 딜레마다.

지역복원에 활용되는 내비게이션은 버전도 종류도 많다. 다만 입력 정보는 하나로 수렴된다. 과거의 경험과 관성이 기본값이다. 별도의 명령이 없다면 미리 정해진 값이 자동으로 적용된다. 기본값은 대부분 전문가로 불리는 집단이 제공한다. 그들의 경험과 연구가 지역활성화의 바로미터가 된다. 경로를 수집하고 환경을 반영해 최적화 프로젝트란 이름으로 실행되는 것이다. 이는 비단 지역복원뿐 아니라 정책 전반을 지배하는 강력한 의사결정 체계로 작용한다. 이른바 '전문가 중심 사회'의 단면이다. 지역활성화 현장에도 자칭 전문가의 위험한 경고와 색다른 해법이 넘쳐난다.

양자 병합이 대세, 전문성 + 지역성

현장에서는 전문가의 전문성에 대한 판단이 절실하다. 그들의 편견과 오판으로 일을 그르치는 경우도 왕왕 있다. 아집과 독단이 처음부터 실패를 예고한 사례도 있다. 전문가란 착각에 빠져 잘못된 의사결정을 내리는 경우다. 이를 '전문가의 함정Expert's Trap'이라 부른다. 전문가는 특정 분야를 잘 아는 사람이다. 다시 말해 다른 분야는 잘 모른다. 우선 모든 것을 완벽히 안다는 식의 접근은 경계 대상이다. 전문용어 뒤에 숨어 어렵고 복잡한 말만 한다면 곤란하다. 많이 알수록 쉽고 생생한 설득을 하는 법이다. 전문지식이 성공 투자를 뜻하지 않듯, 지역활성화도 수많은 변수가 개입한다. 제각각 다른 로컬 현장은 언제 어디서 돌발상황이 생길지 아무도 모른다. 지역을 잘 모르는 전문가가 기존 수단과 방법론만 강조하는 건 바람직하지 않다.

따라서 전문성은 활용해야지 의존하면 안 된다. 로컬리즘은 그 자체가 새로운 문제 해결 아이디어다. 기존 방식은 한계가 많다. 익숙한 틀에 매몰되면 혁신적인 신상품은 만들어지지 않는다. 전문성이 깊을수록 돌발성에 취약하고, 지역 맞춤형의 혁신 실험은 제한된다. 똑똑한 내비게이션이 오히려 정체를 심화시키는 딜레마만 봐도 과도한 신뢰는 경계 대상이다. 결국 전문성의 활용은 한정적이고 보수적으로 접근해야 한다. 빼어난 투자자는 화려한 전문가와 거리를 둔다. 물어는 봐도 스스로 판단한다. 쥐락 펴락하는 전문가에게 끌려다닌 결과를 누구보다 잘 알기 때문이다.

시나브로 균형발전은 확실한 정책 의제로 자리매김했다. 시대 문제인 도농격차·인구변화를 완화할 최우선 미션인 까닭이다. 즉 상당한 관심과 엄청난 예산이 투입될 국가사업의 자격을 갖췄다. 다시 말해 곧 큰 장이 선다는 의미다. '대★ 예산 시대'의 개막이다. 실제 한국판 뉴딜사업 중 지역균형에만 75조 원이 배치됐을 정도다. 4개 분야 총 160조 원 중 절반에 가까운 48% 비중의 천문학적인 돈이다.

이게 끝이 아니다. 2022~2032년간 매년 1조 원씩 지방소멸대응기금도 본격적으로 뿌려진다. 당장은 89개 지자체가 대상이다. 해당 지자체가 투자계획을 내면 목표 부합성, 사업 타당성, 실현 가능성, 사업 연계성 등을 심사해 차등적으로 지원한다. 1개 지자체에 평균 100억 원 이상 투입되는 셈이다. 정파와 진영 논리로 접근할 이슈도 아니다. 정권과 무관하게 늘면 늘지 줄어들 확률은 낮다. 예산은 아니지만, 2023년부터 고향사랑기부금제도 시작되어 새 피로 수혈된다.

얘기인즉슨 곧 대한민국이 지역·균형이란 타이틀의 동시다발적인 거대 프로젝트에 돌입한다는 뜻이다. 떠들썩했던 4대강 프로젝트는 명함조차 못 내밀 규모다. 당연히 큰 장이 서면 동원되는 자원도 비례해서 늘어난다. 이때 조심할 것이 전문가의 함정에 빠지지 않는 안전장치의 마련이다. 당연히 지역 재생은 이인삼각의 협력 모델로 완성된다. 혼자는 못 한다. 재생사업의 지식과 경험이 없는 지역이 태반이라 협업과 연계는 필수다. 단, 지역 재생은 아무나 못 하지만 누구나 한다는 점에서 지역 단위의 내발적·주체적 장악력이 필요하다. 스스로 전문가가 되거나 전문성을 적절히 활용하는 방식이 좋다.

뿌려질 로컬리즘용 거대 예산

결국 '전문성+지역성'의 통합을 통한 모순의 조정과 통합 효과를 노려야 한다. 지역은 모두 다르다. 어떤 전문가도 모든 지역에 밝을 수는 없다. 지역에 터를 두고 하루하루 살아가는 이들이야말로 최고의 전문가다. 한두 명의 스타 킥커(전문가)보다 운동장 전체를 아우르는 리베로(다수주민)가 제격이다. 이를 뒷받침하듯 되살아난 지역의 공통점은 당사자의 기획·실행력이다. 매력적인 제안과 실천적인 적용은 다른 얘기다. 엄청난 내공의 전문성이라도 생활 기반의 지역성을 능가하기란 어렵다. 문제의 본질에서 벗어나 쉽게 해결할 걸 어렵게 풀기도 한다. 적정 수준의 자문을 넘어 완벽한 의존이 아닌지 곱씹어봐야 한다.

이때 강조되는 것이 내생적·자발적 지역 발전이다. 중앙의 정책이나 외부 자원을 필두로 한 과도한 의존 관성은 지역을 피폐화시키는 원인 중하나다. 전문성이란 타이틀로 무장된 외부 시선이 프로젝트 전반을 필요 이상으로 지배하는 것도 그렇다. 행정적 편의주의와 전문가 중심 사회의 절묘한 의탁 구조는 보여주기식 전시작품을 양산할 뿐이다. 엄청난 혈세를 투입해 수많은 지역사업이 펼쳐졌지만, 정작 지역의 불행은 해소되지 않는 시행착오가 반복되는 이유다. 균형발전을 위한 지역복원은 중대 의제다. 갈수록 관심과 예산은 늘고 새로운 실험이 펼쳐질 수밖에 없다. 시대가 변했는데 방식이 그대로라면 얻어지는 게 없다. 외부 전문가의 함정에서 벗어날 혁신과 용기가 필요하다.

관건은 지역 기반의 자생력이다. 내비게이션의 안내를 받되 맹신과 추종보다는 참고할 지점 정도로 생각하면 충분하다. 전문가에 중독되면 무력해진다. 자율성은 사라지고 판단력은 훼손된다. 자신의 잠재력은 파괴되고 무력한 의사결정이 반복될 수밖에 없다. 다양한 선택지를 묻고 듣되 결정하고 실행하는 것은 최대한 지역 내부에서 마무리해야 한다. 전문성이란 환상에 익숙해지면 벗어나기도 거부하기도 힘들다. 전문가의 함정을 증명한 사례는 아주 많다. 『누가 나를 쓸모없게 만드는가』(이반 일리치 지음, 느린걸음, 2014년)는 변화의 출발점으로 전문가 중심 사회로부터의 탈출을 권한다. 전문가가 상황에 맞게 합리적으로 판단할 것이란 믿음은 이미 틀렸음이 입증되었기 때문이다.

폐쇄적 유착에서
새로운 민관협치로

■

　　나 홀로 난관 돌파는 당연히 어렵다.
초연결 사회답게 전후방의 촘촘한 자원 결합은 가성비를 높이는 바람직한
트렌드다. 즉 협치가 대세다. 낯설고 힘들지만, 문제해결을 위한 강력한
신형 엔진으로 제격이다. 도농격차의 불균형을 해소할 지역 회복이란 시
대 화두도 매한가지다. '누가 할 것인가'라는 민관협치부터 '무엇을 할 것인
가'의 협업 내용까지 공정 전반에 걸친 협력 체계는 시행착오가 누적된 교
훈이자 성공 사례의 공통분모다. 주체부터 분리된 단독 접근 방식보다 공
정 전체의 집합적 연계 협업론이 강조된다.
　　관건은 '어떻게'의 방법론으로 귀결된다. 이쯤에서 마치 습관처럼 앞서
언급한 전문가를 떠올린다. 관련 분야의 지식과 경험으로 무장한 외부 전

문가에게 훈수를 요청하는 식이다. 지역은 잘 알아도 사업은 모른다는 한계를 돌파하려는 몸부림이다. 대부분의 지역복원 프로젝트가 관 주도의 발주사업인 것도 외부 전문가에의 의존을 내재화한다. 의사결정의 정당성과 투명성이 중요하기에, 기획 단계부터 이를 뒷받침할 근거 확보용 전문가의 의견을 구하는 것이다. 아예 사전·사후는 물론이고 실행 공정 곳곳에 전문가 집단의 자문을 필수로 넣는 경우도 적잖다.

때문에 사실상 요식적인 절차로 관련 시장이 형성됐을 만큼, 기계적인 자문 수요가 많은 것으로 알려졌다. 발주처의 입맛(?)에 맞춰 만들어진 틀 안에서 지역사업이 펼쳐지니 안전하고 획일적인 방식으로 실행된다. 대부분 중도적·공익적 차원에서 관련 활동이 펼쳐지겠지만, 관가·전문가의 폐쇄적 유착과 이에 따른 이익 독점은 잘 알려진 비밀이다. 적어도 절차상 하자는 없으니 성과 미비로 일단락될 뿐이다.

그렇다고 폄하할 이유는 없다. 장기간 한 분야에서 수많은 고민과 경험을 해온 전문가의 시선·평가는 바람직한 흡수 대상이고 챙겨야 할 고려 사항이다. 그럼에도 적정 수준을 넘어선 지나친 개입과 독점은 문제다. 강력한, 그러나 잠재적 협업 주체인 지역과 민간의 의견이 충분히 반영될 공간이 줄어들기 때문이다. 무게중심은 반드시 '행정 → 민간'으로 옮겨가야 한다. 의사결정의 권한과 비중도 민간 우위가 바람직하다. 전문가들이 의사봉을 쥐고 주민과 민간을 들러리로 전락시키는 관행은 혁파 대상이다.

시민사회의 풀뿌리 존재감 확인

갈수록 지역·주민의 인식과 능력은 업그레이드되는 추세다. 인터넷 시대답게 판단할 만한 정보가 많아졌고, 주변의 사회문제에 관심을 갖는 경우도 늘었다. 앞만 보고 달려왔던 고도 성장기가 끝나면서 성숙형 수축사회에 맞는 다양한 삶의 작동 방식도 확산 중이다. 양적 크기에 함몰됐던 입신양명의 인생 모델에 물음표를 던지는 MZ세대도 급증했다. 즉 당장의 호구지책에 휩쓸려 사회·지역의 문제를 외면하던 시절은 지나갔다. 적극적인 참여·발언을 통한 시민사회의 풀뿌리 존재감도 확산된다. 이들에게 지역 회복은 당사자성의 의무와 권리로 해석된다. 예전처럼 하단의 길들여진(?) 통제 대상으로 본다면 심각한 오판이다. 보다 적극적으로 협업 지점을 늘려야 하는 이유다.

지역사회의 작동논리·운영 모델은 나날이 진화한다. 전근대적인 지역 리그가 여전한 가운데, 한편에선 새로운 로컬 경영의 실험이 한창이다. 군림하는 정부에서 떠받치는 행정으로의 방향 선회다. '그들만의 이익'을 내려놓고 '주민의 명령'을 우선하려는 고무적인 변화도 목격된다. 무엇보다 달라진 주민의 존재감이 한몫했다. 공익과 대치될 경우, 강력한 주인의식을 동원해 과감한 반대와 끈질긴 요구를 해온 덕분이다. 지역활성화 등 지역행정에의 참여와 감시는 자연스럽다. 그렇다면 협치를 위한 첫 단추는 긍정적이다. 다양한 이해관계자를 아우르며 사업 전반에서 협치 지점을 발굴·확대할 수 있기 때문이다. 이 과정에서 논쟁거리인 전문가·지역주민의 역할 규정도 자연스럽게 정리된다.

전문성은 로컬 공간의 배경이 되어주고, 지역성과 매칭해야 할 결정과 실행은 당사자인 주민 영역에 맡기는 것이다. 관이 나서되 민이 행하는, 실질적인 민관협치의 기대효과를 높여주는 방식이다. 초기 단계의 협상력은 낮겠지만, 하나둘 경험하면서 축적하면 될 일이다. 본인과 가족이 살아갈 공간의 미래를 정한다는 전제하에 자신감과 책임감을 갖고 협치 주체로 자리매김할 필요가 있다. 잃어버린 위치와 놓아버린 권리를 되찾는 당연하고도 바람직한 시대 의제에 올라탄다는 점에서 주저할 이유가 없다. 아직은 운동성에 기반한 지역활동이 많지만, 그 색채와 내용은 점차 달라질 것이다. 지역 이슈에 동참하는 유무형의 참여 허들이 낮아지면 협치 수준도 향상될 게 확실시된다.

협치 상황이 농익으면 자연스럽게 전문가의 활용 수준이 재조정된다. 지역 공간의 협상력이 높아짐으로써 전문가 그룹의 객관성과 품질도 보다 엄밀하게 평가된다. 주도권을 쥔 지역이 주인의식을 갖고 실행 주체로서 적극적 역할을 하면 전문가 중심 사회의 한계는 오히려 장점이 된다. 으레 전문가가 주도하는 발전 담론을 비판적으로 견제할 뿐 아니라 지역 맞춤형 제안의 적절성도 검토할 수 있다. 전문가가 비전문가를 관찰해 지역의 결핍을 진단하는 관행에서 벗어나, 스스로의 절박한 결핍을 사업화하는 방식이다.

지역사회 주도권 쥘 지역형 특화 전문가

전문가에 대한 과도한 의존은 지역과 주민 내부의 힘을 바라보지 못하게 한다. 또한 능력을 발휘할 수 있도록 환경 조건을 조정하고 연결할 힘을 빼앗는다. 궁극적으로는 외부의 도전과 내부의 불안을 이겨낼 자신감마저 잃게 한다. 늘 그렇듯 해답은 현장에 있다. 내부 자원에 주목하는 내발적 발전 담론이 힘을 얻는 이유는 그것이 자생·자립의 지속적인 성과 창출을 지향하기 때문이다. 설령 관이 빠지고 돈이 부족하다 해도, 이런 경험들은 지역 회복을 위한 방법론과 자신감을 안겨준다. 분명 전문성은 훌륭한 자극제이자 동력이다. 다만 잘 쓸 때에만 그렇다. 잘 쓰려면 내부 역량부터 키워야 한다. 끝없이 지역활성화를 생각하고 실행할, 지역 내부의 특화 전문가를 육성하고 확보하는 게 시급하다.

특화 전문가의 예비 후보는 수없이 많다. 전문가와 대등한 관계에서 사업을 논할 만한 인재가 없다는 생각은 오판이다. 지역성은 전문가보다 지역이 가장 잘 안다. 아무도 없다는 푸념을 하기 전에 잘 찾아보았는지 돌아봐야 한다. 열린 마인드로 모두를 품어내면 집단지성의 확보도 가능해진다. 공감과 연대를 통해 당사자적 이해관계가 체감되면 공동체는 굳건해진다. 당당한 주장과 겸손한 경청이 반복되면 연대는 구체화되고 공동체는 건강해지는 것이다. 몇몇이 나선다고 지역 전체가 순식간에 바뀌지는 않는다. 다만, 말단까지 뻗어 있는 모세혈관이 발휘하는 무한한 상상력은 강력한 사업 주체로 변신시켜주는 혁신의 시너지가 된다. 요컨대 점(특화 전문가)이 선(재생사업)과 면(지역 행복)으로 연결될수록 내발적 성장 구조는 빛을 발하게 된다.

특화 전문가는 몇몇 전제조건으로 완성되는데 전문성, 정주성, 연대성, 혁신성으로 정리된다. 먼저 전문성이다. 특정 분야에 경험과 지식을 갖춰 이를 지역 사업에 활용할 수 있는 수준이면 금상첨화다. 어떤 직종·직무든 실무형 노하우라면 지역 회복에 투입 가능하다. 일본이 중앙정책으로 지원하는 농산어촌의 산업지원센터장처럼 벤처 창업가, 중견 직장인 등 유력 직업군의 종사자를 지역 전문가로 키워내는 제도를 참고할 만하다. 지역 특산물의 품질 향상과 판로 개척 등도 매력적인 활성화 프로젝트인 까닭이다. 이들은 고향납세(고향사랑기부금)를 흥행시킨 일등 공신이다.

다음은 정주성이다. 적어도 지역에 정주하고 지역 발전과 행복을 내재화한 당사자성을 갖춘 인물이 바람직하다. 사업 종료 후 떠나가는 외지 인재라면 곤란하다. 함께 사는 이웃일 때 특화 전문가의 신뢰와 지지가 확대된다. 굴러들어온 돌이라도 지역과 주민을 일깨우고 부추기는 방아쇠 역할을 한다.

당연히 토박이 정주 주민도 강력한 후보다. 가능하면 지금껏 지역 사업에서 제외된 감춰진 인재를 발굴·육성하는 게 바람직하다. 지역 청년, 은퇴자, 전업주부 등도 침체된 연못에 새로운 활기를 불어넣을 미꾸라지 역할을 할 수 있다. 이들을 통해 고정관념에서 벗어난 혁신 지점이 확보된다.

연대성도 특화 전문가의 중요한 자질이다. 특화 전문가는 그 자체가 플

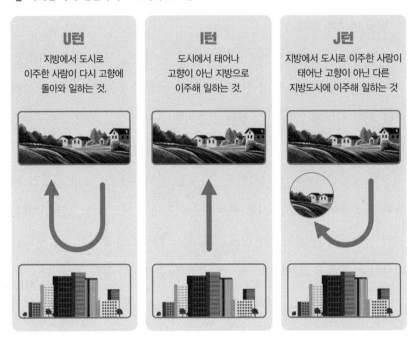

U턴

지방에서 도시로
이주한 사람이 다시 고향에
돌아와 일하는 것.

I턴

도시에서 태어나
고향이 아닌 지방으로
이주해 일하는 것.

J턴

지방에서 도시로 이주한 사람이
태어난 고향이 아닌 다른
지방도시에 이주해 일하는 것

자료: 비즈니스+IT

랫폼이다. 관민협치란 타이틀처럼 '공공+영리'의 양수겸장을 위해서는 다 방면의 이해 조정과 자원 연결이 필수다.

움직이는 클러스터답게 집적 효과를 위한 연대 지점을 발굴해 외부와 조 율·협업하는 연결 역할이 중요하다. 연대성은 부분을 전체로 보는 확대 해석의 오류를 막고 부분의 합이 전체보다 못하다는 한계를 벌충해준다. 가령 퇴직 공무원의 경우 지역에 살면서 행정도 밝아 관민 간 연대 지점을 누구보다 잘 안다. 이들이 지역활성화의 특화 전문가로 변신하면 전달 체계는 물론 자원 결합의 연대 효과도 증진된다.

같은 값이면 혁신성도 권유된다. 로컬의 변신에는 새로운 인재의 도전이 필요하다. 특화 전문가의 후보가 누구든 혁신적인 접근 방식이 체화된 인재일수록 좋다. 도시 생활에서 패배감을 맛본 귀촌자든, 잠시 떠난 후 회귀한 귀향자든, 외부에서 혁신 경험을 배우고 지녔다면 환영할 일이다. 지역에 산재한 혁신 그룹을 특화 전문가로 모시는 것도 고무적이다. 문제 해결형 혁신 교육Problem-Based Learning으로 후속 청년을 키워내는 지역 대학이 대표적이다.

특화 전문가가 많을수록 기대효과는 높아진다. 최대한의 주민참여가 요구되므로 실행 주체의 층위와 범주도 확대되는 형태가 권고된다. 흔히 언급되는 '정주민 vs. 외지인'의 대립 구도는 불필요하다. 불가피하게 구분할 때도 있지만, 결국 모두 합류하는 것이 여러모로 바람직하다. 당연히 외지인을 둘러싼 무분별한 경계부터 없애야 한다. 민간 기업이든 공공 영역이든 경험을 갖춘 외지인의 지역 데뷔는 훌륭한 자원으로 활용된다. 우선 UIJ턴 방식으로 지역에 들어온 사람부터 소중히 여겨야 한다. 회귀한 청년만 해도 다양한 도시 경험과 고향의 회복을 바라는 진정성, 정주 기반의 건실화와 맥이 닿아 있다. 지역이 잘 될수록 자신의 밥벌이가 좋아지고 지역경제의 환류 구조도 개선되기 때문이다.

행정 · 민간에 정통한
슈퍼 공무원의 힘

'소극 행정 vs. 적극 행정.'

실망스러운 행정 대응은 어제오늘의 일이 아니다. 많이 개선됐지만, 여전히 행정 현장의 불만이 이어진다. 근거가 없으면 움직이지 않고, 떨어진 일도 최소한의 범위에서 시늉만 한다. 적극적이고 책임지는 공직사회를 위한 신고와 포상 제도를 마련해놓아도, 안 하는지 못 하는지 알 수 없는 소극 행정으로 일관한다. 이렇게 방어적 소극 행정을 넘어 태연한 직무 태만까지 반복돼선 곤란하다. 총인구가 줄어들며 주민 축소(인구감소)마저 시작되었기에 고객 만족을 위한 구조 개혁은 필수 과제다.

아쉽게도 갈 길은 멀어 보인다. 소극 행정은 곳곳에서 펼쳐진다. 일례로 2023년부터 시작된 고향사랑기부금제를 귀찮은 일거리로 여긴다는 얘기마저 들린다. 재정난에 허덕이는 기초지자체로서 재원을 확보할 엄청난 기회로 여기고 확보 경쟁을 펼쳐도 될동말동한 판에, 참으로 안타까운 일이다. 중앙정부가 세제 혜택까지 줘가며 양보한(?) 정책인데 정작 지자체 행정 현장이 무관심에 무대응이면 그 끝은 뻔하다. 로컬을 회복시킬 간만의 소중한 기회를 덧없이 날려버리는 것과 같다. 고향사랑기부금이 229개 로컬의 운명을 엇갈리게 할 수도 있어 아쉬운 현상이 아닐 수 없다.

2015년 일본에서 '나폴레옹의 마을'이란 TV 드라마가 방영됐다. 러브스토리도 아니고 탐정이나 형사물도 아닌 색다른 내용으로 주목받았다. 현실 이슈를 충분히 반영한, 요컨대 21세기형 농촌 드라마라 할 수 있다. 우수한 중앙공무원이 도쿄 서부의 한계취락을 재건하라는 명(?)을 받고 농촌에 파견되고, 우여곡절 끝에 결국 마을 활성화를 성공시킨다는 이야기다. 국민 계도용이냐, 정부 홍보용이냐는 일각의 비난에도 불구하고, 인기 스타를 내세워 엄연한 시대 과제인 폐촌 공동체의 지속가능성을 모색했다는 점에서 의의가 크다.

기획 의도는 시청률로 나왔다. 빅히트까진 아니지만 생소한 농촌 이슈로 대중의 관심을 모았다는 평가다. 농촌의 한계와 현실을 공감시키고 지역활성화의 정당성과 시급성을 공유하는 성과를 냈다. 일본 정부로서도 지역재생이 핵심 어젠다라는 측면에서 우호적인 환경 조성에 도움이 됐다. 지역활성화의 성공 조건이 자연스럽게 스토리에 녹아들면서 확고한 신념, 주민과의 교류, 빼어난 아이디어의 중요성도 공유됐다. 한편으로는 지역행정의 오래된 관행과 타성이 개혁 과제의 뒷덜미를 잡는다는 현실적

한계도 확인시켜주었다.

드라마로 만들어진 한계취락 성공 스토리

비슷한 시기에 방영된 '한계취락 주식회사'란 드라마(NHK)도 유명하다. 경영 컨설턴트와 워킹 푸어로 구성된 청춘남녀 주인공의 시골 농가를 되살리려는 고군분투를 다뤘다. 활성화의 방식으로 도농 연계형 지역 농산물의 판매 다각화 등에 초점을 맞춘 게 차이라면 차이다. 지역활성화란 것이 처음엔 반짝해도, 이후 제도의 피로감과 맞물린 무관심이 뿌리내리면 대중의 관심에서 멀어진다는 점에서, 드라마를 차용한 현실 공유·정책 공감은 상당한 반향을 낳았다. 아베 정부와 한 배를 탄 공영 방송국답게 집권 정당의 우선 정책이란 점에서 직간접적인 정부 지원이 뒷받침된 건 물론이다.

두 드라마의 공통점은 무엇일까. 혹은 강조하고픈 핵심 키워드는 무엇일까. 많은 게 있겠으나, 따져보면 사실상 하나로 요약된다. 결국 '사람'이다. 소멸 직전의 한계취락을 되살리는 수많은 변수 중 사람만큼 중요한 게 없다는 교훈이 행간에서 읽힌다. 세상사 다 마찬가지겠으나, 성공한 지역활성화의 공통점은 바로 사람이다. 실제 사례를 분석해도 그렇다. 마을 부흥의 결정적인 키는 사람에게 있었다. 마을을 포기하고 떠나거나 낙담한 채 하루하루 무의미한 시간을 보내던 공간에 희망을 논하며 "으샤으샤" 하는 다양한 개조 실험이 일어난다면 이는 십중팔구 사람 덕분이다.

그렇다면 사람은 누구를 말할까. 물론 사람이 없는 동네는 없다. 한국의 경우, 산골짜기 화전마을이 아닌 한 주민이 완벽히 증발된 곳은 거의 없다. 초고령화율(20%=65세 이상/전체인구)을 일찌감치 뛰어넘은 늙은 마을일지언정 사람은 있다. 이들이 자연감소(사망)와 사회이동(전출)으로 마을을 비워 무인 동네로 방치될 것이란 우려는 앞으로 심화될 사회문제다. 따라서 지금 강조하는 '사람'이란 다시 말해 지역의 부활 주체일 수밖에 없다. 물론 고령주민도 가능하지만 그보다 '새로운 피'가 재생의 주체로 등판할 때 사업 성과의 현실성과 효과성이 높아지는 것은 당연하다. 일례로 역할이 적었던 후속 세대나 이주해온 주민이 포함된다. 기존 조직의 인적 재구성은 물론 새로운 인적 자원의 추가 연결도 대표적이다. 이들 새로운 피가 잔존 주민과 손잡고 지역에 생기를 불어넣는 작업에 나서는 것이 모범 모델이다.

복원 작업 주체로서의 사람은 뚜렷한 공통점을 갖고 있다. 바로 당사자성이다. 모든 사회문제의 발굴과 해결엔 당사자성이 중요하다. 동기 부여와 실천 의지를 강화하는 대표적 행동기제가 당사자성이기 때문이다. 문제 해결로 얻어질 유무형의 가치가 본인의 이해와 직결될 때 덜 지치게 마련이다. 설사 지친다 해도 다시 신발 끈을 동여맬 수 있다. 지연과 혈연이라는 연고성은 있으면 좋겠지만 없어도 큰 상관은 없다. 연고는 만들면 된다. 따라서 새로운 피는 외부의 인적 자원일 확률이 높다. 즉 패배감과 열위감 가득한 위기의 마을을 구해낼 구원투수, 부활 작업의 실천자는 당사자성을 품은 외부 인재다. 젊을수록, 뜨거울수록, 기발할수록, 개방적일수록 승률이 높다.

슈퍼 공무원이 만든 나폴레옹의 마을

지역복원을 기획하고 움직일 새로운 피, 즉 구원투수는 몇몇 범주로 분류된다. 압도적인 그룹은 민간 영역의 주민 및 주민 조직이다. 이들이 마을의 주인이자 토대란 데는 이견이 없다. 지금껏 객체로 전락해온 주민과 주민조직이 부활 작업의 주도권을 쥐는 건 당연지사다. 그다음은 외지인에서 새로운 주민이 된 UIJ턴 이주민 그룹이다. 다양한 외지 경험을 통해 자칫 고인 물이 될 수 있는 지역사회에서 일정 부분 새로운 역할을 수행할 잠재적인 확대 우군이다. 이러한 새로운 피가 반드시 민간에서 발굴되는 것은 아니다. 지역활성화가 본업인 지자체의 리더십·공무원도 당사자성을 갖춘 유력한 인적 자원이다. 새롭게 가세한 청년 공무원이나 터 닦고 살던 퇴직 공무원이 후보다. 일본에선 이들의 역할이 사뭇 주목된다. 행정과 민간의 접점에서 지역활성화의 기대효과를 극대화시킬 수 있어서다.

바로 '슈퍼 공무원スーパー公務員'의 등장이다. 필자가 현지조사를 다녀온 일본의 모범 사례에선 실제로 슈퍼 공무원이 교집합으로 존재했다. 기초지자체 중 재생 성과를 낸 지역이면 예외 없이, 행정 기반의 강력한 인적 자원이 프로젝트의 중심을 잡았다. 덕분에 일본에선 지역활성화의 필수조건으로 슈퍼 공무원을 주목한다. 부처의 이익을 우선하는 관료 특유의 조직 이기주의와 행정 편의주의에 맞서, 변해야 산다는 슬로건으로 처음 제

창되었다. 2000년대 초중반 고이즈미 정권 당시, 파격적인 우정 민영화 등을 주도한 다케나카 헤이조竹中平蔵의 '슈퍼 공무원 양성숙'에서 비롯된 개념이다. 공무원·학생·회사원 등이 마치 학교처럼 기수별로 참여해 21세기형 이상적인 공무원상을 기획·실현하기 위해 꾸려졌다. 예산 배분, 행정 지도 중심에서 벗어나자는 취지로, 공무원이 스스로 생각하고 리스크를 지며, 정책 조정에서 정책 입안으로 역할을 바꾸자는 아이디어다. 기수가 쌓이면서 모임에 참여한 몇몇 지자체 공무원들이 주도적인 기획과 실천으로 지역활성화의 성공사례를 만들어내며 관심을 모았다.

실제 사례를 살펴보자. 이시카와현 하쿠이시羽咋市의 계약직 공무원 다카노 죠센高野誠鮮은 지역 토산품인 고시히카리 쌀을 '미코하라쌀神子原米'로 브랜드화해 대히트를 기록했다. 이 스토리는 2012년『교황에게 쌀을 먹인 남자: 과소마을을 구한 슈퍼 공무원은 무엇을 했을까ローマ法王に米を食べさせた男: 過疎の村を救ったスーパー公務員は何をしたか』란 책으로 출간되었다. 이후 각종 언론에 집중적으로 소개되며 드라마로도 만들어졌다. 바로 앞에서 말한 '나폴레옹의 마을'이다. 인구 2만 1,000명 중 절반이 고령인구인 작디작은 지자체의 한 공무원이 일본 최고의 고급 쌀을 만들어냈다는 데 이견은 없다. 이후 쌀은 없어서 못 팔게 되었고 후광효과 덕에 이 쌀로 만든 술까지 고급 반열에 이름을 올렸다.

1971년생 지방공무원 테라모토 에이지寺本英仁도 유명한 사례다. 시마네현에 위치한 인구 6,000명의 작은 마을 이와미쵸石見町 공무원으로 사회에 첫발을 내디딘 이래, 지금은 내로라하는 유명 인사가 되었다. 그가 주도적

으로 참여한 지역활성화가 호평을 받으며 화려한 대내외 수상 경력을 기록했다. 지역 휴게소부터 인터넷 사이트, 특산품 콘테스트, 먹거리 여행 등 다양한 프로젝트가 성공하며 중앙정부가 임명하는 지역활성화 전문가로 성공 경험을 전수하고 있다. 지역 명물을 원재료로 한 레스토랑을 연이어 여는 등 특히 식문화 특화형 지역 전문가로 자리매김했다. 2018년 그간의 도전을 담은 『빌리지 프라이드: 0엔 창업 마을을 만든 공무원 이야기ビレッジプライド: 「0円起業」の町をつくった公務員の物語』란 책을 출간했다.

파산도시 유바리의 희망, 최연소 기초지자체장으로

슈퍼 공무원의 압권은 누가 뭐래도 2019년 홋카이도 도지사로 당선된 스즈키 나오미치鈴木直道다. 말도 많고 탈도 많던 일본 최초의 파산도시 유바리의 지역활성화 개혁을 성공시킨 주인공이다. 유바리는 한때 '탄광에서 관광으로'란 슬로건을 내세워 연간 관광객 230만 명을 불러 모으며 지역재생의 상징으로 호평받던 곳이다. 다만 보여주기식의 무모한 투자는 재정 압박의 부메랑으로 돌아와 결국 2007년 파산했다. 공공 재원은 물론 민간의 거액 대출까지 일으켰으며 그 와중에 분식회계 정황까지 드러났다. 관광 유치와 고용 창출을 위해 시작한 공공발 재정 사업은 전문성 없는 공무원의 낙하산 경영으로 만성 적자에 휘둘렸다. 재정은 거덜 나고 관광 수입까지 급감하면서 유바리의 도전은 실패로 끝났다.

짧은 번성과 긴 쇠락의 시작이다. 후유증은 컸다. 파산 이후 현역 세대를 중심으로 한 거세진 인구 유출 속에서, 고령화율은 50%를 넘어섰다. 가장 늙은 도시 중 하나가 된 것이다. 시市라는 타이틀을 갖고 있지만 인구는 겨우 7,500여 명으로, 일본 2위의 과소도시로 전락했다(2020년). 한때 유명했던 유바리영화제를 위해 만들어졌던 테마시설과 리조트는 폐허가 됐다. 2019년 필자가 현장조사를 갔을 때, 유바리시청 인근은 유령마을처럼 인적이 없었다. 거대한 호텔은 관리되지 않은 듯 빛이 사라진 회색만 드러냈다. 벽과 건물에 붙어 있는 낡은 영화 포스터만이 한때의 영광을 보여줄 뿐이었다. 변변한 식당조차 없어 차로 몇 번을 돌다 겨우 찾은 편의점에서 끼니를 때웠을 정도다.

파산 이후 유바리의 시정은 중앙정부로 넘어갔다. 이때 도쿄 공무원이던 스즈키가 유바리로 파견됐다. 2008년부터 3년간의 파견을 거쳐 스즈키는 제2의 고향을 찾았다. 공무원의 관성을 깨고 많은 이해 조직과 협력해 특산품인 유바리 멜론을 상품화했고, 시민의 의견을 귀담아들으며 적극 행정을 펼쳤다. 도쿄로 귀임할 때는 시민들이 눈물로 배웅했다는 후문이다. 그는 2010년 아예 퇴직하고 유바리 시장 선거에 입후보하며 화려하게 컴백했다. 1981년생으로 당시 갓 서른이었던 스즈키는 무소속으로 나서서, 3당 연합 추천자였던 강력한 경쟁자를 제치고 최연소 기초지자체장에 당선되었다.

시장이 된 후 본격적인 부활 작업을 진두지휘했다. 2011부터 9년간 파산도시의 오명을 씻고 지역활성화에 모든 걸 걸었다. 혹독한 희생 속에 지역의료·복지재건으로 재생의 불씨를 살려냈다는 평가다. 연봉을 깎고 비용을 절감하며 주민과 일심동체로 움직였다. 다만 여전히 갈 길은 멀다. 지방세는 최고 수준인데, 공공서비스는 최저 수준이란 딜레마로 고전한다. 그럼에도 재생 힌트를 확인했다는 것이 중론이다. 주민 만족도가 높아지며 새로운 실험도 펼쳐진다. 화제성만 신경 쓰는 전형적인 정치인이란 반론도 있지만 인기는 여전하다. 강력한 주민 지지를 바탕으로 2019년엔 홋카이도 지사에 당선되었다.

한국에서도 슈퍼 공무원이 가능할까

그렇다면 한국은 어떨까. 한국 상황에서도 지역복원의 핵심 인재로 슈퍼 공무원이 나올 수 있을까. 지역활성화를 위한 빼어난 존재감과 역할론에도 불구하고, 슈퍼 공무원이 실재하기란 어려울 것이다. 공무원 사회의 폐쇄적 인사제도와 행정편의, 업무관행 등 경직된 조직문화 탓이다. '철밥통'이란 별명처럼 '가늘고 길게'라는 왜곡된 직업관이 혁신보다는 안정을 택하도록 하는 분위기 탓이다. 이렇다 보니 계약직으로 편입한 외부 인사조차 관성에 휩쓸리는 사례가 많다.

업무 자체의 변화와 도전에도 소극적이다. 주어진 일만 적당히 하면 충분하다는 인식이다. 더 잘하고 더 많이 한다고 민간처럼 강력한 인센티브가 주어지지 않아서다. '적당주의'의 고착화다. 주민 행복이 최대 미션이건만 상당수는 본인 이해를 먼저 생각한다. 이런 상황이라면 복지부동만큼 좋은 전략이 없다. 물론 모두가 그렇다는 것은 아니다. 일본에서도 처음부터 슈퍼 공무원이 등장한 건 아니다.

고무적인 것은 향후 달라질 여지가 많다는 사실이다. 상황이 변함에 따라 이해관계가 달라질 수밖에 없어서다. 관건은 '지역 불행=직업 불안'의 등식 성립이다. 지역이 유지되지 않으면 공무원의 삶도 지속될 수 없다는 당사자성을 공감해야 한다. 일본의 슈퍼 공무원도 이러한 배경에서 탄생되었다. 인구감소로 지역이 소멸되면 일자리도 위협받기 때문이다. 정년은 보장돼도 인근 지역과의 합병 등으로 직주 환경이 열악해지고 낯선 업무에 배치될 수도 있다. 지역이 건실해지는 것이 본인의 이해와 가족의 미래에도 부합한다.

더구나 지역활성화는 정년 이후의 새로운 삶을 위해서도 꽤 매력적인 선택 카드다. 일부 공무원은 지역활성화를 경험하면서 직무에 한계를 깨닫고 중간에 퇴직한 후 새로운 직업을 모색하기도 한다. 이럴 경우 단순한 사무 위탁 때와는 비교가 안 될 정도의 진정성과 에너지가 확보된다.

아직은 낯설지만, 한국형 슈퍼 공무원이 등장하고 확대될 수밖에 없다. 국가 의제로서 지역활성화가 갖는 시급성과 중요도를 봐도, 뜨거운 관심과 대량의 자원 투입이 불가피하다. 이미 한국의 지역 상황은 한계 직전에 와 있다. 방치해서도 안 되고, 방치할 수도 없는 절체절명의 기로에 섰다. 2020년 총선에서, 국회의원 의석에 주어진 약 13만 명의 인구 하한선을 지키고자 주민등록 옮기기 등의 야단법석 해프닝을 벌였던 일을 기억할 필요가 있다. 지금은 정치 리더십에 한정된 이슈지만 그 여파는 지방 공무원 사회로 연결될 수밖에 없다. 주민이 없는데 공무원이 있을 수 없다.

그렇다면 지역활성화를 위한 슈퍼 공무원의 존재는 필연에 가깝다. 민간을 넘어서는 혁신적 아이디어를 고안하고, 지역 전문가답게 필요한 정보·인재·조직을 발굴·협력할 맨파워로서 슈퍼 공무원이 등장할 환경이 농익은 셈이다. 지역의 운명을 결정할 슈퍼 공무원이 많아질 때, 정책과 현장의 괴리가 축소되고 지속 모델도 실현될 수 있다.

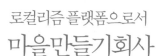

로컬리즘 플랫폼으로서
마을만들기회사

포기는 이르다. 많이 늦었다 해도 안 하는 것보단 나은 법이다. 내버려두면 더 큰 갈등과 충격이 확정적이기 때문이다. 그런 점에서 2022년은 로컬리즘을 향한 중요한 분기점이다. 그간의 인구 대응과 균형발전 관련 정책이 재검토되며 유효한 법적 근거를 강화했기 때문이다. 즉 인구 정책은 속도 완화에서 구조 적응으로 전환됐다. 더불어 인구감소에 맞서 국가균형발전특별법(개정), 인구감소지역지원특별법(공표) 등이 준비되었다. 이와 함께 2022년부터 지방소멸대응기금도 배부되기 시작했다. 지방소멸 대응 차원에서 향후 10년간 매년 1조 원을 지원할 예정이다.

이로써 로컬리즘은 강력한 근거를 갖췄고 상당한 재원까지 붙었다. 당위 논쟁에서 벗어나 실효적인 사업으로 전환된 것이다. 중앙정부의 정책·예산이 지역사회를 향해 본격적으로 내닫기 시작한 셈이다. 그뿐이 아니다. 지역사회의 건강한 지속가능성을 추구하는 ESG의 시대 의제도 가속도가 붙으며 보다 구체화되었다. 시대 변화는 기업의 존재 이유에 사회(Social)를 챙겨야 한다는 새로운 메시지를 부여했다. 따라서 가용자원이 풍부한 기업의 지역 참여가 늘고 협업 지점이 강화될 수밖에 없다. 몇몇 기업은 사회문제 해결의 실천 공간으로 지역사회를 지목하며 실행 단계에 돌입했다. 일부는 사업 모델로까지 흡수한다. 20년의 역사성을 지니며 이제는 본궤도에 진입한 '사회적경제'도 지역사회의 복원 주체답게 일자리부터 지역 공헌까지 실행 경험을 축적했다. 느슨했던 지자체의 책임과 역할론도 달라졌다.

시나브로 로컬리즘 전성시대가 펼쳐질 분위기다. 당분간 빈번하게 강조될 유력한 관심사·어젠다로 '인구'와 함께 '지역(지방)'이 부각될 것이다. 이때 로컬리즘은 원인(인구문제)과 결과(지역소멸)를 모두 아우르는 총체적 실행 방식이자 추구할 가치다. 이로써 당위론만 존재했던 과거와 달리 실천적인 로컬리즘을 담보할 명확한 근거와 강력한 엔진이 구비됐다. 요컨대 '로컬리즘=지역복원'의 판이 깔렸다. 적당한 표현은 아니나, 한국 사회 곳곳에 다종다양한 로컬리즘의 큰 장이 펼쳐질 듯하다. 새로운 이들이 등장해 수많은 지역활성화 프로젝트가 펼쳐질 것이 확실시된다. 시행착오는 자연스럽다. 실패부터 떠올릴 필요는 없다. 그 자체가 경험이자 진보인 까닭이다.

로컬리즘이라는 큰 장이 선다

그럼에도 우려는 사그라지지 않는다. 자칫 관성만 좇다가 모처럼의 호기를 날려 버릴까 걱정이다. 당장 2022년 배분된 지역소멸대응기금만 봐도 기대와 우려가 교차한다. 2022~2023년 2년차분이 89개 지자체에 배분됐다. 지자체당 112억~210억 원에 달한다. 돈줄 마른 지자체에 단비처럼 소중한 재원이다. 차등 배분인지라 기금 확보 경쟁이 치열했다. 2022년 심사로 5년치 기금이 주어지니 지자체로선 사활을 걸 수밖에 없었다. 다만 사업계획은 상당히 실망스럽다고 알려졌다. 세금 잔치에 흥분해 실효성 낮은 SOC 사업에 초점을 맞춘 사례가 많았다는 얘기다. 기존 사업의 재탕 사례마저 목격된다. 효과 창출을 위한 영민한 사업과는 거리가 멀다. 우려했던 상황이 현실이 된 셈이다. 사업 취지를 최대한 살리는 쪽으로 보완·수정하는 후속 관리가 필요한 이유다. 관건은 치장이 아닌 실리다. 재탕 사례로 소멸에 대응한다는 것은 불가능에 가깝다.

큰 장이 서면 뒤이어 사람과 기획이 몰려온다. 민간 단위나 지역 현장에서는 지역활성화가 새로운 사업모델로까지 격상된다. 블루오션을 뒷받침할 매력 지점이 공감·확산되며 새로운 플레이어와 아이디어가 우후죽순 생겨난다. 달라진 방식과 새로운 접근이 요구되는 상황에서 각계각층의 새로운 피 수혈은 바람직한 트렌드다. 이는 공공성이란 한계를 넘어 영리성을 향하는, 즉 돈 버는 지역복원에 닿는다. '지역'을 경제활동이 이루어지고 생활이 실현되는 매력 공간으로 보는 달라진 접근법이다.

정리하면 '지역복원=호구지책'의 연결 시도다. 취업·창업으로 돈도 벌고 지역도 되살리려는 일련의 청년들이 대표적이다. 지역사회를 생활 완결의 공간으로 업그레이드하면 최소한 사회이동(전입·전출)도 플러스로 전환될 것이다. 소멸 대응이라는 본연의 가치와 정확히 일치한다. 물론 부작용도 있다. 경계 대상인 예산 사냥꾼의 등장이다. '물 들어올 때 노 젓는다'라는 식으로 돈에만 집중하는 야합과 먹튀, 탐욕의 반복은 곤란하다. 투명한 집행과 엄격한 관리로 눈먼 돈이 되지 않도록 감시하는 운영 체계가 필요하다.

이처럼 지역복원에 관여할 행위 주체는 확대되고 있다. 과거처럼 정부 역할에만 의존·한정할 필요는 없다. 문제를 해결하겠다는 공공성이든 사익을 추구하려는 영리성이든, 큰 장에 뛰어들 숱한 행위 주체가 대기하고 있다. 관건은 큰 장에 걸맞은 유효한 성과 창출이다. 그러자면 누가, 무엇을, 어떻게 등 사업 내용의 전 단계에서 최선·최대치의 목표 달성을 이뤄내는 방법뿐이다. 그렇다면 중요한 건 지역복원 프로젝트를 담당할 플레이어의 역할과 구성이다. '누구냐'에 따라 결과가 달라질 수밖에 없어서다. 게다가 성과를 내지 못한 과거 방식에서 벗어나자는 분위기로 볼 때, 뉴페이스 주체에 대한 기대감도 높다. 아직은 뚜렷한 정답이 없다. 새로운 시장에의 새로운 접근이라 개별 주체별로 장단점이 뚜렷하다. 검증된 군웅들과 앙팡 테리블까지 가세하게 될 이른바 전국시대가 개막되었다.

인구소멸과 로컬리즘

공공 주체와 영리 주체의 평행선 좁히기

지금껏 지역활성화 프로젝트의 행위 주체는 양분되어 왔다. 중앙정부와 지자체를 포함한 '정부 주도'와 영리회사가 뛰어든 '민간 방식'이다. 재개발·재건축의 경우, 정부 주도의 공공개발과 영리 주체의 민간개발로 구분되는 식이다. 둘은 뚜렷이 나뉜다. 여기에 최근 '민관개발'이 더해진 모습이다. 이때 '민'은 확장된 개념이다. 영리 성과에 집중하는 디벨로퍼부터 '공공+영리'를 결합한 주민조직까지를 아우른다. 당사자인 지역·주민을 사업 주체로 편입시킴으로써 극단의 치우침을 중립화하자는 차원이다. 주민이 결합된 민관사업은 역량 부족, 이해 갈등, 참여 부족 등으로 아직까지 한계가 많지만, 지역복원의 본질이란 측면에서는 부합하는 형태다. 복원사업이 창출하는 혜택이 외부로 유출되지 않고 지역에 환류되는 것이 중요해서다. 이해당사자의 적극 참여로 공공성과 영리성의 동시 추구가 가능한 까닭이다.

비슷한 고민과 대응은 해외 사례에서도 목격된다. 어지간해선 좁혀지지 않는 '공공 ↔ 영리'의 평행선을 좁히거나 맞닿게 할 이상적인 사업 주체를 찾아 나선 것이다. 정부·시장의 한계를 극복하면서, 기획부터 배분까지 실질적인 지역복원을 총괄할 중핵 조직이 시급해졌기 때문이다.

느닷없는 제3의 실행조직은 아니고, 정부(공공)·시장(영리)의 기존 주체를 껴안은 방식이다. 출자·운영의 정도 차이는 있지만, 행정·민간이 적절히 어우러져 집합적·지속적 성과 창출을 도모한다. 지역복원 프로젝트

를 총체적으로 관리·집행하는 일종의 지주회사처럼 기능하는 것이다. 부르는 이름은 다양하다. 미국·영국 등 서구에서는 흔히 CDC, CRC로 통칭되고, 일본은 잘 알려진 대로 마을만들기회사まちづくり会社로 불린다. 한국에서는 대개 도시재생기업으로 번역되는 듯하다. 법인격은 협동조합·사회적기업·주식회사 등으로 다양하지만, 아직 초기 단계로 활동 범위와 성과 창출은 제한적인 상황이다.

CDCCommunity Development Corporation는 50년의 역사성을 지닌 미국의 지역개발 특화형 비영리조직이다. 낙후지역의 공간 개발과 임대주택, 그리고 파생사업을 통해 활성화를 꾀한다. 쇠퇴지역 빈곤 해결을 위해 민관협치 조직으로 구성된다. 정부는 CDC에 권한과 예산을 제공하고, 민간은 영리성·상상력을 발휘해 지역 현안을 해결한다. 자금 조성은 '공공 재원 → 민간 조달'로 다양화되고 있다. 현재 5,000개 이상의 CDC가 활동하는 것으로 알려져 있는데, 이 결사체의 가장 큰 특징은 비영리란 점이다. 때문에 정부 포함 다중 이해관계자의 협력체계로 운영된다. 비영리이므로 자체적인 수익성이 최대 약점인데, 정부 보조를 토대로 영리사업을 흡수·확대해 재정 안정성을 높이는 중이다. 사업은 다양하다. 공공·영리를 아우르는 균형 잡힌 포트폴리오로 지속가능성을 높인다. 상업 개발, 경관 조성, 교통 운영, 지역행사 등 지역단위 경제활동을 총망라한다.

비슷한 행위 주체인 지역복원회사 CRCCommunity Regeneration Corporation도 유력한 행위 주체다. CDC와 혼용되며 흔히 도시재생회사로 불린다. CDC든 CRC든 성공 사례는 셀 수 없을 정도로 많다. 공공성·영리성을 모두 확보하여 지속성을 지닌 해외 사례를 보면, 대개 이러한 유사 조직이 중핵 주체로서 위치한다. CDC · CRC가 일종의 공공 디벨로퍼로 움직였던 유명 사례는 디트로이트, 포틀랜드, 피츠버그 등에서 발견된다. 영국도 비슷하다. 2000년대부터 민관협치형 지역복원 특화 조직이 활성화되는데, 이들 결사체 역시 중추 조직으로 기능했다. 중앙은 지원 역할에 머물고, 지역 · 주민이 네트워크를 꾸려 복원 사업을 추진한다. 명칭은 다양하나 모두 CDC · CRC로 압축된다. 영리 · 비영리를 포괄하며 공공의 가치와 이익 확보라는 양수겸장을 지향하는 것도 똑같다.

특히 1990년대 들어 제3의 길이 정부 의제로 부각되면서 BSCBig Society Capital가 꾸려지고 지역의 주택 · 빈곤 · 환경 · 교육 등에서 호평을 받았다. 한편 북유럽은 보다 구체화된 사회주택 사업자나 주택 협동조합이 핵심 주체로 등장해 CDC처럼 움직인다.

CDC, CRC, 마을만들기회사 등 새로운 실험

앞서 설명한 일본의 '마을만들기まちづくり회사'는 지역활성화와 관련된 목적을 지닌 회사 조직이다. 1990년대 재개발 추진 조직으로 만들어졌는데, 지금은 개발사업의 직접 실행보다는 협의 · 조정 체계로 성격이 변했다. 즉 민관협의체이자 복원 사업의 조정 기능에 집중한 기획조정형 마을만들기회사로 진화했다. 수익 기반과 재원 확보 등 실질적인 기획 후 추진될 개별 사업은 회사 밑단에 특수목적회사SPC를 두어 맡기는 구조다. 행정

부터 민간 모두로부터 출자를 받는다.

특히 행정은 사업위탁 · 연계로 프로젝트를 제안하고, 민간은 이를 마을만들기회사와 함께 협력해 추진한다. 따라서 마을만들기회사는 민관의 중간 단위에 위치한다. 또한 창출된 수익은 해당 지역에 재투자되는 것이 일반적이다. 똑똑하게 돈을 벌어 지역에 나누는 구조를 반복한다는 공익성이 강조되는 것이다. 주식회사 형태도 많은데, 조직 운영과 자금 조달 등에서 유리하기 때문일 뿐 일반적 주식회사의 주주 중심주의와는 구분된다. 물론 여전히 시행착오를 겪는 중이다. 맨파워나 재원이 부족하거나 스킬 · 노하우조차 없어 개점 휴업 상태인 곳도 많다. 관민에 낀 샌드위치 신세가 되어 이해 조정은커녕 세력 다툼의 희생양이 되기도 한다.

마을만들기회사는 일본의 지역활성화를 상징하는 핵심 주체다. 지역복원과 관련된 정부사업을 할 때, 마을만들기회사가 아니라면 곤란할 정도다. 법률로써 마을만들기회사를 참여 주체에 포함시킨 것이다. 최소한 정부사업은 법률로 행위 주체를 규정하겠다는 취지였고, 이것이 마을만들기회사가 번성한 배경이다. 즉 2000년대 전후해서 마을만들기 3법(중심시가지활성화법 · 도시계획법 · 대규모소매점포입지법)이 완성되며 마을만들기회사는 유력한 지역복원의 행위 주체로 안착했다.

조직의 형태는 NPO 혹은 주식회사가 많다. 출자 · 운영 등에 있어서, 기본적으로는 지역 단위 다중 이해관계자가 총망라된다. 행정의 출자를 필두로 NPO, 민간회사, 지역단체, 상공단체, 금융기관, 사단법인, 공공기관 등 다양하게 관여한다. 협의체의 플랫폼답게 소유 · 지배 구조가 협치 형

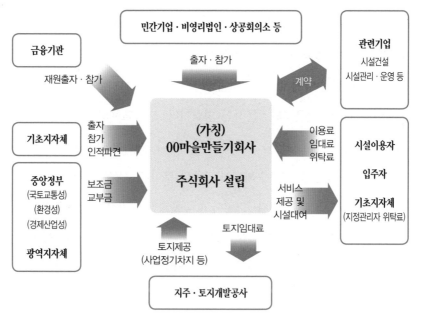

■▪ 일본의 마을만들기회사 기본 구조

민간기업 · 비영리법인 · 상공회의소 등

금융기관
재원출자 · 참가

출자 · 참가

관련기업
시설건설
시설관리 · 운영 등

계약

**(가칭)
00마을만들기회사**

주식회사 설립

기초지자체
출자
참가
인적파견

이용료
임대료
위탁료

시설이용자

입주자

중앙정부
(국토교통성)
(환경성)
(경제산업성)

보조금
교부금

서비스
제공 및
시설대여

기초지자체
(지정관리자 위탁료)

광역지자체

토지제공
(사업정기차지 등)

토지임대료

지주 · 토지개발공사

자료: 일본 내각부

태를 띤다. 개인 자격 출자도 가능하다. 초기 지분은 행정 비중이 높지만, 갈수록 민간 지분을 늘려 관치 우려를 불식시키고 있다. 따라서 지역의 상공단체, 토착회사의 출자가 많고 따라서 입김도 세다. 예전에 성행했던 타운매니지먼트TMO=Town Management Organation도 마을만들기회사로 흡수되는 분위기다. 대부분 주식회사 형태이다 보니, 채산성을 확보해 지속가능성을 높이려 애쓴다. 공동체 사업 등 소프트웨어에 강점을 갖고 있다.

지역복원은 만만찮은 프로젝트다. 모두를 만족시킬 묘책은 없다. 이해조정과 의사결정이 복잡할뿐더러 성과 배분에 있어서의 가치 충돌은 일상적이다. 확실한 컨트롤타워가 있고 참여와 협치가 전제된 사업 결사체가 아니라면 성공하기 어렵다. 때문에 당사자성을 갖춘 지역과 주민이 최대한 역할할 수 있도록 구조화하는 것은 필수다. 정부·시장이 문제라고 해서 아마추어일 수밖에 없는 제3의 주민·조직만 바라보는 것도 문제다.

　일련의 지역복원은 꽤 전문적인 영역이다. 단기교육과 실험에 참여한 경험이 있다고 해서 사업을 주도하기는 어렵다. 게다가 대부분 주민은 사업의 감시자 혹은 결과의 수혜자에 만족할 뿐이다. 사업 주체로 등판하기에는 여러모로 갈 길이 멀다. 그렇다고 공공개발과 민간개발 양쪽의 실패 경로를 다시 걸을 수는 없다. 모처럼 선 큰 장을 지역복원의 디딤돌로 삼으려면, 앞선 말한 CDC, CRC, 마을만들기회사처럼 한국형 사업 주체를 고도화해야 한다. 다중 이해가 전제되고, 공공·영리 모두를 아우를 수 있는 가치 중립의 실행 주체를 한국에 맞도록 재검토하자는 얘기다. 통일성·투명성·효용성을 갖춘 다중의 참여가 전제된 가운데 의지와 능력을 겸비한 로컬리즘 플랫폼이 바람직할 것이다.

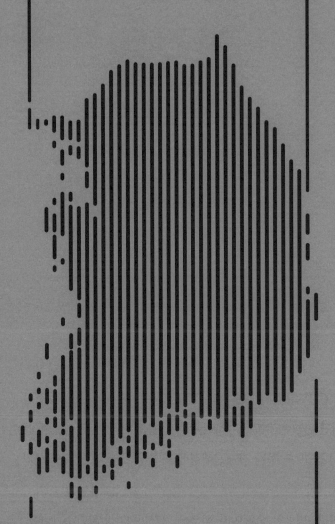

Chapter 03

'한방에 신화'
깨부수기

무엇을 할 것인가?

로컬리즘의 기본자세

긴 호흡과 작은 수단

지역활성화는 '뚝딱' 한다고 완성되지 않는다. 긴 호흡이 필수인 만큼 상당한 사업 공정과 반복 과정이 요구된다. 어쩌면 출발은 쉬워도 완료는 없는, 종료 조건이 입력되지 않은 무한 루프처럼 하고 또 하는 현재진행형에 가깝다. 그럼에도 왕왕 단기간의 끝맺음을 원하는 현장 심리에 지배된다. '사업 선정=재생 성공'의 주술조차 일반적이다. 명백한 오해이자 섣부른 착각이다. 정부도 숟가락을 얹는다. 돈만 흩뿌리면 순식간에 되살아나 살기 좋아질 것이라며 표심을 조장한다. 그러니 천문학적인 예산 투입과 숱한 사업 실행에도 불구하고, 창출 가치는 기대 이하다.

지역을 되살리는 만능 비법은 없다. 하물며 성과가 보장되는 단기 속성 사업이란 것은 닿지 못할 신기루이고 희망 고문이다. 실제로 재생사업이 펼쳐져 순식간에 활기차게 변한 공간은 손에 꼽는다. 실제로 그런 사례가 확인된다 해도 단발적이거나 단편적인 가공의 성적표가 확대해석되었을 확률이 높다. 잠깐은 호평을 받았지만, 관심이 식은 후 다시 황폐화되는 사례도 적지 않다. 반짝 효과였던 것이다. 목표 달성에 대한 압박과 경직된 예산사업의 한계가 빚어낸 결과다. 그러니 남겨진 현장은 겉만 있고 속은 텅 빈, 형해화形骸化 상태다. 더 나쁜 것은 해본들 별무효과라는 박탈감과 상실감이 커지면서 추진력을 급격히 망실하는 부작용이다.

지역 붕괴가 하루이틀에 이루어진 것이 아니듯 살려내는 과정도 속성으로는 불가능하다. 단기 속성은 매력적이나 현실적이지 않다. 어쩌면 지역활성화는 지리한 기다림의 영역이다. 농익히며 접근할 끈기와 묵묵하게 추진할 용기가 필요하다. 단발 사업으로 시작해도 최종 목표는 지역의 총체적인 집합 성과여야 하기에, 지속적 연결 공정이 불가피하다. 즉 물리적·환경적 측면을 넘어 사회적·경제적 측면까지 품어야 하는 광범위한 개념일 수밖에 없다. 사실상 생활환경의 직주락 전반을 아우르는 사업이란 얘기다. 따라서 특정 공간의 단발 사업으로 활성화가 완성될 것이란 인식과 접근은 잘못돼도 한참 잘못됐다.

지역복원의 화두는 넓은 시선과 깊은 호흡이다. 출발은 있어도 완성은 없는 진행형 프로젝트에 가깝다. 생활공간을 좋게 만드는 일에 종착지란 있을 수 없기 때문이다. 새로운 시설이나 공간을 완성하는 것처럼 없었던 편리와 풍요가 일순간에 다가올 수는 있지만, 대부분의 지역활성화는 작지만 꾸준하게 하나둘 쌓아 올리는 공정으로 이루어진다. 짧은 보폭으로 긴 시간을 걸어 지역과 주민에게 다가가는 방식이 바람직하다. 행복에 닿는 저마다의 지역 스타일을 창안하고 향상시키는 복잡한 장기 경로답게 외부의 각종 도식화와 규격화는 참고자료일 뿐 절대적 진리일 수 없다.

수단은 적고 호흡은 짧은 현실

한 지역의 분위기와 스타일은 긴 시간과 부단한 노력에 비례해 완성된다. 다양한 수단과 방법이 다종다양한 분업 공정 속에 투입되고 연결된다. 수많은 시행착오는 물론 반복된 진화 · 퇴보와 함께 지역만의 발전 궤도를 구축한다. 투입 자원은 제각각이며 무게중심은 그때그때 달라진다. 직주락만 해도 고용 · 주거 · 편의가 얽혀 있다. 살기 좋은 지역이란 소소하되 유기적인 생활 기반의 향상을 통해 이루어진다. 숱한 개별 행위와 단위 사업이 일상다반사로 기획 · 진행되며 지역활성화란 합목적성을 향해 나아간다. 따라서 긴 호흡을 분해하면 다양한 이해관계와 수많은 발전 수단이 확인될 수밖에 없다.

그럼에도 현실은 놀라울 정도로 정반대의 모습을 보여준다. 수단은 적고 호흡은 짧다. 공공사업과 예산사업이 태반인데 그마저 단기 성과를 추구한다. 상당수 지역 공간은 장기 비전조차 없이 순간순간의 이해 합치로 정책사업에 뛰어든다. 그랜드 디자인의 실종과 맞물려, 중앙정부 · 지방정부 간 주고받는 예산이 가치 판단의 중심에 선다. 당연히 사업은 변질되고 표류한다. 공공은 물론 영리조차 가치 발현의 지점이 줄어든다. 그러므로 대부분의 관제형 재생사업은 단기 성과로 끝내기 좋은 건물·시설 등 하드웨어 위주가 된다. 그러나 사회적 관계 자본과 순환경제의 조성·확대는 긴 호흡이 전제된 다양한 방법론이 필수다. 소극적·시혜적인 단발형 전시사업과 공존하기 어렵다. 취지와 현실의 엇박자다.

그때그때 바뀌는 불확실한 재생사업은 아니함만 못하다. 정권이 바뀌면 사업이 변하는 식은 잘못돼도 한참 잘못됐다. 큰돈을 넣었건만 바뀐 게 없다는 정책 실패를 향한 냉엄한 현장 평가에 귀 기울일 때다. 지역활성화는 정권마다 판을 뒤집어 새로 짤 사업이 아니다. 하물며 5년(대통령 단임제)마다 바뀐다면 수십 년이 걸리는 재생사업은 절대 지속가능하지 않다. 영리한 현장은 내재된 불확실성에 맞춰 최소한의 역할과 책임만 전제할 것이다. 실제로 2010년대 이후의 도시재생 사업만 봐도 '전면 철거형 재건축·재개발 → 생활기반형 주거 보존·SOC 강화 → 경제 거점형 지역특화·재개발' 등의 형태로, 정권이 교체될 때마다 방향·형태가 수정되며 혼란을 자초했다. 이도 저도 아닌 '떼고붙이기' 식이 반복되며 누더기처럼 변질된 것이다. 잘못된 것이야 수정과 재검토가 당연하나, 정권의 철학과 맞지 않는다는 이유로 뒤집는 방식이면 곤란하다. 현장의 혼란과 이해가 부딪히며 추진 동력은커녕 갈등을 부추긴다. 최소한 정책적·제도적 불확실성은 제거되는 게 마땅하다.

5년짜리 정부의 공약과 정책 사이

지역활성화는 장기 프로젝트다. 정권이 교체돼도 사업은 계속되어야 한다. 일관된 방식의 길고 깊은 호흡이 필요하다는 뜻이다. 지역을 되살릴 열정과 에너지를 발굴해도 모자랄 판에 그나마 남은 힘조차 경직된 관행·제도가 꺾어버리면 곤란하다. 짧은 호흡과 뻔한 수단으로 점철된 권위적·역학적 거버넌스와 실행체계를 근본적으로 개혁해야 한다. 법률과 제도를 수정·강화해 정권이 변해도 지속될 수 있는 강력하고 근본적인 작동체계를 만드는 게 필수다. 최소한 변할 수 없는 밑그림을 확실하게 그려서 이후의 혼란과 혼선을 줄이는 방식이어야 한다. 물론 시대 변화를 반영해 탄력적이고 유연한 실행 수단은 보장해야 한다. 다만 의사결정·사업체계·관여주체 등의 기본 원칙과 작동 질서는 흔들리지 않도록 구조화하는 형태다.

재생작업은 얽히고설킨 문제를 정확히 찾아내고 다양한 시선과 수많은 자원으로 지속적·순환적 가치를 창출하는 반복 과정이다. 즉 다중 이해의 협력과 연결은 절대 원칙에 가깝다. 단일한 체계로는 할 수도 없거니와 하기도 힘들다. 지역 공통의 문제해결을 위한 사회적·경제적 조정 과정이 필수일 수밖에 없다. 폐쇄적인 논의와 결정은 비윤리적인 투입과 배분을 부른다. 만만찮게 힘든 공정이지만, 협의와 조정을 통한 타협과 협력이 기능하는 거버넌스를 구축하는 게 결정적이다. 지역 공간의 상호신뢰를 토대로 다양한 생활 주체가 스스로 참여하는 협력적 거버넌스의 작동체계가 관건이다. 긴 호흡으로 차분하되 끈기 있게 진행하는 지역복원일 때, 성과는 극대화된다.

5년 정부의 한계와 약점은 극복 대상이다. 당장 공약과 정책 사이의 간극을 넘어서는 제도 개선이 시급하다. 긍정적인 공약이 정책으로 연결되도록 조정하는 것만큼 문제적 공약의 견제도 중요하다. 어떤 정치집단이든 당선 이후 공약 실현을 위해 노력한다. 추진 계획과 이행 상황을 점검하며 선출직 공복公僕답게 차기 카드에 대비한다. 시민단체를 비롯해 공약의 이행비율을 감시하는 눈도 신경 쓸 수밖에 없다. 공약에 예민한 건 당연한 분위기다. 문제는 공약부터 잘못되었을 수 있다는 점이다. 전언과 경험에 따르면, 공약은 그다지 정밀한 결정 체계에 의해 만들어지지 않는다. 선거에 임박해 꾸려지는 싱크탱크 위주로 분야별·이슈별 공약을 정하는데, 제각각 철학·전공·지향이 다르니 모든 걸 다 담기는 힘들다. 왕왕 서로 충돌하는 공약마저 발표된다. 당선 이후의 상황 변화나 정무적 판단에 따라, 공약과는 결이 다른 정책이 채택되기도 한다.

시대 의제는 선거와 관계없이 항상적인 공론 과정 가운데 준비되는 게 바람직하다. 거대한 시대 화두인 인구변화와 균형발전을 아우르는 지역활성화 같은 대형 과제는 특히 그렇다. 인기에 영합하는 단기적 접근을 경계하기 위해서도, 정권교체와 무관한 투명하고 체계적인 시나리오를 갖고 있자는 뜻이다. 동시에 필요하면 진영논리를 넣어 고도화하는 방식으로 차별화할 수도 있다. 특히 한정된 자원을 감안할 때 우선순위는 매우 중요하다. 목소리 크다고 먼저 챙겨줄 것이 아니라 객관적·공개적 방식으로 이해관계를 조정해야 한다. 이익집단의 이기성에 맞설 논리는 대의명분과 함께 지속성을 담보한 정밀하고 타당한 공익성뿐이다.

문제해결을 위한 끝없는 질문의 힘, 백서보다 녹서

그러자면 가치와 지향을 반영한 정교한 설계도가 필수다. 어떤 일이든 계획만큼 중요한 건 없다. 무작정 시작해 갈등을 낳는 건 위험하다. 시급할수록 면밀한 사전계획은 당연지사다. 밑그림이 탄탄해야 무난한 경로 진입과 상황 돌파가 가능해진다. 영리와 공공을 모두 지향하는 지역활성화는 더욱 그렇다. 필수사업인 데다 우선 의제인 만큼 정밀하고 섬세한 접근 자세가 요구된다.

경험 없이 새로운 접근을 시도할 때는 특히 신중하고 세심할 필요가 있다. 계획을 잘 세운다고 반드시 성공한다는 보장은 없으나, 계획 없이 성공 사례를 만들 수도 없다. 반면 무작정 뛰어들면 과정에 얽매여 목표를 놓치는 우를 범한다. 수단에 함몰돼 결과를 망각한 채 방향을 잃는 실수를 저지른다는 의미다. 잘 계획하면 잘 추진된다. 명확한 취지와 엄밀한 수단은 함께 간다. 지역활성화에는 늘 돌발변수와 잠재적 갈등이 우후죽순 생겨나니 만큼 확실한 설계도는 강력한 돌파력을 갖는다.

흔들림 없는 설계도는 지역활성화에 필수적인 긴 호흡을 위한 출발점이다. 이때 정치집단 등 일부의 사익을 넘어서는 사회 전체의 국익 확보를 위한 공감대가 반드시 설계도에 반영되어야 한다. 그러자면 백서보다 녹서의 기대효과를 누리는 편이 좋다. 녹서綠書=Green Paper의 존재 가치를 활용하자는 차원이다. 백서가 특정 사안에 대한 조사 결과를 정리·보고한 것이라면, 녹서는 필요한 정책을 논의·심의하는 보고서다.

순서로 보면 '녹서 다음에 백서'로 정리된다. 백서는 녹서에서 제안·수집·토론한 다양한 의견을 구체화한 결과물이다. 특정 사업에 있어 '왜, 무엇을, 어떻게' 할지를 명확히 해서 합의를 이끌어내기 위해서다. 현장의 의견을 수렴하고 공론화를 다져온 경험이 축적된 유럽에서는 녹서 발간이 상식에 가깝다. 특히 녹서에는 '왜'란 질의가 숱하게 제기되며, 다양한 이해관계자의 응답과 의견 제시가 이어진다. 문제해결을 위한 끝없는 질문의 힘이다. 설계도에 공론과 합의를 넣는 녹서라면 5년 정권의 한계도 극복할 수 있다.

'목적은 크게, 수단은 작게Big What, Small How'란 슬로건은 지역활성화에 제격이다. 『민주주의의 정원』에 소개된 유의미한 접근 방식이다. 민주주의의 실천 방안으로 거론되지만, 지역활성화에도 차용할 수 있어 고무적이다. 책은 큰 목적과 작은 수단을 '요령 있는 정원사가 일하는 방식'으로 설명한다. 정원사는 넝쿨이 담장을 기어오르도록 시키거나 꽃이 빨리 피도록 할 수는 없지만, 적어도 무엇을 심을지는 결정할 수 있다. 꽃과 잡초를 구분하고 무엇이 잘 자라고 무엇이 잘못 자라는지도 안다. 이 비유의 백미는 정원사 자신이 정원을 가꾸지 않으면 누구도 하지 않을 것이란 사실을 잘 안다는 점이다. 요약하자면 정원사는 훌륭한 리더도 영리한 시장도 아닌, 생각하고 실천하는 주민이다. 이기적인 소수가 지역을 망치는 상황에서 벗어나자면 요령을 갖춘 정원사가 필요하다. 무엇을 할 것인지는 크게 생각하고, 실행은 작게 시작하자는 의미다.

국가 의제로 떠오른 지역활성화의 목표는 최대한 높고 원대하게 세우는 게 좋다. 그래야 목표 달성을 위한 지원과 투자가 충분히 조성된다. 이때 중요한 것은 목표가 만들어낼 바람직한 결과를 둘러싼 정당성과 가치를 구체화하는 것이다. 그렇게 구체화된 가치를 최대한 많은 이들이 공감하는 것이 결정적이다. 녹서라는 과정을 통해 목표를 둘러싼 광범위한 합의가 가능해지면 아군과 응원을 확보할 수 있다. 그다음엔 작지만 손쉬운 수단들로 이를 실행해 나가면 된다.

아울러 목표 달성의 수단 중 중앙 역할은 줄이고 지역·현장·주민 몫은 늘리는 게 좋다. 국가적 프로젝트를 통해 지역활성화의 성과를 내려면 협력 성과가 관건일 수밖에 없다. 역설적으로, 지역의 권한 강화와 주민의 참여 확대는 자율성과 주도성의 재조정을 위해서도 절실하다. 지역활성화는 작은 여럿의 반복적 협력일 때 완성도가 배가된다.

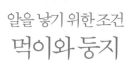

알을 낳기 위한 조건
먹이와 둥지

건강한 동네는 어디일까?

어떤 마을이 살기 좋을까?

지속가능한 직주락職住樂의 로컬을 실현하기 위한 전제조건은 이런 질문에서 비롯된다. 강조컨대 로컬리즘이 왜 중요한지에 대해 더 이상 말할 필요가 없다. 인구문제를 넘어 발전적 도농 균형과 호혜적 분업체계를 말하지 않아도 재고의 여지가 없는 중차대한 명제이기 때문이다. 사회를 떠받치는 최소단위의 생활공간이란 점에서 나무의 운명을 쥔 뿌리에 가깝다. 뿌리가 튼실해야 줄기와 열매도 건강해진다. 동네와 마을이 흔들리는 사회에서 전체 합으로서의 번영과 행복은 없는 것이다. 지역 회복은 필연이자 숙명인 시대 의제다. 곳곳에 포진한 건강한 모세혈관을 되살려 경색 위험에 빠진 동맥 혈류를 지켜낼 때다.

'지방엔 먹이가 없고 서울엔 둥지가 없어 새들이 알을 낳지 않는다'라는 말이 떠돈다. 시적인 표현이지만 냉엄한 현실을 질타한 비유다. 먹이(일자리)와 둥지(집)야말로 알을 낳고 품게 하는 최소한의 기본조건인 셈이다. 저출산이 빚어낸 인구문제의 출발지점이란 얘기다. 우선순위를 따진다면 더 급한 건 먹이다. 둥지가 많아도 먹이가 변변찮으니 지방 청년들은 서울로 날아간다. 둥지는 없어도 먹이는 있기 때문이다. 이렇게 먹이가 해결돼도 둥지가 없으니 알을 기대하기란 어렵다. 그렇다면 먹이부터 해결할 일이다. 지방에 먹이가 많으면 둥지 없는 서울로 갈 이유가 없다.

먹이가 많은 생태계는 건강하다. 넉넉한 먹이는 떠나는 발길을 막아줄 뿐더러 새로운 유입 루트까지 확보해준다. 둥지가 빌 일이 없으니 복작복작 많은 삶이 펼쳐진다. 물론 먹이가 줄거나 변변찮아지면 정반대의 소멸 조짐이 심화된다. 따라서 원하는 눈높이의 먹이를 풍성하게 만드는 것이 중요하다. 종류도 양도 많을수록 좋다. 다른 곳과 비교해 뚜렷한 우위를 갖춘 먹이라면 금상첨화다. 이곳저곳의 흔한 먹이라면 굳이 특정 공간을 고집할 이유가 사라진다. 이곳에만 있는 맛난 먹이일 때 만족도와 지속성은 강화된다. 차별화된 특정 먹이의 지속 공급이 관건이란 얘기다.

차별화는 지역복원의 강력한 성공 비전 중 하나다. 동시에 지역 착근성을 내포한 로컬리즘의 추구 가치다. 지역의 환경이 다른데 재생 모델이 같을 수는 없다. "어디든 똑같다"라는 품평은 지역재생에서 가장 경계해야 할 결과다. 동네마다 먹이가 달라야 주목받고 지속가능하듯 지역마다 재생 모델은 독특함과 색다름을 가져야 한다. 뜬금없이 튈 것까진 없어도 최소한 지역의 내음이 물씬 풍기는 방식이 바람직하다. 찾으면 보인다. 없다며 체념하거나, 있어도 별로라고 선입견과 고정관념에 포위되면 활성화는 어렵다. 방치된 한계공간조차 새로운 성장 무대로 탈바꿈시키는 발상의 전환이 권장된다.

그러자면 샅샅이 훑어가며 살펴보는 톺아보기 방식이 좋다. 똑같은 지역은 없다. 공간 입지가 각각 다르듯 뜯어보면 지역 자원도 모두 다르다. 겉은 닮았어도 속은 다를 수밖에 없다. 이때 먹히는 차별화의 핵심 화두가 지역화다. 지역은 지역다운 게 좋다. 문제는 모든 지역을 동일시한다는 데 있다. 수도권에서 밀려나 소멸 위험에 직면한 농산어촌을 그릴 때, 우리는 은연중에 비슷한 풍경을 떠올린다. 인적 없는 휑한 거리, 거미줄이 쳐진 집, 문 닫은 점포만 부각되는 것이다. 어쩌면 이것조차 지역화의 출발로 제격이라 할 수 있다. 시한부 한계도시의 위대한 부활 과정은 하나같이 생활 속의 작은 관찰과 논의, 그리고 실험에서 비롯된다. 어떻게 하느냐에 따라 소멸 위기의 커뮤니티도 매력적인 명품 마을로 변신한다. 힘을 합쳐 비상구를 찾고 만들면 사라질 동네도 살아날 마을로 승격된다.

'차별화=지역화'는 일정 부분 부활 성과를 낸 선행사례의 공통분모다. 다른 곳과 구분되는 차별 자원을 발굴하고 이를 영리 사업으로 안착시켰다. 지역 자립은 물론 자급자족의 발판 마련을 통해 불안한 외부 의존성을 줄이는 한편, 역내 분업과 순환경제의 효율성을 스스로 구조화한 것이다. 지역 자원으로 영리 모델을 만들었으니 양동이가 샐 걱정도 거의 없다. 자립 실현 후의 잔존 자금은 역외 유출이 아닌 지역의 부가가치와 후생으로 환원된다. 특히 그간 소외·방치된 비교열위의 지역 주체를 발굴하고 등판시킨다는 점에서 고질적인 불균형과 의존성도 경감된다. 한계지역의 자립과 자급자족은 자존감과 경쟁력의 확대로 이어져, 외부 부침 없는 순환 경제를 앞당긴다.

지역의 보물찾기, ABCD론

지역화에 동원될 후보 자원은 많다. 자원이 없다는 한탄은 못 찾거나 안 찾는 것이다. 지역 밖의 걸쭉한 자금 지원과 조직 유치만 바라보고 소문난 선구 모델만 쳐다보는 게 문제다. 설계 자체의 함정과 한계에 계속 휘둘릴 수밖에 없는 방식이다. 서둘러 지역에 잠자는 보물찾기를 시작할 때다. 사실 보물찾기는 지역 발전을 연구해온 관련 학계에선 오래된 화두 중 하나다. 가장 유명한 보물찾기 선행 이론은 자산기반 지역발전ABCD=Asset Based Community Development론이다. 모든 구성원은 재능을 지녔기에 공동체에 기여할 수 있으며, 이런 공감과 열정만 있으면 충분하다는 전제에서 비롯된다(Kretzmann & McKnight, 1993). 획일적인 하향식 공공정책의 대안 차원에서, 지역공동체의 자립 기반이 유력한 해결책이란 입장이다. 즉 지역 발전은 외부 지원보다 내재적·자생적·연대적인 잠재능력, 자산 발굴, 역량 강화를 통해 가능하며, 그 출발로 지역사회의 자산을 활용하자는 의미다.

물론 ABCD론은 외부 지원과 장려 정책, 제도 연계성 등을 배제하지는 않지만, 지역 내부의 주민공동체와 고유 자산의 발굴·개발을 우선한다. 이 밖에 지역과 지역 발전에 대한 연계사항을 다룬 커뮤니티 이론(Wilkinson, 1991)과 커뮤니티 주도적 발전Community Driven Development론(Pettit & Kingsley, 2003), 커뮤니티 자산 지도화 기법Community Asset Mapping, 구체화된 ABCD 접근법의 전략 수립(UNHABITAT, 2008) 등도 자주 차용된다. 지정학적·지경학적 차원의 지역Territory 공간은 물론 지역공동체Local Community, 지역 자산Asset·Capital 등의 개념도 연구된다.

무엇보다 ABCD론은 구체적이다. '개인 → 조직 → 기관 → 공간 → 연결'의 지역자산 활용 단계를 통해 보물을 찾고(자산 발굴), 이를 어디에 어떻게 쓸지 궁리해(자산 검사), 지역 활력을 향상하도록 구조화(구슬꿰기)하는 실행체계를 제안한다. 없는 걸 찾기보다 있는 걸 찾아낼 때 ABCD론은 유의미하다.

해서 ABCD론은 지역에서의 보물찾기로 자주 인용된다. 지역 내부에 있는 발전 여력을 탐색하고 발굴해 이를 사업화하는 방안이야말로 감춰진 보물찾기와 같다. 1990년대 이후 서구는 물론 일본에서도 지자체를 중심으로 지속적이고 구조적인 자원 후보를 찾는 방식(地域のお宝探し)이 인기다. 지역의 장점과 가능성은 물론 약점까지 철저히 조사해 차별화된 지역재생을 실험하기 위해서다.

외부로 향하는 요구 지향성Need-oriented에서 스스로의 역량 지향성Capacities-oriented으로 향하자는 얘기다. 지역사회가 지닌 자원을 발굴해 쓸모 있게 이용하는 방식이다. 역설적이게도 ABCD론은 부족한 것을 찾지 않는다. 커뮤니티에 존재하는 유형·무형의 자산을 찾아 자본화하는 데 방점을 찍는다. 외부의 도움 없이 스스로 지닌 능력·기술·자산을 토대로 하는 방법론이다. 실제 모든 지역공동체는 독특하고 강력한 자산을 갖고 있다. 이 구별되는 뭔가를 찾아 정체성을 키워내는 게 중요하다. 이때 자산은 개인뿐 아니라 조직·기관이 보유한 유형과 무형의 모든 것을 포괄한다.

약점조차 강점으로 바꾸는 힘

ABCD론은 지역사회에 있는 개인·조직·기관의 기술과 역량을 자산으로 본다. 이러한 공동체 자산은 크게 개인, 기관, 물리적 자산으로 구분된다. 개인이란 개별 주민의 지식·기술·재능을 말하며, 성인만이 아닌 경제활동을 하지 않는 취약계층까지 포괄한 전체 인구이다. 즉 구성원 모두와 적극적으로 접촉해 그들의 역량을 찾아내 자원화하는 것이다.

공동체로도 불리는 기관은 법인격을 지닌 결사체를 뜻한다. 행정기관, 공공기관, 일반 기업, 사회적기업, 비영리기관 등 사실상 지역 공간에 존재하는 모든 조직을 아우른다. 학교, 종교단체, 이익집단 등도 포함된다. 이들 목록을 만들어 함께 결속하며 발전 기회를 제안하고 협업하는 게 중요하다.

마지막, 물리적 자산은 기존의 활용 자원은 물론 미활용의 공간, 사회간접자본, 자연자원 등도 포함한다. 유휴자원인 공터와 빈집은 물론 공원·

도로·건물 중 활용되지 못한 공간을 발굴해 지역사회의 발전 기회로 삼자는 의미다. 사용하지 않던 공간을 스스로 활용함으로써 지역의 정체성을 구체화하고 공동체 의식을 높일 수 있어서다.

ABCD론의 실천 방식은 5단계다. 1단계는 자산의 종류와 특성을 파악해 자산 지도를 작성하는 것Mapping이다. 모든 지역 자산을 목록화해 지도를 그린 후 지역사회의 재능과 역량을 반복해 업그레이드하면 훌륭한 원재료가 된다. 2단계는 관계 수립이다. 자산목록 간에 서로 강력한 관계성을 갖도록 연결시키는 단계다. 문제해결을 위해 관심사를 나누고 개별 주체가 유대를 강화하자는 취지다. 3단계는 실천적인 집행 과정을 뜻한다. 개발모델을 정한 다음 소유한 지역자산을 토대로 역할을 배분해 수행한다. 일종의 자원 총동원으로 추진체계를 실현하는 단계다. 4단계는 단발사업을 넘어 비전·계획을 향상시킴으로써 지역사회의 정체성을 갖추는 과정이다. 미래의 모습이 구체적일수록 자원 연계와 반복 사업이 가능해진다. 5단계는 외부 자원의 역내 도입 및 가치 창출의 고도화를 지향한다. 4단계가 구축된 후에는 외부 지원이 이루어져도 휘둘리지 않으며 자생적·주도적인 성과 달성이 가능하다. 외부집단·행정주도의 지역개발에서 벗어나 지역의 역량과 주민 주도에 바탕한 자력 모델을 갖추는 최종 단계에 해당한다. 굳이 외부집단이나 행정과의 협력관계까지 멀리할 필요는 없다. 하지만 그럼에도 스스로의 역량 개발과 독자적 발전 경험이 전제될 때 기대효과가 지속적이란 점은 매우 중요하다.

ABCD론의 모범사례는 보스톤의 쇠퇴지역인 더들리가 재생사업Dudley

Street Neighborhood이다. 더들리는 산업혁명 후 보스톤의 신도시로 만들어진 지역인데, 1960년대 전체 주민의 70%가 흑인으로 구성되며 급격한 쇠퇴를 맞았다. 행정당국도 재개발에 나섰지만, 시내를 연결하던 지하철마저 끊기며 심각한 고립사태에 직면했다. 결국 1984년 주민들이 비영리기관을 설립하며 활로를 열었다. 더들리토지신탁Dudley Community Land Trust을 만들어 원주민 보호와 함께 주택공급형 재개발에 나선 결과다. 토지신탁은 공공이익을 위해 토지를 관리하되, 가격 급등을 막고 주거 부담을 줄이고자 토지·건물의 소유권을 분리한 데다 연간 집값 상승률도 1.5%로 제한했다. 공원, 학교 등 다양한 정주기반을 강화함으로써 동네는 활기를 되찾고 이곳으로 이주하는 주민도 늘기 시작했다. 공공이익과 주민 주도에 힘입어 누구도 자원으로 보지 않던 낡은 주택가를 지속가능한 커뮤니티로 변신시킨 사례다.

잠자는 자산으로 지역 스타일 만들기

ABCD론이 강조한 자산 분석법 외에도 지역자산을 발굴하는 방법론은 수없이 많다. 연구자마다 시선과 지향이 다르기 때문이다. 손쉽고 간편한 방법으로 지역에서 잠자는 잠재 자산을 찾으면 충분하다. 실제 지역활성화에 투입될 내용은 '자산=자원=자본' 등 다른 이름으로 불리지만 그 취지는 같다. 그만큼 자산의 유형은 다양하다. 대개는 7가지 종류가 자주 활용된다. 바로 인적·사회적·문화적·자연적·물리적·경제적·정책적 자

산이다(임순정 외, 2016). 지역성·계절성·문화성을 활용한 음식·주거·
에너지·복지의 4대 영역을 개성적인 산업구조로 형성해 역내 잔류형 순
환경제의 자산으로 쓰자는 논지도 있다(吉田敬一, 2018).

자연자산, 구조자산, 문화자산, 사회자산, 경제자산 등 5개 분류를 토대
로 모두 10가지의 지역 특화적인 잠재 자산을 분류한 연구도 주목된다(이
왕건, 2012). 이는 자연자산(장소, 환경), 구조자산(공간, 시설), 문화자산(역사,
관광), 사회자산(인적, 이미지), 경제자산(기업체, 노동력) 등으로 구분된다. 모
두 특화적·차별적인 지역자원을 발굴해 목록화·지도화함으로써 자산
활용의 우선순위와 협력 구조를 구축하는 방식이 권장된다. 이때 퇴화된
주민 역량을 조직화해 민주적·자치적 의사결정을 지향하는 과정도 필수
다. 즉 지역자원을 활용한 주민관계망의 구축과 지역 발전을 위한 규범과

▪ ABCD론의 5단계 실천전략

단계	내용
1	자산의 종류와 특성을 파악해 자산 지도(Mapping) 작성. 모든 지역자산을 목록화한 후 지도 완성. 지역사회 재능·역량 지속적 업그레이드
2	관계 수립. 자산 목록 간 강력한 관계성 갖도록 연결. 문제해결 위해 관심사 분해 후 개별 주체의 유대 강화
3	실천적인 집행 과정. 개발 모델 정해 소유한 지역자산 토대로 역할 배분 및 수행. 일종의 자원 총동원으로 추진체계 실현
4	단발 사업 넘어 비전·계획 향상. 지역사회의 정체성 갖추는 과정. 미래모습이 구체적일수록 자원 연계와 반복 사업 유리. 이때부터 외부 지원 없는 자생적·주도적 진행
5	외부 자원의 역내 도입 및 가치 창출의 고도화 지향

■ 지역자산의 유형 및 구성요소

구분	범위	구성요소
자연	장소적 자산	시장 · 상권의 형성 정도/ 지역으로의 접근 용이성
	환경적 자산	어메니티 자원의 보유 정도/ 자연경관(강 · 산 · 바다 · 평야 등)/ 환경의 질적 수준(대기 · 수질 · 소음 등)/ 특이한 지형 · 지질 · 동식물 · 기후 등
구조	공간적 자산	건축물의 구성 · 배치 등/ 고유하고 독특한 가로 경관 · 풍경 등
	시설적 자산	기반시설(건물 · 상하수도 · 도로 · 항만 등)/ 토지 이용(주거 · 공업 · 상업 등)/ 용도별 지역 · 지구 지정 여부/ 주거 여건 등
문화	역사적 자산	문화재 · 문화재시설(유물 · 유적 등)/ 유무형의 역사문화 유산(역사적 장소 · 전설 등)/ 근대 유휴 산업시설 등
	관광적 자산	축제 · 이벤트 · 예술작품 등/ 관광명소 · 관광시설 · 관광지구 등
사회	인적 자산	지역공동체 · 지역리더 · 지역자생조직 등/ 인적 네트워크 · 사회적 자본(규범 · 신뢰 · 참여 · 리더 · 리더십 · 협력) 등
	이미지 자산	지역 정체성(문화적 다양성 · 개방성 등)/ 지역 상징성(매력 · 브랜드 · 인지도 · 호감도 등)
경제	기업체 자산	기업규모 · 경쟁력 · 일자리 · 기술개발 · 조직문화/ 정부의 지원 정도(인적 · 재정적 지원 등)/ 기업의 지역 내 융화 정도 등
	노동력 자산	지역 내 노동력 · 노동시장 · 고용 프로그램/ 개인 · 집단의 경험 · 지식 · 교육 정도 등

자료: 이왕건 외, '지역자산을 연계 · 활용하는 도시재생의 개념과 전략', 『도시정보』 2012년 6월호(No. 363), 대한국토 · 도시계획학회, 2012, p.4 재구성

신뢰 형성은 불가분의 관계다. 이렇게 창출된 편익을 지역 내부에 환류시키는 것이 순환경제다.

결국 타지와 구분되는 독특하되 지속적인 지역 스타일을 구축하고 확대하는 게 핵심이다. 가장 지역적인 것을 내세워 세계적인 경쟁력을 확보하자는 의미다. 할 만한 사업이나 자원이 적거나 없다고 외부 도움부터 찾던

행정·자본 주도의 지역활성화가 아닌, 방치되고 숨겨진 지역 자산을 찾아내 활력 토대로 재구성함으로써 유일무이의 지역 스타일을 만드는 방식이다.

이는 지역개발에 천착해온 학계의 일치된 연구 결과이자 새로운 대안 모델로 인정받는다는 점에서 가볍게 여길 트렌드가 아니다. 약점을 매력으로, 한계를 장점으로 뒤바꾼 발상의 전환은 낯설지만 대세로 안착하는 분위기다. 훌륭한 가성비의 선행사례가 많을뿐더러 기존의 하향식·의존식 접근방법보다 낫다는 정황 증거는 흘러넘친다. 지역만의 보물찾기와 구슬꿰기가 연결되면 어디서든 명품 브랜드가 탄생된다.

떠오르는 지역과 되살아난 공간은 하나같이 뼈대와 본질에 충실하다. 외부 자원과 외지 모델을 수용하기보다 자신이 가진 것부터 제대로 알고 찾아내 이를 사업화하는 형태가 많다. 어디서든 목격되는 그저 그런 판박이 재생사업은 찾기 어렵다. 번잡하고 수고스러운 작업이 없고 가치 유출이나 거부반응이 낮아 결과적으로 차별화된 특화 모델로 승화된다. 요컨대 대부분의 재생 지역은 그들만의 'ㅇㅇ스타일'을 갖는다. 산재한 지역의 자산을 투입한 특화된 재료가 창의적인 관점을 만나, 보기 힘든 그들만의 정체성을 담아낸 경우다. 지역 기반의 개성과 가치를 발휘함으로써 차별화에 성공한 덕분이다.

비록 미약한 출발이지만, 시간의 흐름에 맞춰 고도화되면 독립적인 풀뿌리 지역경제가 서로 경쟁하고 보완하면서 지역 고유의 색깔로 완성된다. 지역색이 짙은, 재미나고 유쾌하며 독특한 라이프스타일은 얼마든지 고안될 수 있다. 수도권 등 대도시와의 무한경쟁에 휘둘리는 재생보다는 차별적인 스타일을 지역만의 브랜드로 안착시키는 달라진 접근 방식에 주목할 때다.

인구소멸과 로컬리즘

인구혁신의 공통 조건
학교 재건

2020년 인구주택총조사 결과가 2021년 12월 발표됐다. 2020~2070년의 50년 인구추계를 통해 향후 정책 추진의 모태 통계로 역할할 것이다. 2015년에서 5년을 기다려온 미래 진단의 핵심 통계답게 정책 재편의 나침반과 같다. 그런데 결론은 충격적이다. 황망하게도 모든 지표에서 기존 추계가 무너졌다. 위기 지점을 조기 달성할 것이 확실시된 것이다. 총인구 감소 시점은 8년이나 앞당겨졌다(2028년→2020년). 2019년 특별 추계에서 상정된 출생·사망의 데드크로스가 10년 빨리 온 것(2029년→2019년)과 맥이 닿는다. 당시만 해도 총인구는 국제유입을 감안해 시차를 갖고 감소할 것으로 봤다. 하지만 코로나19가 시기를 앞당겼다는 분석이다.

급변하는 사회라지만, 반응은 무덤덤하다. 언론만 주목할 뿐 대부분 국민의 위기 체감은 낮다. 그나마 반짝 관심을 끈 후에는 흔한 변화 중 하나로 잊히고 지워진다. 그러나 이는 엄청난 실수이자 오판이다. 미증유의 신기록 갱신형 인구변화는 개인과 집단의 미래를 쥐락펴락할 대형 상수다. 인구변화는 미래 살림의 변혁을 동반한다. 그나마 대응할 시간이 있을 걸로 봤는데, 다시 보니 코앞이다. 경고음과 함께 쓰나미가 닥쳤다. '차근차근'은 물 건너갔다. 선택과 집중도 여유가 있을 때 얘기다. 공론화와 대타협을 통해 총론·각론의 동시다발 대응체계를 가동해야 한다. 패러다임을 바꾸자는 것이다. 중요한 건 문제의 진원 확인이다. 무엇이 인구 급변을 낳았는지 원점을 찾아가는 차원이다. 그래야 맞춤 해법도 추출된다.

학교 붕괴가 낳은 인구 유출의 악순환

인구변화에 관해서라면 한국이 걷는 한 걸음은 세계의 기준점이다. 더는 배울 곳도 청할 곳도 없다. 낯설고 힘들지만 굳건히 맞서야 할 한국의 시대 소명이 돼버렸다. 따라서 외부 과외형 훈수보다 자기 주도형 학습이 먼저다. 인구변화의 원인은 많다. 고용·소득 관점의 일반론부터 문화·인식 차원의 특수론까지 즐비하다. 예측치를 단기간에 급속도로 벗어났다면 특이지점을 찾는 작업이 필요하다. 이것이 얼마나 심각한지, 한국만의 차별적 문제 인자를 찾자는 의미다.

역시 교육을 뺄 수 없다. 한국 특유의 교육열이 인구병을 만들거나 부추겼을 개연성이 높아서다. 힌트는 '출산감소 ← 결혼포기 ← 취업난맥 ← 대학간판 ← 자녀교육 ← 입신양명'의 역순환고리에 있다. 고학력·취업난·저출산의 뿌리에 자녀교육의 맹신적 신화가 위치한다. 맹모삼천지교의 교육열이 인구변화와 직결된다는 혐의다. 실제 '농촌 → 도시'로의 사회이동에는 교육 부재가 한몫했으니 설득력이 있다. 인구밀도가 높을수록 출산율은 낮아지기에 도농 간 교육 격차는 끝없는 사회이동발 인구감소를 낳는다. 교육환경의 공고한 도시 독점이 지역 소멸의 유력한 배경이다.

교육은 중대한 사회인프라다. 후속 인재의 교육을 넘어 지역공동체를 떠받치는 핵심 뼈대다. 의무교육인 초중고는 지역의 흥망을 가름 짓는 운명공동체와 다름없다. 때문에 학교의 붕괴는 지역 소멸과 밀접한 인과성을 갖는다. 잘 살던 정주민을 내쫓고 외지인을 불러 모으는 데 있어, 학교의 역할은 결정적이다. 지역 활력의 근원인 교육환경의 약화·상실은 그 자체로 지역의 지속가능성 소멸을 뜻한다. 농산어촌의 한계마을은 십중팔구 양질의 교육 이슈를 찾아 떠난 현역 세대의 사회전출과 맞물린다.

결과적으로 이런 현상은 정책의 오판 탓이다. 효율성을 내세운 경영 논리가, 학교가 없어지면 지역이 무너진다는 단순 원리를 이긴 결과다. 1982년 시작된 학교 통폐합(소규모 학교 통폐합)이 그 시작이다. 농산어촌에서 학생수 100명 이하 학교를 통폐합한 이래, 정점이었던 1999년에 폐교된 분교만 798곳에 달했다. 이후 기준을 60명 이하로 줄였지만, 한번 시작된 유출은 멈추지 않았다. 시설 투자와 교원 배치 등 후속 조치에도 결과는 허망했다. '학교부족 → 교육불편 → 지역유출 → 현역부족 → 인구감소 →

지역소멸'의 악순환이다. 아쉽게도 통폐합으로 교육의 품질과 서비스가 좋아졌다는 증거도 없다. 오히려 학교를 없애니 사람이 떠나는 불균형과 비정상을 불러왔다.

벚꽃 엔딩, 지방대학 몰락 행진

인구와 교육은 불가분의 관계다. 모두가 입신양명의 생애 모형을 추종하는 한국에서는 특히 '양질의 교육 = 계층 이동'의 신화가 건재하다. 70%대의 대학 진학률만 봐도 쉽게 확인된다. OECD 평균을 끌어올린 학구열 1위 국가답다. 때문에 개별 가구의 의사결정은 자녀교육과 밀접하다. 지역을 설명하는 수식어에 학군·학원가 등이 빠지지 않는 이유다. 부동산의 입지 선호와도 직결된다. 이렇듯 교육은 공간을 지배한다. 도시 집중과 지역 과소의 인구문제는 곧 공간 갈등과 일맥상통한다. 결국 교육개혁은 인구 대응의 유력한 선행조건이다. 교육 복원이 지역활성화의 유력 힌트란 의미다.

최근 목격되는 선행 실험도 이를 뒷받침한다. 폐교 위기의 학교를 복원한 후에 인구유입과 활력증진이 목격되는 지역 현장이 속속 등장했다. 함양의 서하초교는 2019년 14명이던 전교생이 2021년 36명으로 불어났다. 학교로 마을을 되살리자는 지역의 절실함이 민관협치형 프로그램으로 구체화되면서 이주 증가라는 성과로 이어졌다. 봉화는 국내 최초의 반려동물 특성화고교(한국펫고등학교)로 활력을 되찾았다. 폐교 위기를 특화 테마의 아이디어로 극복한 것이다. 재학생 130명 중 118명이 타지 출신이며, 최근 2년 입학 경쟁률은 3대1을 찍었다. 구례 · 해남 · 옥천 · 거창 등도 '학교복원 → 지역활력'의 선구 모델이다.

효율성만 내세운 만능주의 시대는 갔다. 새로운 시대는 달라진 접근을 원한다. 19세기 교재로 20세기 교실에서 21세기 학생을 가르쳐서는 곤란

◾ 전국 시도별 폐교 현황

지역	서울	부산	대구	인천	광주	대전	울산	세종	경기
폐교수	3	45	36	57	14	8	27	2	175
지역	강원	충북	충남	전북	전남	경북	경남	제주	총계
폐교수	464	254	265	326	833	732	582	32	3,855

자료: 지방교육재정알리미(2021.05.01. 기준)

◾ 전국 유초중고 학생수 추이

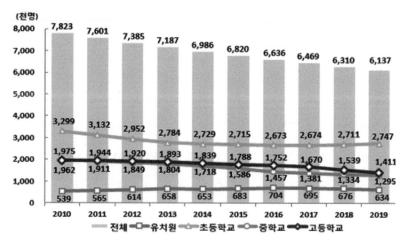

자료: 2019년 교육기본통계(지방교육재정알리미)

하지 않을까. 경직적·관성적 인구 대책이 먹혀들지 않는 것과 닮았다. 뉴노멀은 대세다. 변화에 저항할수록 갈등만 커진다. 다양성의 시대를 뒷받침할 혁신적 접근이 바람직하다. 중앙집권·권위주의·관료주의적 교육체계는 정합성이 사라졌다. 입시 위주의 중앙교육은 학교 공간을 통제하긴 좋겠지만, 그 누구도 만족시키지 못하는 유물적 구태에 가깝다. 차라리 도농 불균형의 지역소멸을 앞당기는 원죄의 혐의만 짙다.

'벚꽃 엔딩'으로 불리는 지방대학 몰락 행진은 정밀한 교육 재검토가 얼마나 중요한지 잘 알려주는 사례다. 권한·통제에 기반한 중앙주도는 결국 설 땅을 잃는다. 1969~2020년(5월)까지 3,832개 학교가 문을 닫았다(지방교육재정알리미). 인구회복과 지역활력의 가능성을 맛본 선행사례의 공통분모는 지역특화에 기초한 자치적·내발적·참여적 맞춤교육으로 요약된다. 학교 공간을 단순 경제 논리로 보는 관점에서 벗어나 사회적·문화적 앵커리지로 흡수하며 커뮤니티의 중심 무대로 활용해야 한다. 공적 영역을 장악한 시장 논리의 독주는 당연히 배제되어야 한다. 반대로 지역 교육의 능력 함양과 차별 지점에 방점을 찍는다. 지역과 연결된 탄력적·자율적 맞춤 교육일 때 인구감소와 소멸 위기에 맞설 수 있다.

도농격차는 교육격차와 겹치고, 결과적으로 인구 불균형과 연결된다. 따라서 인구 대응의 첫발은 교육 혁신과 맞물려야 한다. 독특한 교육열을 감안하면 우선순위는 더 앞설 수밖에 없다. 지역 소멸의 잔인한 현실을 봐도 시급한 개혁 과제다. '지역 → 도시'의 인구유출을 부추기는 교육체계는 시정 대상이다.

학교가 살아야 지역도 웃는다. 지역성이 가득한 교육 자치 실현은 시대의 요구다. 실질적인 지방형 자치분권을 통해 지역 실정에 맞는 교육정책을 기획·실행하는 게 바람직하다. 그 안에서 자주성·전문성·중립성을 확보하는 교육 자치의 원뜻을 수행해야 지역 문제도 완화된다. 교육청·단위학교의 자율성·다양성을 늘리고, 학교가 지역공동체의 일원으로 역할하도록 유도하고 지원하자는 얘기다.

지역·계층·개인별 차이가 큰 데도 하나의 교육시스템만 요구하면 곤란하다. 비대한 행정체계와 강고한 통제 권한에서 비켜설 때, 주민의 의사와 지역의 욕구를 반영한 혁신 실험이 실현된다. '학교부흥=지역재생'은 설득력이 높다. 지역에 위치한 학교는 강력한 잠재력을 갖고 있다. 드넓은 공간자원과 미래의 인적자원까지 지녔다. 지금처럼 교육·학교를 제외한 지역활성화는 낭비이자 편견이다. 호흡과 걸음을 맞춰서 작지만 꾸준히 혁신해야 지역 행복과 주민 만족이 높아진다.

학교의 재구성
로컬리즘은 자치교육으로부터

아무것도 없다지만, 잘 보면 지역에
는 수많은 자원이 있다. 지역활성화에 참여·동원되지 않았을 뿐 잠재적
인 우군이나 재료가 될 각양각색의 지역자원이 존재한다. 뜯어보면 지역
공간이 품은 거의 모든 것들이 활성화의 든든한 대상 혹은 주체다. 없다고
푸념하고 포기할 게 아니라 한계와 약점조차 새로운 기회로 삼는 역발상
의 태도가 필요하다.

그러자면 공간 전체에 지역활성화라는 키워드를 이식·반영하는 과정
이 필수다. 지역에 살든(야간인구) 회사에 다니든(주간인구) 연이 닿는 최대
한의 멤버를 이해관계자로 설득·참여시키자는 얘기다. 주민조직이거나
관련 사업자만 활성화를 다룬다고 생각해서는 곤란하다. 이렇듯 시선을

넓히면 참가·활용할 수 있는 주체는 확장된다. 지자체, 공공기관(공기업), 상점가, 경제단체, 교육기관, 종교기관, 주민서클, 병원, 교통기관 등이 유력 후보다.

이 중 강력한 잠재 주체는 학교다. 학교는 지역의 흥망을 가름 짓고 지역과 운명을 함께하는 기반공동체다. 외지인을 불러오기도 하지만 잘 살던 주민을 내쫓기도 하는, 힘세되 얄궂은 생활인프라에 속한다. 즉 교육기관은 그 자체로 지역활성화의 중대한 출발 토대이자 연결 자원이다. 존재 유무와 수행 역할에 따라 지역의 존속을 결정짓는 핵심 변수이기도 하다.

교육 기반의 붕괴는 지역 소멸을 한층 부추기는 요인이다. 그간 한국사회는 학교가 사라진 후 주민이 떠나가는 사례를 숱하게 목격했다. 농산어촌의 한계마을은 대부분 학교 통폐합의 결과 더 나은 교육 이슈를 찾아 떠나간 현역 세대의 사회전출과 맞물린다. '학령인구 감소 → 학교유지 위기 → 운영비용 증가 → 인근학교 통합 → 통학환경 악화 → 현역세대 유출'의 악순환인 셈이다. 반면 과소 판정 후 드물게 인구유입의 성과를 낸 지역은 하나같이 학교 부흥이라는 공통점을 갖는다. 지역 곳곳에 포진한 학교발 활성화의 기대효과인 셈이다.

학교는 지역활성화를 위한 중요한 가용자원이다. 학교가 없는 곳은 없다. 대학까지는 없을지 몰라도 웬만한 지역엔 초중고가 위치한다. 지금껏 학교는 지역과 동떨어져 존재했다. 입시 위주의 중앙집중식 교육 과정이 일률적으로 학교 공간을 통제한다. 체제와 평가, 진학 구조를 비롯해 인허가 사항인 학교설립·운영까지 거의 모든 항목을 중앙이 관리한다. 학계

전반은 교육에 대한 중앙정부의 과도한 권한에 대해서 부정적 평가를 내린다. 오죽하면 중앙집권적·권위주의적 관료주의 현상을 두고 '정부주도형 교육체계'로까지 규정할까 싶다. 이 정도면 교육을 통제 수단으로 보던 봉건 군주제 때와 다를 바가 없다.

물론 형식적으로는 한국도 교육자치제를 채택하고 있다. 교육감 직선제가 대표적이다. 다만 옥상옥은 여전하다. 많은 선진국이 중앙정부의 교육 권한과 역할을 최소화하는 실질적인 자치교육을 실현한 것과는 대조된다. 벚꽃 엔딩이 펼쳐진 지방대학 몰락 위기와 대응 방식을 봐도 정부주도형 교육체계는 건재하다. 한목소리로 과감한 구조개혁과 달라진 역할 조정을 요구하지만, 경직적인 중앙 대응은 활로를 찾기는커녕 권한·통제를 지키는 방향의 답답한 소리만 반복할 뿐이다.

때문에 학교는 수동적이고 폐쇄적인 지역 멤버로 전락한다. 지역에 존재하지만, 비켜선 채로 중앙만 쳐다보며 눈치를 본다. 동시에 지역과 함께 숨 쉬는 운명공동체이건만 반대로 '지역 → 도시'를 부추기는 상향식 입시 성적만 강조한다. 대도시의 좋은 대학에 진학하는 양적 성과야말로 지역 학교의 존재 이유일 따름이다. 교육이 도시를 향하도록, 학교가 청년을 떠나도록 변질되었으니 지역이 건강해질 수 없다.

중앙은 지역을 대변할 수도, 이해할 수도 없다. 지금과 같은 교육현장이 지속되면 결국 학교는 지역과 함께 붕괴될 수밖에 없다. 정부·교육청·교직원 등 이해관계자의 '나 몰라' 식 방치는 이 정도면 충분하다. 지역과 결부된 탄력적이고 자율적인 맞춤 교육 없이는 인구감소와 지역 소멸이라는 거센 압력을 피할 수 없다. 폐교가 예고된 한계학교는 수두룩하다. 아직은 지방 권역 중심이지만 도시의 충격적 저출산 트렌드로 볼 때 폐교 파장 역시 '지역 → 도시'로 번질 날이 머잖았다. 실제 저학년일수록 학생수가 급감하고 있다. 초등학생은 1980년 566만 명에서 2020년 269만 명으로 줄었고(48%), 고등학생은 170만 명에서 134만 명으로 감소했다(79%).

지역과 학교는 운명공동체

학교가 변해야 지역도 산다. 방향은 지역성이 듬뿍 가미된 교육자치의 실현이다. 실질적인 지방분권으로 주민의 참여의식을 높이고 지방 실정에 맞는 적합한 교육정책을 통해 자주성, 전문성, 중립성을 확보하는 교육자치제의 원뜻을 착실히 수행할 필요가 있다. 꼭 지역활성화를 위한 방향 전환이 아니라도, 국가가 정하던 교육 방식의 틀을 바꿔 교육청과 단위학교의 자율성 · 다양성을 늘리자는 것은 공통된 요구사항이다. 지역 · 계층 · 개인별 차이가 상당함에도 하나의 교육시스템만 고집하면 곤란해서다.

하물며 교육 개편에 따른 지역활성화의 기대효과는 두말하면 잔소리다. 따라서 지역주민이 뽑은 교육 리더십이 주민의사와 지역의 욕구를 반영한 교육체계를 결정할 때다. 이를 통해 지역문제를 교육으로 해결하는 혁신 실험이 요구된다. 교육과정은 반드시 지역 특성에 맞게 편성해야 한다. 현장과 지역의 목소리에 미래 교육과 지역 생존의 힌트가 있기 때문이다. 쉽지는 않다. 비대한 행정기제와 정치인의 통제 권한은 강해지면 강해지지 내려놓기는 어렵다. 하지만 그럼에도 가야 할 길이다.

지역과 학교는 운명공동체이자 이인삼각 경기를 뛰는 선수다. 호흡과 걸음을 맞춰 늦더라도 꾸준히 달려갈 때 지역의 행복과 학생 만족이 확보된다. 지역활성화를 위한 아이디어의 생산 공간이자 프로젝트의 실현 무대란 점에서 학교의 역할은 아무리 강조해도 지나치지 않다. 사실 학교는 많은 잠재력을 보유하고 있다. 드넓은 공간자원뿐 아니라 후속세대라는 인적자원을 갖고 있다. 이런 소중한 자원을 놔두고 지역활성화를 꾀한다는 건 낭비이자 편견이다. 오히려 지역을 되살리는 각종 작업의 본산이자 원류로 기능해야 한다. '학생=주민=지역'인 까닭이다. 적으나마 학교를 활용한 지역활성화 프로젝트는 확대 중이다. 교육 목적 이외에 지역과 주민의 역할을 강조하는 요구와도 맞물린다.

최선책은 특화형의 지역 연계 교과목을 정규수업으로 만드는 방식이다. 캡스톤 디자인Capstone design처럼 이론과 실제가 융합된 문제해결형 프로젝트를 커리큘럼에 반영하면, 지역 특색을 살린 학교 교육의 실효성을 높일 수 있다. 혹은 동아리·특강 등을 당사자성을 갖춘 다양한 지역자원과 연결해 고도화하는 방법도 좋다. 이 과정에서 지역에 대한 애정과 정주 선호도가 강화되고 다음 단계를 기대할 수 있다.

이는 농촌만의 실험일 수 없다. 도시일수록 학교의 역할이 더 커진다. 주5일제와 52시간 근무제 등으로 지역주민의 새로운 욕구가 창출되고 공동체의 공간 수요가 필요해진 것도 현실이다. 흔히 생각할 수 있는 공원 조성도 좋지만, 시간별로 유휴화된 학교시설을 개방해 활용도를 높이는 방법도 권할 만하다. 실제 모든 국민은 학교 교육에 지장을 주지 않는 범위에서 학교장 결정에 따라 시설을 이용할 수 있다. 도시 생활을 위한 생계비 급증에 따라 맞벌이가 일반적인 가운데, 학령자녀의 부모 돌봄이 제한적인 배경도 있다. 가정에서의 양육환경이 악화될수록 그들을 맡아줄 교육기관에 대한 욕구는 커질 수밖에 없다. 학원 등 시장화된 사교육과 보육시설에 의존하는 방식은 주지하듯 새로운 문제를 낳는다.

선진국은 학교 기반의 재검토를 통해, 교육효과의 제고는 물론 지역의 욕구 해결에 나서는 사업이 적잖다. 방과 후 문화예술 교육 수업으로 탈선을 막고 학업성취도를 높인 뉴욕의 트루스 센터Truce center, 사람과 사람 그리고 지역과 학교를 연결한 학사 융합의 지역공동체 학교를 실현한 일본 치바의 아키즈초등학교 등이 그렇다. 한국에서도 학생에게 집중된 외부 연계 과정의 다각적인 실험을 통해 궁극적으로는 지역·주민과의 다층 교류를 위한 지역활성화 프로그램이 요구된다.

일본 1위의 행복동네, 후쿠이의 자치교육

학교가 바뀌면 지역이 되살아난다. 일본에서 가장 행복한 광역지자체 1위로 꼽히는 후쿠이현의 교육발 행복실현 모델이 선행 모델이다. 지리적으로 일본에서 가장 열악한 지역임에도 불구하고, 행복도 랭킹 1위를 장기 집권하고 있는 곳으로 유명하다. 바로 '후쿠이 모델'이다. 일본 정부가 공식적으로 인정한 지역활성화 모범사례답게, 이곳은 자치교육·시민주역·지역문화·혁신제품·여성고용의 5대 키워드로 청년 직주와 세대 교류형 지역가치를 완성했다. 지역맞춤형 자치교육으로 향토 기업과 교육현장을 산학연계로 묶어내며 '정규직+맞벌이+기술력'을 실현했다.

요컨대 인재육성과 고용환경을 충실하고 일관되게 엮어 '교육 → 고용'의 안정된 정주 기반을 완성한 것이다. 결과는 놀라웠다. 후쿠이 실험의 성과를 후쿠이현과 일본 평균으로 나눠서 비교하자면 1인당 사회교육비(4만 1,174엔 vs. 1만 2,664엔), 사회교육 학급·강좌수(9.5건 vs. 2.3건), 학력(123점 vs. 115점), 대학 신규 졸업자 100명당 실업자율(2.4명 vs. 7.8명), 맞벌이 비율(59% vs. 48%) 등에서 큰 차이가 났다. 이것이 일본에서 가장 살기 좋은 동네의 행복 구조다.

후쿠이 모델의 압권은 사바에시의 교육발 지역활성화로 정리된다. 대부분의 기초지자체가 '자연감소+사회감소=마이너스'인데 이곳은 '자연감소+사회증가=플러스'의 구조를 보인다. 저출산은 못 막아도 사회전출은 되돌렸다는 의미다. 25~39세의 전입인구가 많다는 것은 교육·취업으로 고향을 떠났던 청년그룹이 회귀했다는 의미다. 이렇다 할 유명 대학이 없는 사바에시는 일단 교육·취업 시기와 맞물리는 고등학생에 주목했다.

대표적인 것이 '사바에시 JK과課' 사업이다. 지역의 여고생이 활성화를 위한 아이디어를 스스로 제안·실행하는 내용이다. 2014년부터 실행 중인데 참여자의 절대다수가 지역에 잔류하는 성과를 냈다. 지역 이슈에서 제외됐던 여고생의 참여 촉진으로 애향심은 물론 민간과의 신제품 공동개발·판매 등 사업성까지 확보하며 대내외의 호평을 받았다.

예를 들어 2018년 참여 학생은 편의점 체인 로손과 협업해 지역특산물 (유자·고추 등)로 만든 양념장山うに을 넣은 샌드위치와 주먹밥을 출시했다. 또한 지역 제과점과 연계해 오리지널 스위츠를 4탄까지 만들어냈다. 이 사례는 도쿄대 등으로부터 강연 초청을 받을 정도로 유명해졌다. 외부 청년의 사회전입 강화와는 별도로, 지역 청년을 대상으로 지역에 잔류하거나 U턴을 유도하는 기회를 준 것이 주효했다.

NPO를 사업 주체로 한 프로그래밍 교육으로 초중학생의 교육 욕구에도 대응한다. 이 과정에서 아동용 컴퓨터(ichigojam)로 프로그래밍이 가능한 교육 키트까지 상용화했다. 저비용으로 현지 기업과 연계해 만들어낸

■ 일본 행복동네 1위(후쿠이모델)의 경쟁력

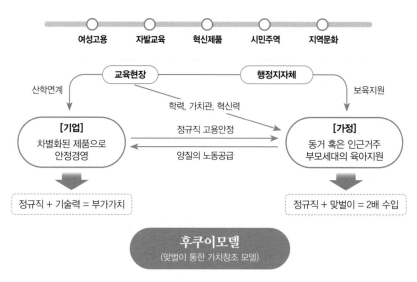

자료: 후지요시 마사하루(2016), 『이토록 멋진 마을』, 황소자리, p.276 재구성

정책	내용
차세대산업육성 지원사업 등	지역산업으로 키운 기술 · 노하우의 응용판 의료기기 · 안경틀의 고부가가 치화로 성장분야에의 청년고용 창출기회. 성장분야 2017년 근로자수 219명 (2014년보다 49명↑)
위성오피스 실험사업	위성오피스 유치 및 빈집문제 해결차원. 2017년 도시기업 34개 참가 후 4사가 위성오피스 개설. 17명 고용창출. 오픈데이터 실시 및 초중학교 프로그래밍 수업 등 매력발산
체험이주사업 (ゆるい移住)	사바에시 특유모델로 타지청년의 체험이주 기회제공. 지역주민 · 단체와의 교 류로 생활매력 공유. 초기사업 15명 중 7명 이주완료
사바에시 JK과(課)	2014년 시작된 여고생의 자발적인 지역활성화 활동제안 프로그램으로 관민 산학 등과 연대해 구현. 도서관공석상황확인앱 · 오리지널스위치 개발 · 판매. 19명 참가 후 18명이 현내 잔류
카와다지구(河和田) 아트캠프	2004년 시작 이래로 연 100명의 외지학생이 여름 1개월간 빈집에 모여 예술 활동 · 주민교류 실시. 2008년 이후 참가학생 12명 시내정주 결정

자료: 鯖江市(2019), '持続可能なめがねのまちさばえ', 시찰자료, pp.15~19 재구성

사업모델로 2019년 시내 전체 초등학교가 채택했다. 2020년부터는 프로그래밍을 의무교육화해 사바에시의 IT화를 추동하는 계기로 만들었다. IT를 기반으로 한 혁신 무대로서의 지역활성화를 위해, 사바에시 및 민간조직 등은 세계적인 IT 기업인 SAP · Dell · Intel은 물론 야후재팬 · JM 등 일본 기업과의 지원체계도 구축했다. 지역활성화의 지속가능성을 위해서는 결국 바통을 이어받을 차세대 인적자원을 확보하고 양성하는 작업이 필수불가결하다는 판단에서다. 사바에시는 이를 청년인재로 명명해 젊은 세대

가 살기 좋은 지역 조성에 방점을 찍었다.

외지 청년의 사회증가(전입↑)를 위한 사업도 활발하다. 지역활성화를 맡아줄 외지 청년의 양성·공급은 '지역활성화 플랜 콘테스트'에서 힌트를 얻을 수 있다. 외지 학생이 본인을 시장이라고 생각하고 사바에시의 활성화를 위한 아이디어를 발표하고 검토·사업화하는 프로젝트다. 2008년 행정이 아닌 민간조직(NPO 법인 L·Community)이 시작했다. 외지와 지역을 막론하고 그간 수많은 고교생과 대학생이 참여해 문제해결형 지역활성화로 연결되는 성과를 구현했다. 매년 24명(3인×8팀)이 최종 선발돼 2박 3일 합숙 후 사바에시의 문제해결을 위한 아이디어를 내고, 이를 시장·상공회의소장·기업가·시민 앞에서 발표한다. 교토대, 도쿄대 등의 우수 인재가 전국에서 지원하는 성과를 냄으로써 지역사회를 위한 사회혁신 모델Social Innovation Model로 호평받았다. '시장을 해보실래요市長をやりませんか?'라는 슬로건은 다른 지역에도 전파되며 재정 지원 없는 자발적 시민활동으로 정착했다.

특히 현지 학생을 운영 스탭으로 두어 다양한 자극을 받을 기회를 제공한다. 학생들은 이를 열정 고취와 의식 개혁의 계기로 삼아, 지역문제 해결을 위한 핵심적인 인적자원(키맨)으로 성장하고 있다. 역내외의 대학생이 중심이 된 학생단체 With는 자주적으로 지역복원을 실천하며 청년활동의 거점 단체로 성장했다. 콘테스트의 성과를 확산하기 위해, 관광협회·상공회의소·현지기업·사바에시·상점가 등과 함께하는 산관학금노언産官学金労言 연대체계도 구축됐다.

이 밖에도 지역활성화에 도움이 됨직한 외부인재 · 전문가 등과의 교류에도 적극적이다. 결과적으로 사바에시는 지속가능한 지역활성화에 필수인 강력한 의지와 능력을 갖춘 청년인재의 발굴과 양성 체제를 꾸준히 강화하며 자연스러운 사회전입 체제를 구축했다. 이 모든 것이 강력한 지역자원인 학교발 자치교육의 재검토에서 비롯됐다.

과격한 청년 인구 감소
지방대학의 실길은

대학교 전원입학全入 시대가 펼쳐졌
다. 2021년 대입부터 염려했던 입시 수급의 미스매칭이 본격화된 결과다.
수요(학령 인원)는 48만 명인데 공급(대학 정원)은 49만 명으로 역전현상이
시작된 것이다. 대입 비희망 학생(6만 명)을 제외하면 미달 사례가 속출할
수밖에 없다. 얼추 7만 명 이상이 빈다.

갈수록 미달 규모는 커질 전망이다. 통폐합과 폐교 행렬은 예고된 상황
이다. 안타깝게도 대부분은 지방 소재 대학이다. 학령인구 쇼크다. 충격적
인 저출산 현상을 보건대, 10~20년 후엔 일부만 제외하고 전체 대학이 존
폐위기에 내몰릴 것이다. 과거 농담처럼 주고받던 '벚꽃 피는 순서대로 문
닫을 것'이란 경고는 이로써 현실이 됐다. 버팀목이 됐던 지역 거점 국립대

학조차 추가모집에 나설 정도다.

대학의 위기는 청년 증발에서 비롯된다. 고객이 감소하는데 버텨낼 사업은 없다. 청년 증발은 이중적이다. 지역 청년은 자연감소로, 도시 청년은 전입 포기로 지역 과소화를 심화시킨다. 도시 자체와는 구분되는 현상이다. 도시는 덜 태어나도 더 찾아오니 청년 공급엔 큰 문제가 없다. 반면 지역은 덜 태어나는데 대부분 떠나가니 자연감소에 사회전출까지 추가된다. 복합 충격이다.

문제는 앞으로다. 이대로면 상황 반전은 기대하기 어렵다. 사실상 서울·수도권 소재 대학을 능가할 지방대학은 없다. 정원 조정 등 구조조정이 이어지겠지만 상황은 녹록하지 않다. 그만큼 인구변화발 대학 위기는 파괴적이다. 여기서 끝이 아니다. 지방대학의 몰락 행렬은 다차원적 악순환을 내포한다. 단순히 대학이 문 닫는다고 상황이 끝나지 않는다는 의미다. 지역 공간에서 대학이 갖는 존재감과 확장성 때문이다. 대학은 교육기관이자 경제 주체다. 규모의 차이는 있겠지만, 다양한 구성원이 대학 공간에서 생활하고 연구한다. 자연스럽게 주변 상권이 형성된다. 학생과 교직원의 소비활동은 물론 대학의 지출이 지역경제로 환류된다.

대학이 지역경제에 기여하는 생산시설 성격이 강하다는 점에 주목해야 한다. 대학 자체가 인재 창출과 지역 취업에 도움이 되는 것이다. 경기도 사례로 분석한 소득창출 효과는 대학생 1인당 약 3,500만 원에 달한다(경기개발연구원, 2012). 여기에 파생되는 연관 효과까지 넣으면 수치는 더 커진다. 즉 지방대학과 지역경제는 운명공동체에 가깝다.

지방대학 붕괴의 악순환 사슬

지방대학의 붕괴 위기는 지역소멸과 맞닿는다. 지역이 열위 공간으로 전락하는데 대학이라고 버텨낼 재간은 없다. 사람이 떠나면 대학은 버티기 어렵다. 과격한 청년 증발이 심각한 대학 위기의 진원지인 셈이다.

충격은 생각보다 광범위하다. 앞서 언급한 경제적·사회적 파급효과가 정반대의 악순환을 낳는다. '청년감소 → 정원미달 → 경영악화(상권붕괴) → 실업양산 → 소득감소 → 수축경제'의 나쁜 사슬 때문이다. 지역경제 전체를 끌어내리는 중대한 기간 거점의 몰락은 이처럼 만만찮은 파장을 부른다. 대학 공간이 품는 생활인구와 유동인구의 숫자를 볼 때 어지간한 기업·공장 규모를 상회하는 파괴력을 갖는다. 지역소멸발 지방대학의 생존 위기가 향후 본격화된다는 점에서 손 놓고 있을 수만은 없는 이유다.

대안은 변신뿐이다. 더 미룰 수 없는 시급한 과제다. 마치 천수답처럼, 교육부만 쳐다보는 대응은 주지하듯 효과가 별무였다. 대학지원 예산만 따내면 활로를 찾아낸 것처럼 과장해서는 안 된다. 말로는 창의적인 혁신 인재를 양성한다지만, 실제로는 온갖 눈치 속에 정부사업을 대행하는 경우가 적잖다. 중앙이 정한 사업·예산 항목에 끼어 맞추다 보니 행정 대응은 잘해도 교육효과는 그저 그런 사례가 태반이다.

선제적 정원 감축과 시혜적인 차등 예산도 문제다. 자발적으로 인원을 줄이면 이에 걸맞게 예산을 더 주는 식의 구조조정 유도 방식에 대한 반론은 광범위하다. 와중에 서울에선 되레 정원외 모집으로 인원을 늘려왔다.

도농 대학 간의 격차를 더 벌린 셈이다. 상황이 이렇다 보니 지방대학을 살리려는 다양한 시도는 냉정한 현실 앞에서 자주 겉돈다. 취지는 맞아도 실행은 다분히 기계적이고 행정적이어서, 생존 앞에 분투하는 현장일수록 뒷목을 잡는다.

누구보다 위기상황에 민감한 것이 학생들이다. 학생들에겐 대학 개혁보다 중요한 게 본인의 미래(취업)다. 그러니 모두가 서열상(?) 상위대학을 꿈꾼다. 서열화된 성적 때문에 포기할 뿐 기회만 되면 서울·수도권을 희망한다. 차라리 지방대학의 구조조정을 원하는 경우도 있다. 구조조정으로 학과 선택의 기회가 주어지면 원하는 학과로 옮겨가겠다는 얘기다. 학과가 사라져도 본인은 살아남기 때문이다. 입학과 함께 취업을 떠올리는 세태를 볼 때 인지상정이다. 그게 아니라면 반수·재수·편입을 위한 걸어두기 혹은 공무원 시험 준비로 양분된다. 졸업해도 최대한 지역을 벗어나는 경로가 선호된다. 아주 특별한 몇몇 경우가 아니라면 지방대학 졸업자의 지역 지향성은 찾아보기 어렵다.

지역문제 풀어낼 집적 클러스터로서의 대학

교수나 연구자라고 상황 인식이 다르지 않다. 모두가 그렇진 않겠지만, 상당수 지방대학 교직원은 위기 반전이 힘들다는 걸 체감한다. 이들은 현실을 읽고 악화될 운명을 피치 못할 숙명처럼 받아들인다. 현실을 모르거나 외면하지 않는다면, 대학 개혁을 있는 그대로 받아들이기 힘들어서다.

젊을수록 지방 탈출을 위한 실적 축적형 몸부림은 일상적이다. 지역에 살지 않는 이른바 두 집 살림도 냉정한 현실 이슈다.

당연히 지방대학의 앞날에 관심이 낮을 수밖에 없다. 신분이 안정적이라 해도 끓는 냄비 속의 개구리일 확률이 높다. 조금씩 뜨거워지니 무뎌진 삶에 안주한다. 지역경제, 지역사회와는 담을 쌓은 채 본인 앞길만 걸어간다. 나름 지역에서 대접까지 받으니 더 그렇다. 개혁은 귀찮고 힘들다. 상대적 박탈감은 있지만, 서울보다 물가가 낮으니 삶의 질은 나쁘잖다. 대학개혁이 허무한 슬로건에 그치는 이유 중 하나다. '대학=지역=본인'을 일체화한 열정적이고 혁신적인 교수가 아쉬운 대목이다.

지방대학의 몰락 압력을 더 이상 방치해선 안 된다. 이미 많이 늦었다. 수능 시즌에 맞춰진 반짝 뉴스로 받아들이기엔 꽤 위험하고 처절하다. 2021년에 불거진 지방대학 미달 충격은 사실 시작에 불과하다. 충격적인 저출산과 탈脫지방 추세를 볼 때, 붕괴 낙차는 갈수록 격화될 게 뻔하다. 방법은 많겠으나 지향은 간단히 요약된다. 지역활성화와 눈높이를 맞춘 대학 역할의 확대·강화가 그것이다.

대학은 로컬 공간을 품어 안을 때 생존을 넘어 성장할 수 있다. 대학이 사는 길은 지역이 사는 길과 같다. 지방대학은 지역사회의 문제를 해결하고 행복을 증진하는 총본산일 때 희망적이다. 작게는 지역경제를, 넓게는 지역사회를 양적·질적으로 성장시키는 플랫폼일 때 긍정적이란 의미다. 많은 선진국의 지방대학이 그랬듯이, 지역 발전의 밑그림을 제안하고 이를 채색할 특화된 맞춤 인재를 키우는 게 관건이다. 줄 세우고 편 가르는 예산사업에 함몰되면 실험적이고 창의적인 활성화는 힘들다. 대학은 긴 호흡으로 지역의 재생 화두를 이끌 혁신 공간으로 변신해야 한다.

지방대학이 살길은 지역활성화에 있다. 당사자성이 충분한 데다 무엇보다 전문화된 연구 기능의 클러스터인 까닭에 쓰임새는 크고 기대효과는 높다. 인류를 구하는 큰 주제도 좋겠지만, 한편에선 지역문제를 풀어낼 의제에 집중하는 것이 필요한 시점이다. 대학은 수많은 자원을 보유했다. 물꼬만 터주면 다양한 실험과 방향을 가성비 좋게 제안할 수 있다.

이때 방향은 지역을 향하는 게 현실적이다. 서울과 경쟁하기보다는 서울과 다른 방식의 차별화된 생존 활로를 지역사회와 함께 모색하는 방식이다. 활로는 철저히 지역적일 때 의미와 실효가 함께 확보된다. 그러니 지역 기반의 대학과 지역활성화는 결이 일치한다. 지역 맞춤형 싱크탱크로서 자원과 사람, 지향을 모아내는 강력한 혁신 현장으로 자리매김하면

■ 수시 정원 대비 미등록 비율

권역(대학수)	수시 모집정원	수시 미등록인원	정원대비 미등록비율(%)	
서울권 (42)	47,556	1,800	3.8	2022학년도
	46,558	1,396	3.0	2023학년도
수도권 (44)	37,107	1,852	5.0	
	38,077	1,705	4.5	
지방권 (130)	174,919	32,618	18.6	
	178,441	33,270	18.6	
격차(지방–서울)			14.8%P	
			15.6%P	

자료: 종로학원

인구소멸과 로컬리즘

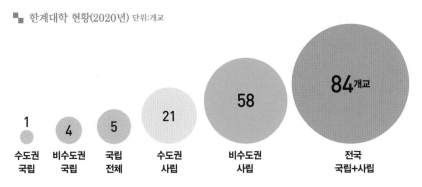

╲ 한계대학 현황(2020년) 단위:개교

1
**수도권
국립**

4
**비수도권
국립**

5
**국립
전체**

21
**수도권
사립**

58
**비수도권
사립**

84**개교**
**전국
국립+사립**

※한계대학: 재정이 부실하고 학생 모집을 정상적으로 하기 어려운 대학

자료: 한국교육개발원

지역을 되살리는 에너지를 극대화할 수 있다.

결국 지역활성화를 위한 일종의 브레인 싱크탱크 역할이면 좋을 듯하다. 동시에 지역 단위 문제해결의 생생한 리빙랩 컨트롤타워로도 손색이 없다. 단순하게는 평생대학처럼 문호를 넓혀 지역주민의 학습 열망을 실현할 수도 있거니와 궁극적으로는 지역 부활의 거점 공간으로 확대·재편하는 방안이 실효적이다.

지역을 되살리는 지름길은 없다. 그럼에도 지역 소멸의 근본 원인을 찾아 거슬러 올라가면 공통지점이 꽤 발견된다. 눈높이에 맞는 교육의 부재가 그렇다. 이것이 후속 인재의 감소·유출을 초래하는 촉발점인 셈이다. 따라서 지방대학은 지역경제를 되살리는 특화 인재를 배출하는 요람으로 변신할 필요가 있다. 지역 청년을 역할 주체로 삼을 때 지역의 산업은 되살아난다. 만만찮지만 이 방법뿐이다.

뒤늦은 반성은 새로운 시도를 낳는다. 지역이 좋아졌다는 뉴스에서 빠지지 않는 변화가 학교 부활로 요약된다. 초중고 사례이긴 하나, 폐교 위기의 학교를 살렸더니 학생이 찾아오고 지역에 활기가 돌기 시작했다는 선행 경험이 그렇다. 상황이 이렇다 보니 도시 학생을 지역 학교와 연결시켜주는 정책까지 나왔다.

이처럼 과소지역의 애달픈 러브콜은 연일 화제다. 적어도 학교를 유지할 정도의 학생수를 확보하자는 주장이 힘을 얻는다. 적정 규모만 고집해서는 '1개 면面 1개 학교' 유지가 힘들뿐더러 지역공동체의 건강한 회복을 위해서도 필요하다고 봐서다. 더불어 지역사회가 학교를 중심으로 공동체를 꾸리면 단순한 경제논리를 넘어 사회문화적인 파급효과도 기대된다. 더이상 공적영역을 장악한 시장논리의 독주를 내버려 둘 수 없다. 특성화·차별화된 로컬 토대의 대학교육이야말로 지방이 상생하는 최대 무기일 수 있다.

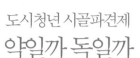

도시청년 시골파견제
약일까 독일까

농촌을 필두로 산촌 · 어촌 모두 청년
으로 불리는 젊은 연령대는 실종된 상태다. 통용되는 청년의 개념조차 상
식과 동떨어진다. 5060 세대가 젊은 축에 속한다는 건 현실이다. 60대 이
장이 수두룩하고 50대 청년회장이 심부름에 불려 다닐 정도란다.

30~40년째 이장을 도맡는 경우도 있다. 후임자가 없어서다. 비워둘 수
없으니 등 떠밀리듯 맡지만, 고충은 이만저만이 아닐 터다. 60세가 되면
자격이 생기는 마을노인회는 신입회원이 없어진 지 오래다. 그러니 노인
회에 들어가자마자 맡는 총무는 손바뀜이 거의 없다. 예순에 동네 삽질은
기본이고 적어도 일흔은 돼야 잘했니 못 했니 잔소리를 할 수 있다는 얘기
도 들린다. 그만큼 고령화가 심각하다는 걸 뒷받침하는 에피소드이고 고

령 공화국 농촌의 안타까운 현실이다.

농촌에 청년이 사라지고 그 경향성은 갈수록 심화된다. 늙은 정도를 뜻하는 고령화비율(65세 이상/전체 인구)이 높아지는 것도 후속세대인 청년인구의 농촌 정주가 줄어든 영향이 지배적이다. 분모 증가가 1차적이지만 그보다는 추세적인 분자 감소가 비율을 끌어올린다. 청년을 중심으로 한 자연감소(출산↓)와 사회감소(전출↑)가 복합적인 인구감소를 견인한 결과다. 특히 가임기 여성의 이탈은 본인 감소뿐 아니라 잠재적인 지역 내 출산까지 유출시킨다는 점에서 영향력이 크다.

실제 농림어가의 고령화비율은 2017년 42.5%에서 2019년 46.6%까지 뛰어올랐다(농림어업조사 결과, 2019). 전체 평균(14.9%)의 3배에 달하는 수치다. 농촌권역의 청년 유출은 자연스럽다. 교육·취업을 이유로 자의 반 타의 반 도시로 향한다. 반면 들어오는 이삿짐은 구경하기 어렵다. 귀농·귀향 등 귀촌 행렬은 고무적이나 일반적이진 않다. 가속화된 청년 증발을 벌충하기엔 턱없이 적고 뜸하다. 농촌은 청년인구에 목마르다.

농촌의 청년 증발 딜레마

이와 관련해, 지역복원의 주류 방법론 중 하나는 청년 유입을 통한 새 피 수혈이다. 젊고 활기차며 새로운 아이디어와 날렵한 실행력을 갖춘 청년을 통해 지역재건의 돌파구를 찾아보자는 차원이다. 지역활성화에 국한하지 않아도 청년 참여는 다양한 곳에서 요구된다. 그만큼 청년 특유의 내재적 · 잠재적 기대효과가 탁월하다. 고질적인 청년실업을 줄일 뿐 아니라 역동적인 에너지를 흡수함으로써 혁신적인 성과를 창출할 여지가 높다. 예전에 없던 새로운 시도일수록 청년 변수는 긍정적이다. 역사를 보면, 고인 물을 퍼내는 사회혁신은 늘 새로운 방식으로 문제를 해결하려는 청년 감각에서 비롯되었다.

도약과 정체의 갈림길에 선 한국사회도 지금 이대로는 곤란하다. 후속 세대에 길을 터주고 곁을 봐주는 어른으로서의 양심과 배려가 절실한 상황이다. 혁신은 이럴 때 실험된다. 미래를 맡을 인적자원으로서 청년은 달라질 뉴 노멀의 구축과 실행에 중요한 고려변수가 아닐 수 없다. 새 술은 새 부대에 담듯, 새로운 환경변화는 새로운 역할 주체와 연결될 때 악재를 돌파할 결정적 힌트를 얻을 수 있다. 따라서 청년 활용은 다목적 함수다.

지역재건 프로젝트는 특히 더하다. 청년 참여는 약방의 감초처럼 회자된다. '지역활성화+청년인재'의 자연스러운 연결 논리가 강조되는 것이다. 그도 그럴 것이 소멸 경고등이 켜진 지방권역일수록 청년 부재가 공통된 악재로 거론된다. 지역 쇠락에는 많은 원인이 있으나, 청년 부재만큼 근원적 · 구조적 상관변수는 없다. 뭘 하고 싶어도 사람이 없어 할 수가 없다는 푸념의 화살은 대부분 인적자원의 부족, 그중에서도 청년 인재의 결핍으로 모아진다. 실제 가파른 인구감소의 절대 지분은 청년인구의 자연감소 · 사회전출로 확인된다. 덜 낳고 더 떠나니 후속인구는 남아날 수 없다.

그나마 버티던 청년 인재는 황폐화된 지역 환경과 악전고투해보지만, 승패는 일찌감치 정해졌다. 교육 · 취업으로 인한 15~24세 청년 유출(1차적)이 다시 잔류 청년의 지역 포기(2차적)를 유발한다. 지역사회에 만연한 청년 증발의 악순환이다. 때문에 지역사회는 청년 정주를 간절하고 시급하게 희망한다.

그렇다면 방향은 2가지로 요약된다. 유출은 저지하고 유입은 확대하는 전략이다. 대개는 동시다발로 추진된다. 우선순위를 둘 만큼 시간 여유도 없고 따를 만한 선행 경험도 없어서다. 그럼에도 현실은 좀 다르다. 도시로의 청년 전출을 막기란 역부족이라 계속해 노력하되, 당장은 지역으로의 청년 전입에 가중치를 두고 공을 들인다. 청년세대의 '시골 → 도시'로의 사회전출은 교육 · 취업 등의 불가피하고 합리적인 판단 결과이므로 이를 되돌리기란 어려울뿐더러 수많은 선제조건을 구축해야 하기 때문이다. 떠나지 않고 살도록 하자면 그들이 원하는 도시 수준의 정주 환경을 제공해야 한다는 것이 대전제다.

가장 힘든 조건이 장기적 · 안정적인 일자리다. 이는 지역도 정책도 아닌 시장 · 기업의 역할인 탓에 읍소 이상으로 강제하기는 어렵다. 그보다는 시골살이의 의지와 희망이 확인된 도시청년의 유입 방책이 더 즉각적이고 현실적이다. 다양한 라이프스타일이 확산되면서 팍팍한 도시보다 한적한 시골을 원하는 청년이 늘어난 현상도 고무적이다. 잘만 유도하면 지역 활력의 중요한 에너지원이 될 수 있다.

선행 사례로 검증된 도시청년 시골살이

모범적인 선행 사례가 속속 발굴되고 있다. 한 사례를 살펴보자. 충북 증평군의 죽리마을이다. 빈집을 이용한 활성화 사업인 '새뜰마을사업(2014 년)'과 '귀농인의 집(2015년)'이 계기가 되어 지역활성화가 본격화됐다. 최대 성과는 인구유입이다. 마을주민은 2012년 125명에서 2021년 4월 150명으로 늘었다.

덕분에 인근에 위치한 초등학생은 2020년 84명에서 2021년 100명을 넘 겼다. 한 개였던 학급이 나눠질 정도로 활기를 되찾았다. 15채의 빈집도 사라지고, 특색 있는 공원과 새롭게 정주한 이웃으로 채워졌다. 변신에 성 공하며 관광객도 늘었다. 코로나가 한창이던 2020년 연 2,000여 명이 찾 아왔다. 2019년엔 4,000명을 찍었다. 빈집 주인을 찾아 설득하며 유휴공 간에 숨길을 불어넣은 덕이다. 별 볼 일 없는 한계 직전의 시골마을은 이 제 콘텐츠를 갖춘 귀촌마을로 업그레이드됐다. 귀촌·귀농을 꿈꾸는 이들 이 실험 삼아 살아보도록 한 프로그램이 주효했다. 시골살이 지원자들에 게 소중한 실험 공간을 제공한 것이다. 이곳을 거쳐 간 이들 중 지역주민 으로 눌러앉은 사례가 가장 흔하다. 이 사례를 뒷받침한 건 거창한 뭔가가 아니었다. 3040 외지 청년을 품어 안은 개방성과 포용력이다.

즉 소멸 위기의 농촌마을이 인구증가·활력증진에 성공한 비결은 사람 과 참여였다. 키맨 역할을 한 이장 등 적극적인 주민참여가 성과 창출의 원동력이었다. 혁신도시나 기업 유치에 따른 인구증가가 아니란 점에서 주목해봄직한 사례다. 유사 사례는 많다. 하동군, 함양군, 규암면(부여), 서천군 등 청년 유입과 지역재생이 결합한 케이스부터, 비록 인구증가는 아니나 청년전입이 인구감소 폭을 줄여낸 순천시, 의성군 등도 관심을 갖고 지켜볼 필요가 있다. 이 밖에도 모범적인 선행 공간은 많다.

이쯤에서 확인할 대목은 도시청년 시골살이가 크게 두 가지로 나뉜다는 점이다. 시골살이라는 결과는 같아도 동기가 되는 촉발점이 다를 수 있다. 이에 따라 성과도출 · 지속유지의 성패도 엇갈린다. 요약하자면 시골살이를 선택하는 이유는 자발성과 외부성으로 구분된다. 엄격한 구분은 힘들지만, 스스로 준비해 알아서 후보 지역을 찾고 필요 정보도 알음알음 직접 챙기는 경우가 자발성의 사례이고, 반대로 정책 지원과 기반 정비를 통해 도시청년의 의향 · 선택을 유도해내는 것이 외부성의 사례다.

당연히 자발적인 시골살이가 안착 확률이 높을 수밖에 없다. 본인 스스로의 선택인 까닭에 수많은 준비와 뜨거운 열정이 전제되어 시골살이의 완성도가 높아지기 때문이다. 정책이라는 당근에 혹해 감정적 혹은 순간적인 판단으로 러브콜을 받는 외부적 시골살이와 적잖이 비교된다.

갈수록 도시청년의 지역 정착 프로젝트는 다양해진다. 최근 뚜렷한 조류는 도시청년 시골살이가 일종의 정책 단위 메뉴로 제도화된다는 점이다. 정책지원을 통한 양적 기반의 결과 유도가 대세로 자리 잡았다. 사실 취약공간에의 청년 파견은 역사가 길다. 중국이 문화대혁명 때 지식인 · 간부 · 청년을 농촌지역에 파견한 하방下方 정책이 대표적이다. 시진핑 주석이 청년시절 7년간 토굴 생활을 했다는 배경도 하방의 결과였다. 결은 다르나 미국의 아메리코AmeriCorps도 비슷한 맥락이다. 연방 차원의 자원봉사 단체로 연인원 8만여 명의 도시청년(대졸 중심)이 전국의 빈민·농촌지역에 파견되어 일하며, 학비·생활비 등을 장학금으로 제공받는 구조다.

일본에선 지역부흥협력대地域おこし協力隊란 정책이 도시청년 시골 파견을 도맡는다. 노인·청년, 농촌·도시의 공생 해법을 위한 지역 살리기 프로그램이다. 2009년에 2040 세대 도시청년에게 최장 3년간 준공무원 신분을 부여하고 연봉 200~300만 엔을 지급했다. 주목할 만한 건 임기 종료 후에도 약 65%가 해당 지역에 정착한다는 통계치다(총무성, 2022년). 연간 6,000명 이상의 대원이 열도 곳곳에 파견된다. 보통은 1~5명 수준이나, 적극적인 지자체는 수십 명에 이르는 규모로 운영한다. 니이가타현 미조시는 2022년 52명의 협력대원을 받아들여 소멸 대응과 로컬리즘 실현의 주체로 활용하고 있다.

청년이 온다고 지역재생이 저절로 되지 않는다

한국도 본격적 대응에 나섰는데 '도시청년 시골파견제'가 대표적이다. 2017년 경북도청이 시작해서 2019년부터는 국가사업으로 승격됐다. 사업 아이템을 가진 도시청년이 경북에서 창업할 의향을 가진 경우, 공모 과정을 거쳐 1인당 3,000만 원을 최대 3년간 지원한다. 청년이 돌아오고, 청년이 만들어가는 지역을 지향한 것이다. 만 15~39세를 대상으로 하며, 지역활성화의 전 분야(창업, 창작, 지역사회 공헌 및 봉사활동 등)를 포괄한다.

여기에 중앙부처도 거든다. 행정안전부의 지역 주도형 청년 일자리 사업에는 지역정착지원형, 창업투자생태계조성형, 민간취업연계형이 있는데, 이 중 도시청년 시골파견제를 근간으로 한 것이 바로 창업투자 생태계 조성형이다. 서울시 등도 지역과 협약해 도시청년 지역상생 고용사업을 펼친다. 주 32시간 근무하고 8시간은 사회공헌 활동을 하는데, 월 220만 원을 지급받는다. 다만 지역기업 정보 부족, 업무 내용 불일치, 정주공간 확보 갈등, 낮은 보수체계 등으로 중간 이탈이 늘면서 제도 보완에 나섰다.

행자부가 지역단위와 함께하는 청년마을 프로젝트도 있다. 청년 유출방지와 도시청년 유입을 위해 거주·창업 공간을 지원해주는 사업으로 2018년 시작됐다. 목포시(괜찮아마을), 서천군(삶기술학교), 문경시(달빛탐사대) 등 세 곳이 대표적으로, 성과 확인 후 확대한다는 계획도 밝혔다. 독특한 것은 지방대학과 연계한 창업교육·학점인정이란 인센티브다. 지역의 전통산업과 특산물에 청년들의 기획이 들어가 창업 아이템으로 재탄생시키는 실험이 한창이다. 청년마을에 선정되면 1개소당 5억 원씩 지원된다.

이 밖에도 도시청년 지역 파견과 유사한 취지를 갖는 사업이 급증했다. 중앙부처·지자체·기업 등 정책 단위의 참여 확대로 비슷한 프로젝트가 곳곳에서 펼쳐진다. 제대로 되는 것도 있지만, 이름뿐인 사업도 적잖다. 한때의 유행처럼 번졌다 사그라들 그저 그런 정책으로 전락하지 않는다는 보장이 없다.

때문에 도시청년 시골살이가 애초의 지향점을 담보하도록 섬세한 제도 · 정책 업그레이드가 절실하다. 균형발전론을 그토록 부르짖었건만 그 결과가 역대 최대의 도농 불균형을 낳았다는 점이 반면교사다. 사업 초기라 평가는 섣부르나, 많은 지역에서 여전히 이렇다 할 성과를 내지 못하거나 삐거덕거리는 경우가 목격된다. 이왕 시작했고 방향도 긍정적이면 최대한 그 흐름과 분위기를 농익혀서 한계보다는 성과를 내도록 끊임없이 고민하고 실천하는 게 중요하다.

정리하면 도시청년 시골살이의 염려는 단순한 기우杞憂가 아니다. 약藥인 줄 알았더니 자칫 독毒일 수 있다는 우려다. 정주 실패가 야기할 새로운 지역문제가 그렇다. 전통시장의 청년몰처럼 재차 슬럼화되는 치명적인 딜레마를 막는 게 우선이다. 실제 일본의 지역부흥협력대만 해도 총론은 호평이지만 각론으로 들어가면 갈등이 적잖다.

일차적으로 청년의 문제다. 면밀한 준비 없이 상황 논리로 시골살이를 택하는 청년들이 적잖다. 호기롭게 덤볐으나 그 목적이 정주가 아닌 스펙이라면 시골살이는 징역살이와 마찬가지다. 사업 기간을 못 채우는 중도포기 · 중간이탈이 의외로 많다. 요컨대 도시청년의 시골 탈출이 만들어낸 먹튀 논란이다. 어정쩡한 기대와 태도는 냉엄한 지역환경과 만나 자포자기를 낳는다. 지역으로선 떠나버린 청년의 빈자리가 주는 황망함과 박탈감이 크다. 이들의 실패 경험이 쌓이면 지역사회의 배신감과 박탈감이 새로운 기회 지점조차 원천적으로 차단하는 부작용을 낳는다. 청년이 왔는데 오히려 나빠졌다는 잘못된 신호가 낙인효과처럼 퍼져서 이후의 사업에까지 악영향을 미친다. 따라서 '든 사람은 몰라도 난 사람은 안다'라는 격언을 유의할 필요가 있다.

지역도 문제가 많다. 도시청년이 내려온다고 지역재생이 저절로 일궈지는 건 아니다. 팍팍한 도시생활을 접고 시골살이로 새로운 삶을 꿈꾸는 도시청년의 도전 사례를 응원하기보다 악용하려는 시선도 적잖다. 일본의 경우 도시청년을 쓰고 버리거나 혹은 지나치게 간섭하고 부리려는 불량 지역에 대한 원성이 높다. 자율권과 선택권을 주지 않고 지자체가 톱다운으로 모든 걸 결정하려는 케케묵은 관성도 지적된다. 또한 방임과 무시도 도시청년의 에너지와 혁신력을 훼손한다.

때문에 어느 지역에 파견되느냐에 따라 사업성과가 현저하게 엇갈린다는 게 중론이다. 귀중한 시간을 허투루 썼다는 후기도 많다. 사람을 불렀으면 상응하는 환경 정비가 먼저인데 예산사업이니 무조건 따고 보자는 지역이면 희망은 없다. 또한 부업 금지로 임기 종료 후 호구지책이 단절되는 문제도 현실이다. 대부분 사업의 목적성을 잃어버린 경우다. 도시청년은 행정 조역이 아닌 잠재적 주민임을 자주 잊어버린다.

<u>정교한 조정이 관건, '청년×행정×지역'의 셈법</u>

결국 힌트는 현장에 있다. 이해당사자인 청년과 주민 등 현장의 목소리를 듣고 정책에 담아내 끝없이 재조정하는 방법뿐이다. 청년인구를 유치하려는 고육지책에 청년과 지역이 빠지면 무의미하다. 또한 도시청년의 욕구와 지역사회의 필요가 맞아떨어지지 않는 정책이면 곤란하다. 일례로 농사를 지을 생각이 없는데 농업창업자금 혹은 농지대출을 해주는 식이다. 취업 지원도 마찬가지로 단기계약직·인턴십 일자리는 도시청년의 욕구와 맞지 않는다. 전시행정의 사고체계가 낳은 엇박자다. 달라진 가치관을 지닌 청년들의 욕구를 책상머리 행정의 판단으로 충족시키긴 어렵다.

도시청년의 자질·능력, 지역행정의 체제·본심, 지역주민의 공감·협력이 각각 '청년×행정×지역'의 셈법으로 조화되는 것이 관건이다. 이것에 실패하면 미스매칭의 갈등만 낳고 예산과 시간을 낭비하게 된다. 치밀한 청년 의향 분석 및 매칭 작업이 대표적이다. 시골살이는 청년의 배경·의향·환경에 맞춰 정밀하게 연결할 필요가 있다. 청년이란 타이틀로 일반화하면 미세한 욕구를 정확히 반영할 수 없다. U턴(지방 출신의 도시 → 고향 이동), J턴(지방 출신의 도시 → 지방 이동), I턴(도시 출신의 도시 → 지방 이동)별

■ 청년창업 지역 정착 지원사업 주요 내용(경북)

구분	내용
지원금액	1인 기준 2,000만 원
지원대상	만 19~39세. 해당지역 외지 주소지 등록자. 해당지역 청년은 외지인과 팀으로 참여가능.
지원내용	• 사업화자금: 일반운영비·상품화개발비·기자재임차료·공간임차료·인테리어비 등 필요경비 • 교육 및 멘토링: 지역정착 및 사업화 과정에 필요한 교육제공(연 12시간 이상 교육이수) • 판로지원 및 사후관리: 지역사회 및 민간자원 연계. 지속적인 지역정착 위한 다양한 지원

자료: 경상북도경제진흥원

구분	2009년	2011년	2014년	2017년	2019년	2021년
대원(명)	89	413	1,629	4,976	5,503	6,015
지자체(개)	31	147	444	997	1,071	1,085
주요 내용	• 약 40%는 여성, 약 70%는 2030세대, 임기종료 후 65% 지역정주 • 사업주체는 지자체, 활동기간 1~3년(필요시 2년 상한 가능) • 정주사례 중 41%는 창업(음식서비스 · 숙박업 · 예술가 · 소매업 등), 39%는 취업(행정기관 · 관광업 · 농림어업 · 마을재생 등). • 지원: 중앙정부 특별교부세(1인당 480만 엔 상한), 총무성 2억 4,000만 엔 예산(2022년)					

자료: 一般財団法人 移住 · 交流推進機構(JOIN)

로 눈높이는 달라질 수밖에 없다. 지역 역시 고유한 환경과 산업별로 재생 과제의 순위는 제각각이다.

정리하자면 지역활성화가 단기사업형 프로젝트로 끝나서는 곤란하다. 지역 정주가 가능한 궁극적인 기반 조성이 중요하다. 청년을 부르는 것만큼 살도록 해주는 것도 결정적이다. 많은 지역에서 전가의 보도처럼 활용하는 지원금 직접 지원 방식은 지속적이지 않다. 돈은 사람이 아니라 일자리가 만들어지는 데 쓰여야 한다.

어차피 농산어촌 등 지방권역은 고용시장이 제한적이다. 도시처럼 하나의 일자리로 살아갈 수 없다. 도시의 전문 · 특화 고용보다는 소직종 · 소량고용의 형태로 다양한 일을 그때그때 수행하는 변량직종 · 변량고용이 현실적이다. 따라서 변량고용에 맞는 일감을 창출하고 확대해 청년 노동을 재생산하는 게 바람직하다. 그러자면 지역사업은 지역 내부에서 혁신이 일어나고 협력이 강화되는 방식으로 이루어져야 한다. 청년 개인에 초점을 맞추기보다 지역 일감의 지속 여부가 관건이란 얘기다.

이때 중요한 것은 지역 착근적인 토종 사업자들의 플랫폼화다. 프랑스의 사업공유협동조합이 선행 사례다. 지역사업자 간의 연대와 협력은 거대 기업의 담합이나 과점과는 다르다. 무엇보다 청년고용이 창출한 가치가 지역 내부에 잔류 · 환류되어 역외 유출의 우려가 없다. 지역에서 돌고 도는 순환경제의 실현에 우호적이다. 공공 · 복지 · 참여 · 민주 등 복잡한 용어를 앞세우지만, 지역복원의 본질은 결국 하나일 수밖에 없다. 최대한의 지역주민이 최대한의 생활 행복에 닿는 것이다.

세상은 변하고 상식도 변한다. 겸손하게 새로운 시대의 사고방식을 존중하고 변화해야 활로가 열린다. 도시청년의 시골살이는 이제 시작이다. 당위성은 확인됐다. 이제 지속적인 성과 창출이라는 본질을 고민해야 한다. 왜 도시청년과 시골살이가 하나의 시대 의제로 부각되었는지 곱씹어 볼 때다.

200미터 넘어 400미터로
로컬리즘 실행 퍼즐

로컬리즘의 실행 방식은 참으로 다종 다양하다. 지역복원 자금의 출처, 사업의 주체, 사업내용별로 제각각 펼쳐지는 게 일반적이다. 누가, 무엇을, 어떻게 하느냐에 따라 로컬리즘의 실천 모델은 달라진다는 뜻이다. 특히 갈수록 경직된 접근방식에서 벗어난 확장적 사업체계가 목격된다. 도농균형을 위한 지역재생의 명분과 실리가 공감되며 그 의의와 지향에 동의하는 민간 단위의 플레이어도 적극적이다. 중앙정부·예산투입형 프로젝트와 구분되는, ESG의 흐름에 올라탄 영리조직의 협력·지원 사업이 대표적이다. 드물지만, 지역 자체에서 스스로 재생 성과를 내려는 내발적·자생적인 사업 형태도 확인된다. 바람직하고 고무적인 흐름이다.

그간의 독과점적인 사업체계가 빚어낸 시행착오를 벗어나려는 반성 차원이자 투입·산출의 가성비를 높이려는 합리적·효율적인 접근 방식이다. 균형발전의 실천전략으로서 로컬리즘은 종류·방식·과정에 제한을 두어선 안 된다. 지역활성화의 취지만 확인·공유된다면 최대한 수많은 행위 주체의 다양한 복원 실험이 권고된다. 중앙의 예산 주도형 인프라 사업도 정합적이면 꼭 비판할 필요가 없다. 엄밀한 수요조사와 기대효과를 전제로 행정의 기능·역할이 요구되면 적극 활용하는 게 좋다. 단 방향성은 직간접적인 다중 이해관계자의 전체 참여를 지향해야 한다. 특히 그동안 로컬리즘 실현 현장에서 제외·배제된 민간 주체의 발굴·독려·참여가 중요하다.

주지하듯 행정 주도의 한계는 뚜렷하다. 투입 대비 산출되는 효과의 가성비가 낮을뿐더러 사업 종료 후의 혈세 낭비까지 거론된다. 처참한 성적표의 재생사업도 적잖다. 그만큼 새로운 작동체계·사업주체로서의 탈脫행정, 향向민간의 전략이 설득력 있다. 적어도 행정 주도에서 벗어나 민간 주체에 힘을 싣자는 논리다.

이로써 방점은 민간으로 향한다. 중앙의 정책·예산을 보완하고 대체할 새로운 플레이어로서 '민간 주체를 어디서 어떻게 찾을까'의 문제다. 전에 없던 발상의 전환인 까닭에 낯설고 쉽잖은 의제다. 가시적인 것은 복원사업의 가치사슬에 촘촘히 결합된 강력한 이해관계자인 지역주민과 지역조직이다. 다만 여기서 그치면 상상력의 부재일 것이다. 민간은 생각보다 광범위하며 다각적인 층위와 범주를 갖기 때문이다. 지역과 무관한 개별·

집합적인 민간 주체도 얼마든 복원 주체가 될 수 있어서다. 활성화로 번질 착화제만 제공한다면 누구든 민간 주체로서 자격이 있다.

행정을 벗어나 민간을 향하다

이와 관련해 재미난 실험 현장이 있다. '외부민간+지역공간'이 연결된 복원사업이다. 그중 일부는 모범적인 사례로 확산되면서 민간 역량의 새로운 가치를 심화시켰다는 평가다. 공공성만 내세운 비효율적인 행정 방식이 아닌 데다 영리성에 천착해 수익 창출만 좇지도 않기에 긍정적 차별성을 갖는다. 대표적 모델은 쇠락마을의 거점 공간부터 복원해 활성화의 가치를 조금씩 확대하는 방식이다. 작은 공간 단위부터 되살려 사람이 오가고 돈이 돌고 활기를 되찾게 하는 실험 차원이다. 관성적인 관官에서 비켜선 일종의 풀뿌리형 사업모델로 다양한 민간 참여가 전제된다.

아쉽게도 지역주민의 사업 주도는 보기 어렵다. 아직은 외부자금의 수혈에 힘입은 지역 외부의 혁신적 민간 그룹이 도모하는 프로젝트가 일반적이다. 물론 활성화의 거점 공간 구축 사업이 일단락되면 자연스럽게 지역과 주민 참여로 이어질 것이 기대된다. 현재로서는 쇠락 위기에 내몰린 지역 내부의 역량과 열정이 부족한 상황이다.

지역활성화의 고정관념을 버릴 때다. 하드웨어 중심의 거창한 대형 사업이라는 환상에서 벗어나야 한다. 행정·재정의 예산 투입 없이는 사업 불가라는 맹신적인 주술도 마찬가지다. 사실 이런 방식은 높은 허들로 인해 지역 내부에 머무는 낙수효과가 없고 흉물화될 우려마저 있다. 사업은 있고 주민은 없다는 딜레마도 이미 경험했다.

결국 활기찬 지역복원은 명분보다 실속이다. 대형 사업이 모두 불필요하진 않겠지만, 그에 견줘 소소한 복원 사업도 겸비해야 완성도가 높아진다. 겉이 화려해도 속이 영글지 못하면 아무 소용이 없다. 사업 단위가 작고 좁다고 해서 체감효과가 작지는 않다. 잘 안 보이는 소프트웨어 프로젝트가 지역 혈류에 더 좋을 수도 있다. 작은 것도 쌓이면 강해진다. 어쩌면 소소한 공간 단위 복원 실험의 성공을 쌓아가는 것이 더 중요하다. 성공 경험의 환류야말로 독립적·내발적 지역복원의 핵심 변수다.

한국보다 지역활성화의 선험경로와 시행착오가 많았던 일본도 갈수록 민간 주도의 거점 활력 프로젝트로 정리되는 분위기다. 천문학적인 재생 비용의 투입에도 불구하고 지역소멸의 파고에 휩쓸리며 배운 쓰라린 교훈이다. 정책·예산에서 벗어난 자생적인 풀뿌리형 마을만들기는 지역 단위의 거점 공략으로부터 비롯된다. 이때 투입되는 민간은 정부를 뺀 총합 개념이다. 지역활성화의 콘셉트와 실행에 필요한 지역 내외부의 가용 가능한 민간 주체를 최대한 아우르는 형태다.

필요하면 시장가격에 맞춰 민간 전문가까지 초빙한다. 아예 임직원이나 파트너 형태로 영리적인 전문가 집단을 흡수하는 사례도 적잖다. 시대 의제인 ESG를 실천하는 차원에서 지역 응원을 위한 기업의 자금 지원부터 본업(밸류체인)까지, 소규모 거점 확보형 프로젝트를 내재화하는 경우도 생겨난다. '기업 지원(자금)+민간 전문가(외부)+지역주민(내부)'이 합쳐진 거점

공간 조성 실험으로 요약된다.

약자를 위한 역전 전략, 란체스터의 법칙

'란체스터Lanchester의 법칙'은 약자를 위한 역전 전략으로 유명하다. 도시
보다 자원이 부족할 수밖에 없는 농산어촌 과소지역이 채택해볼 만한 논
리다. 제1법칙은 약자의 전략답게 '무기성능×병력수'의 효과 극대화를 꾀
한다. 적은 병력에 낙담하기보다 투입 자원의 성능을 높여 경쟁하란 뜻이
다. 제2법칙은 전형적인 강자의 전략이다. '무기성능×병력수'의 제곱 비
율(N승)로 승부가 갈리기에 병력수가 적으면 압도적 패배가 불가피하다.
거대 자원을 보유한 대기업의 전투력이 여기에 해당된다. 때문에 로컬리
즘 현장에서는 제1법칙이 유용하다. 규모·범위의 경제에 익숙한 도시의
방식을 좇기보다는 적은 병력수를 인정하고 무기의 성능을 높여 약자 역
전을 노리라는 메시지다.

전략·전술만 유효하면 절대 승자는 없다는 뜻이다. 대결의 규모와 방
법이 바뀌면 싸움의 본질과 승률이 달라지기 때문이다. 2차 세계대전을 비
롯한 역사적 전쟁에서 추출된 공통의 경험과 이론이라 설득력도 높다. 지
금은 마케팅 현장에서 상식처럼 통하는 접근법으로 알려졌다. 제1법칙을
강소기업의 이기는 전략으로 평가하는 배경이다. 절대 강자의 N승과 맞
서는 무모한 양적 투입보다는 실체적인 성능 기반의 경쟁력을 극대화하는
접근법이 필요하다. 즉 열위 공간인 데다 한정된 자원이지만, 어디에 어떻

게 투입하느냐에 따라 역전 스토리도 가능하다. 소수 · 약자라고 절대적인 비교열위는 아닌 것이다. 비대칭전력의 수립 · 실현이 관건이다. 약자가 이기려면 빈틈을 노리고 장점을 극대화하는 선택과 집중뿐이다.

최근 지역 단위에서 란체스터의 법칙이 꽤 빈번하게 거론되는 분위기다. 중앙 · 예산만 좇던 수동적 · 관행적 과거 체계에서 벗어나려는 새로운 움직임과 일맥상통한다. 탈脫 행정주도의 지역복원을 위한 혁신실험을 뒷받침할 강력한 논리로 활용된다. 주민주도이든 기업지원이든 청년중심이든, 지역재생을 향한 달라진 접근체계를 말할 때 란체스터의 법칙이 투영된 논리와 가치 창출이 빠지지 않는다. 즉, 유일무이의 온리원Only One 가치를 지향하는 것이다. 어디서도 찾기 힘든 차별화된 지역복원이다. 거대도시 · 경쟁지역의 범용 모델을 벤치마킹하는 것을 멈추고, 냉정한 지역분석을 토대로 독특한 비교우위를 발굴 · 투입해 선택과 집중을 통해 차별화하라는 의미다. 지역 자체의 매력적인 독자노선을 택할 때, 부족한 병력수를 극복할 복원사업의 경쟁력은 강화되는 법이다.

활성화를 위한 지역복원의 첫 단추 중 하나로 '200미터론論'이란 접근법이 주목된다. 과소 · 한계 지역이 초기 단계에 무엇을 어떻게 해야 할지 고민스러울 때 챙겨볼 만한 실행체계다. 정답은 아니라 해도 꽤 유효한 실천전략이다. 200미터론은 한국보다 복원 경험이 많은 일본의 원도심 활성화모델로 제안된 개념이다. 원도심을 사람과 돈이 왁자지껄 몰려들던 전성기 때로 복원하기 원하는 한국에도 유효하다. 200미터론은 란체스터의 법칙인 약자 역전을 위한 구체적인 기초 전술부터 시작한다. 일본의 경험을 보건대, 작지만 소중한 거점 공간부터 시작해 200미터로 확장하며 복원 성과를 낸 경우도 많다. 지금은 원도심 활성화 작업의 표본으로 일컬어지 며 곳곳에서 벤치마킹이 잇따른다.

공간 → 지구 → 거리를 잇는 200미터 이론

200미터론은 일종의 지역복원 밸류체인이다. 투입 시점부터 활동과 성 과를 연결해 나가는 확장적 접근방식을 취한다. 세분화된 '점 → 선 → 면' 의 가치 연결을 '공간Space → 지구Area → 거리Downtown'로 적용한다. 즉 공 간이 10개 조성되면 1개의 지구가 완성된다. 지구가 10개로 늘어나면 거 리는 저절로 북적인다. 10개의 거점 공간에서 시작된 1개 거리를 포괄하 는 면적 범위가 바로 200미터론이다(『まちづくり戦略 3.0』).

요약하면 가장 먼저 해야 할 단계는 공간 확보다. 사람을 모으고 찾아오 도록 만들 거점 캠프가 필요해서다. 집객 공간이자 활동 거점이 탄탄해질 수록 복원 작업은 수월한 법이다. 경험자들은 알겠지만, 사실 사람을 모으 는 게 가장 힘들다. 가뜩이나 자연감소 · 전출증가로 정주인구가 적은 농 산어촌에서는 사람 한 명이 귀하고 중하다. 때문에 누구든 상관없다. 현지 주민이든 외지인이든 거점 무대로 찾아들면 절반의 성공이다. 지도에 꽂 은 핀처럼 중심공간Center Pin이 알려지면, 외지인조차 단순 관광을 넘어 지 원 세력으로 품을 수 있다. 관광객 이상, 정주인구 미만의 '관계인구'가 대 표적이다.

거점공간은 200미터론의 출발지다. 새로운 건물 · 공간을 만들기보다는 기존 공간을 재구성해 복원작업의 축Pivot으로 삼는다는 의미 부여가 바람직하다. 발길을 자연스레 유도해볼 만한 원도심의 점포 혹은 공공시설이 후보군이다. 발길을 부르는 유인은 무엇이든 제한하지 않는다. 어떤 이유든 찾아와 북적대는 게 좋다. 즉 거점공간의 활동 양상은 다종다양하다. 먹거리 · 마실거리를 팔아도 되고, 쇼핑 · 독서 · 회의 · 운동을 하는 공간이어도 괜찮다. 남다른 경관을 감상할 수 있는 곳에 벤치를 두어 쉬도록 해도 된다. 많든 적든 찾아오면 자연스럽게 경제활동이 시작된다. 수요는 벤치 하나로부터 확장되는 까닭이다. 그렇다면 '벤치설치 → 동선증가 → 욕구창출 → 대응공급 → 신규기회'도 기대된다.

200미터론에 따르면 지역복원은 작은 출발과 점진적 개발Small Start & Slow Development이 강조된다. 최소 단위인 거점공간에 활력을 불어넣는 최초의 실험이 중요하다. 단 유일무이 온리원의 독자노선이 관건이다. 최초의 활력은 단독적이거나 분절적이기보다 유기적 · 집합적으로 확장된 지역 차별성의 가치를 제공하는 것이 바람직하다. 지역에 존재하는 강점을 살리고 약점을 뒤집어 활력을 창출할 수 있도록 배치하자는 취지다. 기존의 대규모 복원사업보다 단순하고 쉬우며 무엇보다 위험이 적다. 일본 사례를 종합하면 시간은 걸려도 성공 확률은 높다. 추진 주체도 작은 지역 단체 혹은 개인 차원이어도 좋다.

지역복원은 떠들썩할 필요가 없다. 큰 실패를 피하고 조금씩 성장하는 접근이 유효하다. 즉 천천히 시간을 갖고 많은 이들이 찾도록 차별적 가치를 발굴·활용하는 게 정석이다. 허들이 낮을수록 비용은 줄고 수고도 적다. 보통은 복원 계획만으로 우왕좌왕하기 십상인데 허들이 낮으면 실행이 손쉽다. 비용이 적게 든다는 것은 대단한 메리트다. 중간에 흔들려도 유연한 방향 전환 혹은 대안 모색도 수월하다. 저부담의 사업은 아군과 지지세력을 모으기도 편하다. 서로가 부담이 적으니 가볍게 방문하고 협력할 수 있다. 이 정도면 반대파도 넘어온다.

공간 집객 효과가 확인되면 지구 단위로의 확장을 위한 추가적인 토지·건물의 확보는 자연스럽다. 복원되면 지역 전체에 이익이 돌아가서다. 당연히 소유자·관리자의 이해 조정도 쉽다. 무리수가 없으니 지속성은 당연하다. 따라서 공간 활용은 단기의 수익보다 장기 가치를 위한 긴 호흡이 좋다. 비교우위를 담보할 차별적 전략과 독자노선을 단기간에 갖추기는 힘들다. 공간에 관여된 다중 이해관계자의 신뢰와 협력이 필수다.

400미터 도보형 직주락 생활마을

약자 역전의 독자노선을 강조한 란체스터의 법칙은 역발상의 전형이다. 영업이나 상권의 구조·모델화로 숱한 성공 스토리를 써온 일본은 이를 지역복원에 투영했다. 대도시·대기업에 맞서며 독자 생존의 혁신 실험을 강조해온 일본의 지역사회가 좌충우돌 속 차별 전략을 발전시켜온 경위다. 200미터론은 물론 그 확장 버전인 400미터론을 제안한 배경이다. 성공 사례들은 모두 지역의 특수성이 올곧이 반영된 차별적인 거점 공간에서 출발한다. 가벼운 시작이 탄탄한 거리를 완성하는 기본 원칙임을 잊지 않는다. 장기적 호흡은 불문가지다. 예산으로부터 역산해 창출할 가치를 제한하는 원가 사고를 버리자는 의미다. 대신, 지역복원의 창출 성과를 무한대의 값으로 매겨 차별성을 극대화한 가치 사고로 접근하기를 제안한다. 이는 차별적이고 유의미하면 시장 논리 이상으로 값을 매겨도 지불한다는 경험에서 비롯된다.

400미터론은 찾아온 사람이 유유자적하며 산책과 여유를 즐길 수 있는 거리에서 시작된다. 지역복원에 필수 불가결한 요소인 사람을 불러 모으는 매력 지점을 배치할 중점 공간이란 의미다. 상업지(상권)를 초월하는 공간 개념으로 공원 · 광장 · 호텔 · 주택가 등도 포함된다. 400미터 반경에 지역 차별적인 매력 요소를 곳곳에 용해시켜 직주락職住樂의 완성도를 높이는 식이다. 자칫 문화와 생활이 부재한 상권 일변도의 거리 재생은 경계된다. 놀랍게도, 실제 일본의 선행연구를 통해 활성 지역의 대다수가 400미터론에 충실한 것으로 나타났다(『これからの都市ソフト戦略』). 도보권역에 다양한 요소를 응축시켜 지역 문화의 색채를 입히고 복합 발상을 통한 유일무이의 매력 창출에 성공한 사례다. 고용 현장職부터 식당食, 유희遊, 학교學, 집住, 병원醫 등이 지역복원 핵심 요소로 총망라된다.

심장이 뛰는 거점공간과 확장된 거리를 만들기 위한 전략 단계는 구체화된다. 지역복원을 위한 단계별 밸류체인은 다양하다. 대개는 기획, 실행, 복기(평가)로 요약된다. 400미터론은 이를 도시 공간의 소프트 전략으로 칭하며 4단계를 제안한다. '미래상Visioning → 디자인Concept → 공간배치Zoning → 역할분담Leasing'의 단계다. 즉 거리 복원의 100년 후를 그리고, 누구나 공감하는 개념과 슬로건을 콘셉트로 디자인한 뒤, 이를 실현할 필요와 역할별로 공간을 배치한 후, 테마·기능을 실행할 주체를 정하는 식이다. 특히 공간 운영의 실행 주체는 업종 구성과 점포 배치를 종합적으로 고려해 차별성을 유지한다. 문호는 열되, 콘셉트에 맞지 않으면 합류하지

■▪ 400미터론의 단계별 실천전략

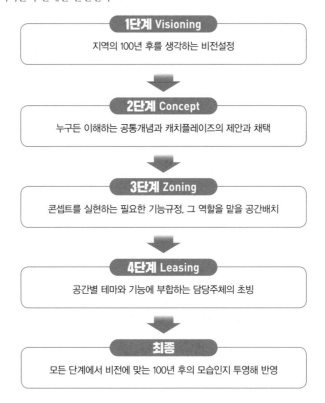

1단계 Visioning
지역의 100년 후를 생각하는 비전설정

2단계 Concept
누구든 이해하는 공통개념과 캐치플레이즈의 제안과 채택

3단계 Zoning
콘셉트를 실현하는 필요한 기능규정, 그 역할을 맡을 공간배치

4단계 Leasing
공간별 테마와 기능에 부합하는 담당주체의 초빙

최종
모든 단계에서 비전에 맞는 100년 후의 모습인지 투영해 반영

자료: 藤後幸生(2019), 『これからの都市ソフト戦略』, KADOKAWA, p.159

기존의 마을만들기	약자의 마을만들기
1. 도시계획 종합계획 · 마스터플랜 작성	**4. 룰의 제정** 양질의 서비스 · 기능이 파급 · 연쇄해 지속되도록 제도와 구조수립
2. 설비단계 시가지재개발 · 토지구획 정리사업의 입안	**3. 공간과 운영의 설계** 지속가능한 사업계획에 맞는 토지풍경이 될 공간디자인의 검토
3. 관리단계 도공법 · 공원 등 공물관리법의 제정	**2. 역할주체의 발굴 · 육성** 자유 · 책임의 이념하에 양질의 서비스가 제공되는 사업자 발굴
4. 활용단계 설치허가제도와 지정관리자의 정비	**1. 솔루션의 검토** 일상생활의 풍요롭고 새로운 기능 · 서비스의 제공 · 개발

이용자의 잠재적인 니즈 · 욕구

자료: 小林大輔(2021), 『まちづくり戦略3.0』, かんき出版, p.29

않는 게 낫기 때문이다.

200미터론 역시 4단계로 구분된다. 다만 400미터론보다 협소한 개념답게 보다 구체적이고 체감이 쉽다. 1단계는 해법 검토다. 일종의 콘셉트 만들기로 '어떤 마을을 만들 것인가'의 전체 설계에 해당한다. 주민별, 지역별로 차별화된 라이프스타일을 복원사업과 연결해 이미지화한다. 유휴공간 · 홍보확대 등 지역자산과 공감 획득에 주목하는 단계다. 2단계는 '누구

거대한 지역설정보다 '사람이 모이는 장소'부터 시작

Place
10개 이상의 활동(Activity)이
집적된 장소

 지인과의 잡담

 스포츠활동

 엔터테인먼트의 만끽

 음악의 연주 · 청취

 맛있는 식사탐닉

Area
10개 이상의 Place가
집적된 장소

 항만지구

 종교경내

 공원

 노지(거리)

Town
10개 이상의 Area가
집적된 장소

 상점가

 교통거점지구

 비즈니스 거리

 주택지

자료: 小林大輔(2021), 『まちづくり戦略 3.0』, かんき出版, p.40

를 모을 것인가'의 사람 문제로 요약된다. 운영할 소수 핵심자와 이용할 다수의 지지파를 통해 리더를 정하고 통일된 콘셉트와 디자인을 확정한다. 사업주체로는 행정 의존(보조금)보다 지역업체와의 연계를 강조한 게 독특하다. 거점공간의 후보로는 일상품의 구매 공간인 슈퍼마켓(마르쉐)이 권유된다. '방문 → 구매 → 교류'의 과정에서 연계사업이 발굴되고 이는 다시 '고객 → 단골 → 동료'로 확장될 수 있기 때문이다. 이른바 당사자성의 가치 확대다. 이때 호평보다는 불만에 주목해야 한다. 욕구 해소가 사업 기회인 까닭이다.

3단계는 공간 조성 및 운영 방식에 방점을 찍는다. 중요한 건 '공공성+영리성'을 지키되 방향성은 '공공성 → 영리성'으로 무게중심을 전환해야 한다. '이익창출 → 재투자 → 신규사업 → 지속가능'의 연결고리를 위해서다. 공간 조성의 전제조건은 면밀한 사업 검토다. 매출액·체재시간·재방문율 등을 구체화해 이에 맞는 공간이 구성되도록 재구성하는 방식이다. 사업목표는 '집객수×비이탈률×객단가'의 최대화다. 동시에 음식·숙박·교통·구매 등 총수요가 공간 내부에서 완결되게 하는 것보다 연결된 거리의 외부 공급으로 설계할 때, 지역 전체의 순환경제도 달성된다. 최근 인기인 분산형 호텔처럼 거리 전체에 호텔 기능을 분점하는 형태다. 무료 공간 및 자녀 동반을 위한 배려도 장기적인 이익에 우호적이다.

4단계는 방향성을 설정하는 원칙 수립Rule Setting이다. 200미터론은 여기서 3가지를 강조한다. 우선은 룰을 준수하기 위한 상시적인 교육 강화다. 운영 과정에서 룰이 파기되면 필패할 수밖에 없어서다. 운영 주체의 정기적인 교체도 중요하다. 고인 물은 신선할 수 없다. 멤버 교체로 원활한 신진대사를 확보하는 차원이다. 마지막은 일정 품질의 유지·관리·운영을 위한 매뉴얼 작성과 실천이다. 제품·서비스의 품질이 오락가락하면 만족과 감동은 줄어든다. 최대한 표준화된 가치 제공을 위해서는 매뉴얼의 준수가 관건이다. 200미터론이 완성한 거리 관리Area Management의 특징은 다음과 같다. △마을은 만드는 게 아니라 길러내는 것 △행정주도가 아닌 주민·사업주·지권자 등 주체 활용 △이들의 연계·협력을 통한 의사결정 △일정 지역을 대상으로 할 것 등이다. 행간에서 읽히는 공통점은 하드웨어에서 소프트웨어로의 전환이다.

풀뿌리 지역자원

약한 여럿의 강한 경제

잠재적 자원을 좇아 서울·수도권으로 향하는 행렬이 심각하다. 문제는 활발한 사회이동이 급격한 출산감소를 낳는다는 점이다. '고출산지 → 저출산지'의 대거 이동은 출산감소를 심화시킨다. 전남이나 강원(출산율 0.97명)이 그나마 선방해도 늘 평균(0.78명)을 갉아먹는 서울(0.59명) 때문이다(2022년). 이로써 도농격차는 더 벌어진다. 균형발전이 인구문제뿐 아니라 고용·주거 등 자원 왜곡을 해소할 우선 과제로 떠오르는 이유다. 인구·자원이 덜 떠나도록 지역환경을 개선하자는 취지다. 무엇보다 직주락職住樂의 경쟁력과 매력도를 높여야 지역정주가 실현된다.

해봤는데 안 먹힌다면 다른 접근법을 찾아야 한다. 관성보다는 혁신이다. 기업유치·행정도시 등 외부자원 의존 모델과 함께 자력기반·지역순환을 위한 내발적 로컬리즘이 필수다. 지향은 지역화다. 지역 내부에서 착화탄을 발굴하고 조성해 재생 화력을 키워야 한다. 그래야 정주형 지역 잔류와 고향 귀환의 방아쇠가 가동된다. 방치되고 소외된 지역의 자원을 의사결정·사업과정에 투입해 로컬리즘을 키워내는 게 포인트다.

골목상권의 모세혈관이 막히면 지역 전체의 대동맥에 문제가 생긴다. 늦기 전에 뚫어야 지역소멸·인구감소의 전염 확산을 막고 생존 기반도 지킬 수 있다. '작은 여럿의 강한 경제'가 근본 처방이다. 즉 로컬리즘형 지역발전이다. 지역형 개별성·특수성을 강화한 번영 모델이 시급하다. 다시 말해, 차별화된 본토 지향을 최대치로 끌어낸 본토 스타일의 제안이다. 지역화로 시작해 세계화로 귀결되는 '지역화+세계화=세방화Glocalization'도 무게중심은 전자에 실린다. 지역화야말로 로컬리즘의 토대이자 전부란 얘기다.

관건은 콘텐츠로 압축된다. 아쉽게도 아직까지 많은 방책은 외부 사례에 의존한다. 입소문만 돌면 선구지역 탐방 행렬이 끝없이 이어진다. 수업료를 줄이면서 효과성을 키운다면 나쁠 게 없다. 단 무조건적인 '복붙(복사 후 붙이기)'은 곤란하다. 복제에의 유혹은 인지상정이나 손쉬운 표절은 덧없다. 예산낭비·지역피폐의 또 다른 자충수를 낳을 뿐이다. 어설픈 벤치마킹의 상처는 두고두고 부담으로 작용한다. 광역화·전국화에 감동받을 수요는 없다. 행정·예산처럼 '보이는 손'이 빠지면 반짝 효과는 바로 끝난다.

인구소멸과 로컬리즘

차별적인 콘텐츠는 많다. 흔해 빠진 열등재라 자조하며 방치한 지역의 한계조차 역발상의 틈새전략이면 훌륭한 재생자원이 된다. 특화된 스토리로 화제를 모은 로컬 브랜드의 영리 실험도 있다. 대량생산·전국유통이 아닌 변량생산·지역소비의 가치성과 잠재력은 이미 검증됐다. △획일화·표준화 전국산업 → 개별화·다양화 지역산업 △대규모 장치 우위 → 지역형 순환 중시 △철저한 비용절감 → 연결적 순환가치 △연쇄적 하청의존 → 자율적 연계 융합과 같은 관점의 전환이 중요하다. 이때 콘텐츠는 특수한 지역자산이다. 중앙정책·예산의존의 중후장대형 거대산업보다 지역주도·토종산업의 경박단소형 강소업종이 좋다. 통제할 수 없는 외부환경에 휘둘리는 불확실성을 없애고 지역 자립의 가치복원과 순환경제도 기대된다.

지역에 숨겨진 보물은 많다. 자연·구조·문화·사회·경제자산 등 특화할 후보를 발굴해 재발견의 숨결을 불어 넣으면 된다. 지역·계절·문화성을 활용한 음식·주거·환경·경제 등을 개성적인 산업구조로 형성해 일상소비·외부집객을 늘리는 접근이 바람직하다. 지산지상地産地商이면 부가가치의 지역잔류도 실현된다. 재정지원·기업유치가 마중물로는 좋아도 그것이 지역 내부의 산업과 연관되지 못하면 곤란하다. 지역 내부의 성장 보물을 탐색·발굴해 산업화하는 내발적 발전모델의 핵심이다. 이것이 지속가능한 영리모델이라면 지역은 손쉽게 재생된다. 보물을 구슬로 꿴 덕이다.

로컬지역은 강소경제의 완결무대

지역색은커녕 만족과 감동이 없는 로컬리즘은 발길과 응원을 끊는 자충수다. 남는 건 전시사업의 실적과 서류뿐이다. 다행스럽게도 최근 '청년인재+지역공간+특화제품'이 뭉쳐 일궈낸 지역화의 실험들이 주목된다. '로컬라이징'이란 타이틀로 청년창업 · 기업지원(ESG) · 지역공간이 협업해 소멸 경고를 활력 토대로 전환하려는 움직임이다. 시범모델을 넘어 유사한 사업이 확대되고 있다. 유의할 것은 지역특화를 올곧이 담아내는 차별화다.

논란의 전통시장 청년몰처럼 인위적 · 외부적 작동체계는 무늬만 지역화다. 자생력이 담보된 지역화가 절실하다는 의미다. 소문난 호평 사례를 경쟁하듯 베끼고 퍼 나르던 관성으로부터의 탈피가 먼저다. 자립형 역내 가치와 교역형 순환경제의 실현 공간이 되게끔 지역자원을 총동원해 차별화를 이루어야 한다. 성심당 빵집이 화제인 것은 대전을 고집한 지역화에 있다. 대전에 오지 않으면 성심당 빵을 못 사는 지역 한정판 프리미엄이 구매가치를 높였다. 어디에서든 팔면 편리함은 얻어도 특별함을 잃는다. 해서 고객은 빵보다 가치를 사는 데 의의를 둔다. 지역화가 갖는 매력과 지지의 교환구조인 셈이다. 바로 가치소비다.

로컬라이징도 완성까지는 갈 길이 멀다. 훌륭한 매력 자산으로 지역성의 화두 발굴까지는 바람직한 방향이다. 밖에서 들여온 불안한 혁신과 다르다. 외부 사례는 참고하되 추종은 곤란하다. 지역화야말로 잊어버린 혹은 방치된 매력과 가치를 부각시킬 혁신모델의 출발지다. 유효한 혁신은 익숙한 공간에서 나온다. 외부의 유혹에서 벗어나 지역가치를 브랜드로 만드는 게 관건이다. 지역성이 진하게 젖어든 작은 혁신 실험이 반복될 때 차별적인 지역모델이 창출된다. '지역 → 혁신'으로의 변신을 위한 치열한 고민과 철저한 분석이 전제된다.

지역화에 착근한 부활 전략은 명분과 실리의 양수겸장에 부합한다. 의존적인 개발 관성에서 벗어나 스스로 잘 사는 방식을 되찾는 과정인 까닭이다. 외부 지원이 끊겨도 홀로서기의 경험·논리만 공감·활용되면 내발적 순환가치는 실현된다. 어쩌면 '지역은 지역이 만든다'라는 당연한 본질에 닿는 과정이다. 현대화·도시화·산업화의 파고 속에서 잃어버린 지역의 힘과 에너지를 되찾는 일이다. 자본의 집중·표준 전략과 세계화의 망상에서 벗어나 자조와 상생·협력의 지역복원을 이루는 것이 로컬리즘의 귀환으로 명명되는 이유다.

로컬지역은 강소경제의 완결 무대다. 공간·단위만 작을 뿐 지역 자체는 하나의 경제망이다. 역외와의 분업체계로 효율성을 높이지만 지나치면 자생력을 잃는다. 분업하되 지역 완결적인 버팀목은 필수다. 내부 순환으로 생명선을 지켜내자는 차원이다. 재생사업 후 창출 성과가 유출되면 남는 건 없다. 독립경제는 탄탄할수록 좋다. 농산어촌의 소멸 경고는 밥벌이를 찾아 떠나는 엑소도스다. 그들을 잔류시키고 새로운 구성원을 유입시킬 자생적인 경제 기반이 없으면 상황은 악화된다. 젊을수록 전출 유인은 더 강력하다. 교육·취업을 위한 지역 탈출의 방어기제는 안 떠나도 충분히 즐겁게 살아갈 기반 조성뿐이다.

직주락의 정주 조건이 완비된 지역경제라면 모세혈관의 건강한 순환도 이루어진다. 작게는 '노동 → 소비 → 저축', 크게는 '생산 → 분배 → 지출'의 삼면등가가 먹혀드는 지역판 순환경제가 답이다. 이때 역내경제는 저절로 승수효과에 닿는다. 강조컨대 외부 의존의 '보이는 손'은 제한적이다. 위와 밖으로부터의 낙수효과도 좋지만, 길게는 밑에서 뿜어내는 분수효과가 최고다. '밖에서 온 큰 하나'보다 '안에서 숨 쉬는 작은 여럿'의 힘이 좋다. 미약한 여럿의 소소한 협력이야말로 지역 내부의 순환경제를 일궈낼 '보이지 않는 손'으로 제격이다. 특화가치·소형거점의 집합 성과라면 지

■ 로컬리즘 실현 위한 순환경제의 맥락도

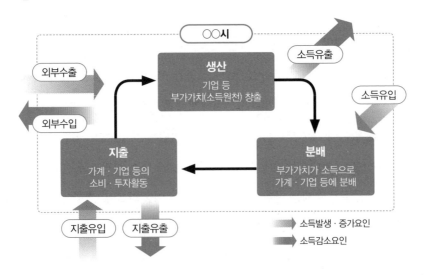

자료: 一般財団法人地域活性化センター(地域経済循環分析)

인구소멸과 로컬리즘

역형 강소 점포는 외자형 대형 파워에도 밀리지 않는다.

박리다매형 상품 판매는 지역가치를 훼손한다. 외지 도매 상품에 마진을 얹어 파는 것보다 독특한 스토리를 입혀 지역화하는 한정 전략이 유효하다. 기획부터 제조·판매까지 차별화된 지역 맞춤형 강소제품이 대안이다. 지역화된 구매·경험일 때 희소가치에 따른 수익도 개선된다. 역외 의존적 '고매출·저수익'이 아닌 역내 창발적 '저매출·고수익'의 집적 전략이 제안된다. 지역형 소형경제의 잠재력이다.

야간경제의 지역상권도 잠재 후보다. 생활형 정주인구답게, 주간인구보다 중요한 건 야간인구다. 직주 분리의 도시일수록 주간과 야간 인구의 분리 현상이 심각하다. 낮에 일하고 밤에 떠나는 이동 패턴 탓이다. 정주환경의 미비는 생활경제의 부족을 뜻한다. 그러면 자생적인 자립 순환도 제한된다. 행정도시를 표방한 세종의 막혀버린 순환경제만 봐도 그렇다. 인구 집적의 기대효과와는 달리 야간과 주말 경제의 정체현상이 빚어낸 한계다.

먹고 마시고 걸어 다니는 상권이 중요하다. 소비 집적의 상권 공간이 많을수록 지역경제에 활기가 돈다. 야간경제는 쇼핑몰·인터넷 등 비대면으로 대체하기 힘든 수요로 경쟁도 적다. 궁극적으로 직주 일치의 순환경제에 우호적이다. 몰락한 구도심이 창업·청년거주·상권복원과 함께 개성 있는 자립경제를 완성해낸 서구사회의 교훈이다. 궤도 이탈의 이기주의와 독주보다 상생·타협의 실현 무대로서, 로컬리즘발 지역 귀환은 새로운 시대 화두다.

본격화된 로컬 경쟁
고향사랑기부와 지방금융

생존로컬 vs. 소멸지역.

229개 지자체의 생존을 위한 한판 승부가 시작됐다. 정확히는 2023년부터 치열한 경쟁 구도가 펼쳐진다. 모두를 살리기 힘들다는 점에서 중앙정부도 선택과 집중 전략을 통해 지역판 생존경쟁을 유도한다. 관건은 '고향사랑기부제'의 안착과 활용 여부로 정리된다. 숱한 입법 시도 끝에 드디어 2023년부터 제도 시행에 들어갔다. 개인이 주소지를 제외한 고향이나 인연이 있는 지역 등에 일정액을 기부하면 세액공제와 함께 답례품까지 받는 혜택을 법령화한 것이다. 기부금은 개인 1인당 연간 500만 원까지로, 기부금의 30% 범위에서 답례품이 주어진다. 10만 원까지는 전액공제, 그 이상은 16.5%를 공제한다.

고향사랑기부금의 힘에 동의한 지자체 간 경쟁이 불붙었다. 제주·강원 등 몇몇 지역은 사전광고까지 제작해 역외에 거주하는 잠재 기부자를 설득하기 시작했다. 매력적인 답례품을 골라 기부금을 더 많이 받을수록 로컬공간의 강력한 복원 재원이 될 수 있어서다. 벌써 기부금을 어디에 쓸지 고심하는 지자체도 많다. 상대적으로 비교우위에 있는 지자체는 표정 관리에 들어갔고, 반면 도시권역의 박탈감은 구체적이다. 최소한 인구유출·상권붕괴의 지방권역에 한정하면 재정 확충의 혜택은 확정적이다. 개인에게도 좋다. 최소한 10만 원만 기부해도 전액공제에 3만 원의 답례품까지 받는데 하지 않을 이유가 없다. 수익률 130%의 짭짤한 카드란 점에서 제도 안착과 확대는 시간문제다.

지역복원의 새로운 접근과 달라진 실험이 강력하게 요구된다. 지금까지의 방법론에 의문을 표하거나 성과가 기대보다 못하다는 판단에서 비롯된다. 시대 변화에 걸맞은 의사결정과 자원 결합은 지역활성화뿐 아니라 다른 모든 영역에서도 공통적으로 요구되는 숙제다. 이는 문제를 풀어내는 일종의 혁신체계 수립과 실천으로 요약된다. 이때 떠오르는 필연적인 자원 요소는 크게 둘로 나뉜다. '사람'과 '돈'이다. '누가 시작할지'와 '무슨 돈으로 할지'의 문제다. 그동안은 큰 고민이 없었다. 행정이 기획하고 예산이 투입되는 프로젝트가 대다수였기 때문이다. 다만 기존 방식의 한계와 단점이 누적됨으로써 사업 개선과 내용 전환은 불가피해졌다. 그 결과로 행정주도에서 벗어나고 예산 낭비에서 비켜선 새로운 방식이 제안된다. 여기서는 사람만큼 중요한 필수 자원인 돈, 즉 금융과 관련해 다뤄보려고 한다. 정말 눈먼 돈, 혈세 등으로 불리는 정부예산 말고는 지역활성화가 불가능한가, 하는 논점이다.

금융 불모지 로컬의 변신

금융은 윤활유다. 실물거래를 이어주는 흐름이자 수요와 공급을 떠받치는 물길이다. 금융을 시장에 맡기면 저절로 최적의 균형을 찾아가고, 이때 후생 극대화란 지향은 자연스레 성립한다. 다만, 금융은 일정 부분 불평등하며 약탈적이다. 신용별로 접근 허들이 차등화되며 참여의 대가(이자)도 차별화된다. 뭔가 어긋났을 때는 자율적 자기 책임을 통해 제도 시장의 구조 문제보다는 개별 층위의 도덕적 해이를 강조한다. 금융 불평등을 해소하자는 포용금융이 새로운 의제로 부각된 배경이다. 때문에 정보가 없거나 경험이 없는 곳에서는, 특히 탐색 · 거래 비용과 불확실성을 이유로 자금이 돌지 않는 이른바 '돈맥경화'가 발생한다.

로컬지역도 이런 대표적인 금융 불모지 중 하나다. 지역을 되살리는 많은 작업에 돈이 절실하건만 공급 · 조달원을 찾기란 꽤 어렵다. 정부예산에의 과도한 의존성이 일상화된 배경이다. 그렇다면 정말 지역사회에 마중물을 공급할 새로운 방법과 루트는 없을까. 한국과 빼닮은 문제를 갖고 있으면서 지역활성화에 일찌감치 나선 일본 사례에서 적으나마 힌트를 찾을 수 있다. 새로운 윤활유로 지역복원에 성공한 경우다.

일본의 지역활성화는 한국보다 꽤 앞섰다. 많은 이유가 있겠으나, 역시

다양하고 넉넉한 마중물로서의 금융 역할을 빼놓을 수 없다. 지역재건에 쓰일 돈의 다양성과 자율성을 일찌감치 고민한 결과로 해석된다. 현재의 한국처럼 일본도 처음에는 재정사업형의 공공조달 위주였고 민간금융의 참여와 다양성은 별로 없었다. 지원금·교부금이 지역활성화에 투입되는 사실상의 유일한 자금 조달원이었다. 이는 1970~1980년대 정점을 찍은 중앙주도·재정투하형 지역발전 모델의 역사적 경험과 맞물린다. 이 개발 정책은 열도 개조론을 원류로 한 것으로, 태평양 벨트에 집중된 개발을 서쪽의 후진 지역으로 이전해 인구·산업의 지방분산과 국토의 균형성장을 노린 것이다. 역시 결과는 실패였다. 도농불균형을 심화시켰을 뿐만 아니라 인구왜곡, 환경파괴, 교통혼잡 등으로 생활의 질도 악화시켰다.

백약이 무효인 가운데 열도 개조론은 공황 상태 속에서 궤멸했다. 훗날의 버블경제와 투기 광풍은 그 결과였다. 천문학적인 재정 투입에도 불구하고, 열도 전역의 지역소멸이란 오명도 낳았다. 이후 미약하나마 방향이 바뀐다. 잃어버린 20년 간의 긴 방황과 논란을 거치며, 2010년대부터 새로운 작동방식이 수면 위로 떠올랐다. 압권은 2014년 '로컬 아베노믹스'로 불리며 국가 의제로 부각된 지역창생 정책이다.

금융에 한정하면 '중앙예산 → 민간재원'의 새로운 물꼬를 열어줬다. 사업성격상 여전히 재정주도가 압도적이나, 적으나마 민간으로부터의 재원 조달이 하나둘 확대되면서 달라진 지역활성화의 면모를 보여주기 시작했다. 무엇보다 중앙 상단만 쳐다보며 행정적·형식적 프로젝트만 위탁받아 수행하던 기초지자체가 변했다. 능동적·적극적 지역활성화의 사업 주체로 변신하며 그들만의 방식과 사업으로 지역 맞춤형 아이디어를 기획하고 추진하는 자율성과 역동성을 길러냈다. 꼬리표 탓에 제한적이고 경직될 수 밖에 없는 혈세 위주에서 벗어나 다양한 민간재원이 활용된 결과다.

일본 고향납세 제도의 빛과 그림자

갈수록 도농불균형이 심화되자 일본 정부는 지역을 되살리는 정책을 1순위 추진 과제로 업그레이드시켰다. 산적한 숙제 중 지역활성화가 다른 이슈를 제치고 시급성과 중요성을 인정받은 덕분이다. 그만큼 도농격차가 심각한 사회문제로 떠올랐다는 반증이다. 실제 수도권은 사람과 돈뿐 아니라 모든 것을 흡수한다. 반면 지방은 갈수록 황폐화된다. 도시 블랙홀과 지역 과소화는 동시다발적이다. 비교열위를 방치하면 지방소멸은 시간문제다. 그러나 지방 없는 도시란 존재할 수 없다. 역내의 분업·체인 구조가 파괴되며 불행을 전파하는 가운데 지속가능성을 심각하게 훼손하기 때문이다. 기울어진 운동장을 바로잡을 균형발전이 요구되는 이유다.

문제는 방법인데 일본은 자원배분의 재조정을 선택했다. 기계적으로 중앙자원을 지방에 내려보내는 방식보다는 지역의 의지·능력을 확인한 후 차등해 공급하는 루트를 확대했다. 재원 확보를 위한 경쟁 구도를 만들고자 특별교부금을 신설한 게 그렇다. 한편에선 민간의 자발적·다각적인 자금 공급을 위한 허들을 대폭 낮췄다. 금융 공급원으로서 지역활성화에 참여해 대의적 명분과 실리적 성과까지 낼 수 있다는 신호를 주기 위해서

다. 고향납세ふるさと納税라 불리는 기발한 제도 채택이 대표적이다.

논란과 갈등에도 불구하고, 일본의 고향납세는 꽤 성공한 것으로 평가된다. 2008년 도입 이후 2013년부터 본격적인 확산세를 기록했다. 첫해 81억 엔에 불과했던 기부액은 2021년 8,302억 엔까지 급상승했다. 복수 기부가 가능해 건수는 2만 5,000건에 육박한다. 홋카이도 시라누카쵸는 전체 세수의 6배(63억 엔)까지 기부금을 모았을 정도다. 명분도 실리도 쥔 독특한 구조 때문이다. 고향납세는 지역부활을 위한 자금조달이라는 슬로건을 전면에 내세웠다. 역외 주민이 지역에 기부금을 보내면 지역활성화의 자원으로 활용되는 구조다. 인구감소·재정악화로 돈이 부족한 지자체로선 큰 힘이다. 지역경제의 활로 모색과 재정 확충에 우호적이다. 홍보 기능까지 갖춰 지역브랜드를 발신하는 창구로도 제격이다. 몇몇 지역은 고향납세액이 해당 지역 주민세를 초월해 짭짤한 재정 루트임이 확인되었다. 대도시에 집중된 지방세를 낙후지역으로 되돌리는 효과 발현이다. 납세 대상은 출신지역과 무관하다. 핵심은 기부금의 주민세와 소득세를 감면해주는 혜택이다.

지역에 환류되는 신금융

기부자로선 나쁠 게 거의 없다. 때문에 고향납세는 세금이라 쓰고 기부라 읽는다. 특정 지자체에 기부한 후 기부금액을 거주 지자체에 신고하면 그만큼 공제해준다. 자기부담금(2,000엔)을 뺀 금액에서 소득세와 주민세를 경감해주는 방식이다. 가족구성이나 소득별로 공제액이 다르다. 상한액까지 낸다 해도, 2,000엔을 뺀 만큼은 전액 공제된다. 즉 본인의 공제 상한액 안에서는 2,000엔만 빼면 얼마든 기부할 수 있다. 기부의 숫자·금액·횟수는 무제한이다. 일례로 연봉 700만 엔의 급여소득자(부부 2인 가족)가 3만 엔을 기부하면 2만 8,000엔을 세금에서 공제받는다. 기부자로선 실질적인 손해 없이 고향 혹은 좋아하는 지역의 활성화를 위해 자신의 돈이 쓰이는 것이니, 지역의 응원자로서 제격이다.

형식상 기부이지만 사실상 공제인 것도 좋은데, 실제로는 해당 지역이 감사의 의미로 보내주는 답례품까지 받으니 더 좋을 수밖에 없다. 어차피 필요한 것이면 생돈 내고 사느니 답례품으로 받는 게 실리도 명분도 얻기 때문이다. 즉 고향납세를 하지 않으면 오히려 손해라는 인식이 일반적이다. 2020년 고향납세 이용자는 400만 명을 돌파했는데, 목표액의 수십 배를 초과 달성한 지역도 잇따른다.

가뜩이나 지역활성화의 특성상 영리사업처럼 매력적이지 않아 외부자금을 조달하기 힘들었는데, 고향납세라는 새로운 자본 공급이 생겼으니 감사할 수밖에 없다. 뭔가 고마움을 표시하지 않을 이유가 없는 것이다. 그래서 나온 게 답례품이다. 반복 기부를 유도하기 위해서도 차별적이고 매력적인 답례품을 보내주는 게 효과적이다.

동시에 답례품 그 자체가 지역활성화의 대상이나 내용이기도 하다. 지역 안에서 답례품을 구매하면 지역경제에 기여하기 때문이다. 안 팔리던 지역물품·서비스를 지자체가 사주니 답례품 발주가 지역경제의 순환을 돕는 구조다. 요컨대 '기부발생 → 재정확보 → 답례발주 → 매출증가 → 고용안정 → 소비확대 → 세수증가'의 선순환 구조다. 이는 고향납세가 만들어낸 다양한 사회경제적 파급효과인 셈이다.

정리하면 고향납세는 '세금공제+답례품+지역재생'의 다목적 카드다. 기부자의 관심은 1차적으로 세금공제와 답례품에 쏠리겠지만, 결과적으로는 지역활성화에 기여한다는 점에서 고무적이다. 특히 금융 가뭄 탓에 사업이 제한적이었던 지역단위에 안정적인 자본 공급을 해준다는 점에서 바람직하다. 세제에서 권한을 쥔 중앙정부도 나쁠 것이 없다. 어차피 투입할 수밖에 없는 재정을 직접적인 세제 혜택으로 돌렸을 뿐이다.

지자체로서는 장기적으로 브랜드 효과를 높일 기회도 된다. 답례품이 화제가 되면 SNS 등에서 입소문이 나고 부차적인 관심 유도와 평판 향상으로 귀결되기 때문이다. 지역을 찾아오는 관광 차원의 교류인구로도 연결된다는 점에서 유명한 출향 인사를 섭외한 홍보 전쟁이 치열하다. 더 편한 방식으로의 기부 독려책을 제안하는 등, 중앙정부도 거든다. 2015년 5개 이내의 지자체에 기부하면 번거롭게 확정신고를 안 해도 공제해주는 원스톱 특례제도가 도입된 배경이다. 효과는 컸다. 이 제도 이후 1년 만에 기부액이 급증했다(388억 엔 → 1,652억 엔). 이제는 카드 결제도 가능하고 기부상한액도 점차 늘릴 예정이다.

세금공제+답례품, 지역재생의 다목적 카드

답례품 아이디어는 갈수록 확대된다. 심지어 답례품 때문에 기부하거나, 답례품을 소개하고 재판매하는 정보 사이트마저 성황이다. 문제는 '기부액 → 답례품'의 하단에서 발생한다. 모든 제도에 틈새가 있듯 고향납세도 부작용이 적잖다. 기부를 더 받으려는 격화된 지역 경쟁이 그렇다. 그 대부분은 답례품에서 비롯된다. 그만큼 기부 결정에 답례품의 비중이 높다. 실제 답례품은 생활 전반을 커버하는 수준까지 다양화됐다. 지역특산물부터 시설 입장권, 여행권(항공·숙박권·차량), 상품권 등 셀 수조차 없다.

인기 답례품은 생필품이다. 수십만 종의 답례품을 내용별로 구분하면 어패류·해산물(27%), 육류(23%), 과일류(13%), 가전·전화제품(9%), 여행권·상품권(7%), 잡화·일용품(5%) 등의 순서다. 답례품의 과잉 경쟁으로 갈등이 증폭되기도 한다. 답례품이 뭐냐에 따라 기부액과 기부 빈도가 결정되는 부작용도 크다. 지자체로선 고가 물품 등 호화 답례품을 앞다퉈 내놓으며 기부 독점을 꾀하려고 한다. 사람들이 선호하거나 기발한 내용일 때 기부 성과가 좋아져 더 많이 더 오래 기부금을 받을 수 있어서다.

답례품의 끝은 없는 듯하다. 갈수록 지역 한정의 제품·서비스를 벗어나 고급 식자재, 가전제품, 상품권 등으로 확대된다. 쇼핑잡지의 카탈로그처럼 변질된 사이트도 흔하다. 상품권은 전매 목적의 재활용 수요마저 만들어냈다. 때문에 기부자의 관심과 화제를 끌어모을 품목을 고안하는 것이 지자체의 우선 과제로 변질될 정도다. 시장마저 형성된다. 답례품을 소개·중개하는 사이트가 그렇다. 금액·지역·품목별로 구분해 원하는 답례품을 배치한다. 무려 20만 종을 웃돈다. 2,000엔만 내면 사실상 원하는 품목을 거저 얻을 수 있어 매력적이다. 포인트 제도로 기부자끼리 상호교환을 주선하는 재거래 사이트도 생겼다.

과도한 경쟁은 기부문화의 건전한 발전을 저해할뿐더러 세금 유출의 부작용도 불거진다. 답례품 경쟁과 기부액 독점이 만들어낸 지자체 간 대립구도의 심화다. 이는 지자체 간의 확연한 온도 차이 때문이다. 고향납세의 대체적인 기부 흐름은 '도시 → 농촌'으로 향한다. 즉 도시 주민의 농촌 기부가 보통이라 도시 지자체로선 불만이 높아질 수밖에 없다. 거주민이 정작 다른 곳에 기부하면 역내 세수를 빼앗기는 것과 같기 때문이다. 특산물이 부족한 도시 지자체로선 답례품 선택지마저 제한적이다. 그럼에도 지자체로선 제로섬 게임이라 경쟁 낙오가 두렵다. 기부를 받든지, 기부를 뺏기든지 선택지는 둘 중 하나뿐이다. 주민 기부가 많으면 손해(세수 유출)란 점에서 기부 촉진책으로서 매력과 가치가 충분한 그들만의 답례품을 제공하는 게 중요해진다. 제도 취지에서 벗어난 부작용인 셈이다.

고향납세의 칼자루를 쥔 중앙정부는 계속해 제도 개선에 나선다. 세제 공제가 제도의 뿌리인 까닭에 고향납세는 중앙정부의 결심이 사업 성패를 가른다. 따라서 정부는 도를 넘은 답례품의 과당 경쟁이 불거지자 브레이크를 걸기 시작했다. 가령 2019년부터 실질적인 인허가제로 정책을 선회했다. 제도 대상의 지자체를 지정하겠다는 의미다. 답례품 값을 기부액의

30% 이하로 묶고, 지역산에 한정하며, 과도한 선전홍보 등을 종합적으로 보고 지정 여부를 정하겠다는 방침이다.

모두 8가지 항목을 체크하는데, 그것을 통과해야 지정이 된다. 만약 비지정이면 기부해도 세제 우대는 없다. 논쟁은 뜨겁다. 자치 분권에 맞지 않게 중앙이 지방을 기술적으로 통제한다는 쪽과 답례품이 다른 지자체의 세수 유출을 초래한다는 찬반양론이 치열하다. 그럼에도 지자체의 자정 노력이 필요하다는 건 공통적 견해다.

부작용 없는 제2, 제3의 고향납세 모색

고향납세가 또 다른 야합적 부작용을 초래한다는 지적도 있다. 주지하듯 답례품은 지역경제의 활력 지점이다. 다만 물품 선정과 관련한 재량권은 어쨌든 지자체 몫이다. 기획공모 · 경쟁입찰 등 방법론은 많지만, 사실상 엄밀하지 않은 블랙박스에 비유된다. 심지어 답례품을 고를 때 가격과 품질마저 뒤로 밀리는 경우가 생겨난다. 기부를 더 받을 수 있는 매력적인 답례품 여부에 초점이 집중되기 때문이다. 즉 '어떤 상품과 서비스로 기부금을 더 모을까'가 포인트라 엄밀한 경제 논리는 뒤로 밀린다.

실제로도 공무원은 이것만 따져 고르게 되고, 기부자도 지역성 등 본연의 사업 취지에는 둔감해진다. 어떤 답례품이든 세금보다는 낫기 때문이다. 동시에 답례품을 납품하는 기업은 품질을 굳이 신경 쓸 필요가 없다. 선전 · 홍보도 지자체가 해주니 납품하면 그걸로 끝이다. 지역기업으로서

는 특수特需나 마찬가지다. 품질·가격을 혁신할 동기가 사라진다면 길게

봐서 좀비 기업이 될 수밖에 없다. 일각에선 누구도 책임지지 않는 새로운

'공공사업'이라 질타한다.

　그럼에도 불구하고, 고향납세는 지역활성화를 위한 강력한 신금융 조달

체계로서 훌륭하다. 부작용이 있지만 잘 극복해 본연의 제도 취지를 살려

내는 게 관건이다. 인기만큼 갈등도 많지만, 고향납세가 갖는 명분·실리

에 대한 판단은 확고하다. 때문에 고향납세는 계속 확대될 전망이다. 시

장 규모를 봐도 고향납세의 성장성은 긍정적이다. 세금 감면용으로 전 인

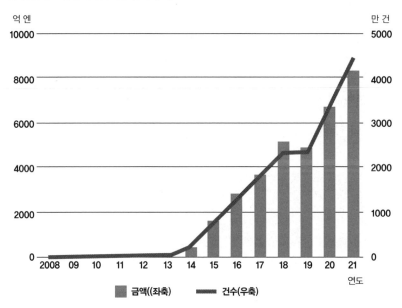

▪️ 일본의 고향납세 건수 및 금액 추이

자료: 일본 총무성

CHAPTER 03 '한방에 신화' 깨부수기

구가 기부금을 낸다고(잠재적인 기부공제액) 가정할 경우, 최대 2조 5,825억 엔까지 시장 창출이 가능하다. 하지만 2018년 기준 활용액은 잠재 총액의 20%에 불과하다. 기부하지 않은 80%가 추가로 고향납세 리스트에 반영될 여지가 남은 셈이다.

한국도 이런 차원에서 고향사랑기부제를 채택했다. 2021년 가까스로 법안이 통과됐을 정도로 숱한 견제와 반대가 있었지만, 결국 제도화에 성공했다. 도농격차를 해소할 지역복원에 쓰일 사업 재원의 다양성과 민간성에 동의한 결과다. 고향납세는 새로운 아이디어로 진화한다. 실제 일본의 지자체 중 일부는 지역활성화 프로젝트를 위한 자금조달에 크라우드펀딩을 채택해 민간자금을 공급받기도 한다. 혹은 얼마간 출자하는 형태로, 해당 지역에 이슈별로 돈을 내면 고향주주제를 적용해 지역자산을 쓸 때 할인·무료 등 특별대우를 해주기도 한다. 아예 CDCCommunity Development Company처럼 지분 출자의 길을 민간·개인에게 열어준 곳도 있다. 제2, 제3의 고향납세 업그레이드판에서 중요한 것은 사업 재원의 중앙 의존성으로부터의 탈피 노력이다.

지역재생 마중물

양수겸장의 금융카드

주지하듯 금융은 경제의 윤활유다.
실물이 잘 돌도록 떠받치고 유도하며 응원한다. 거시경제학의 핵심 뼈대
가 금융인 건 두말하면 잔소리다. 경제주체의 상호작용과 그 결과물의 연
결고리를 다루고 있어서다. 소득·물가·실업·환율 등을 키워드로 성장
론·변동론을 주로 다룬다. 금융의 존재와 역할이 얼마나 중요한지 알 수
있는 대목이다. 사실상 금융이 없다면 경제는 무너질 수밖에 없다. 금융제
도가 엄격하고 촘촘한 규제 일변도인 것은 문제가 생겼을 때의 파장이 사
회 전체에 파급되기 때문이다. 경직된 입장이 혁신을 가로막기도 하지만,
무분별한 접근이 피해를 더 키운다는 우려도 실체적이다.

지역복원에는 수많은 자원의 다양한 결합이 필요하다. 일단 넉넉하지

않은 자원을 확보하는 것부터 시작된다. 워낙 한계와 약점이 많은 지역공간에서 뭔가를 늘리는 건 쉽잖은 과제다. 궁극적으로는 인구유지(증가)처럼 그 자체가 활성화의 목적일 정도다. 중요한 건 부족하지만 뭔가가 있어야 선순환적인 지향이 실현된다는 점이다. 과부족을 해소해 물꼬를 터줄 촉발장치의 필요다. 여러 항목이 있겠으나, 중요도나 파급력을 볼 때 최대한 우선해야 할 것이 자본조달이다. 돈이 있어야 첫 삽을 뜰 수 있기 때문이다. '무엇'을 할지 결정되면 다음은 '어떻게'가 의제로 오르는데, 이때 돈의 성격과 조달은 중대한 결정변수이자 사업 성격을 규정하는 파워를 갖는다.

대부분의 지역활성화는 정부의 예산사업에서 비롯된다. 투입자본은 십중팔구 세금인 공공예산에 의존한다. 이는 국토균형발전론의 30~40년 역사와 함께 시행착오를 거치며 제도화되어, 다양한 사례 축적과 농익은 행정 경험으로 검증된 방식이다. 중앙정부든, 지자체든, 양자 매칭이든 지역활성화의 타이틀이 붙는 사업은 비중 차이만 있을 뿐 예산투입이 전제되고 기대된다. 오랜 관성이자 관행이다.

분명 순기능은 있다. 민간에서는 힘든 거액의 대규모 사업을 실행할 수 있고, 행정주도에 맞게 제도적·단계적 실행체계를 적용할 수 있다. 민간보다 공익을 우선하고, 비교적 투명성과 공개성도 강화된다. 반면 문제도 적잖다. 여러 한계가 있으나, 대표적인 것이 '나랏돈=눈먼 돈'이란 표현으로 압축되는 부작용이다. 상당히 개선됐다고는 하지만, 맘만 먹으면 손쉽게 악용할 수 있는 예산투입의 빈틈이 적잖기 때문이다.

지역활성화는 지역금융의 비상구

자본조달은 다양한 편이 좋다. 한쪽에만 과도하게 쏠리면 위험해질 뿐만 아니라 치우친 결과를 낳을 수 있다. 달걀은 한 바구니에 담지 않는다는 포트폴리오 기본 전략처럼 위험과 수익을 균형적으로 설계해야 한다. 지역활성화의 자본 공급은 특히 그렇다. 자본 공급자의 층위와 성격이 다양하고 세분화될수록 활성화의 취지와 효과는 개선된다. 참여 과정 자체가 꽉 막힌 지역공간의 자본 흐름을 뚫어주는 파급효과를 뜻하기 때문이다. 국고보조금을 중심으로 한 예산사업도 경직된 기존방식을 고집할 필요는 없다. 문호를 넓혀 민간자본을 유도하거나 시장화로 못 풀 공공적인 특정 사업 위주로 재편하면 효과적이다. 크라우드펀딩·시민채·고향납세·주민주주 등 불특정 개인의 자본 참여도 권유된다. 십시일반十匙一飯은 자본의 크기와 무관한 참여를 바탕으로 지역으로 향하는 애정을 키워준다.

자본 공급의 포트폴리오를 재구성할 때 우선 고려할 대상은 지역 소재 금융기관이다. 금융이 본업인지라 전문성과 자금력을 두루 갖춘 소중한 참여 멤버가 아닐 수 없다. 동시에 무너지는 지방, 소멸하는 지역을 되살릴 강력한 이해관계자 중 하나다. 지방을 살리자면 유력한 자본 공급자로서 금융이 머리를 맞대는 건 필수조건이다. 지역 금융의 사업 참여는 시혜·자선의 의미를 넘어선다.

지역활성화의 마중물을 공급하는 것만으로 지역소멸을 막는다는 대의 명분과 함께 경영 악화를 벗어날 실리 확보가 가능해진다. 지역금융으로서는 양수겸장의 성장 무기를 갖추는 셈이다. 동시에 지역금융의 사업 참여는 긍정적인 신호로 작용해 또 다른 공동체의 관심을 불러일으키고 추가적인 공급을 유도한다. 돈을 다루는 전문 조직이 지역활성화에 자본을 공급했다는 것만으로 사업 타당성의 보증효과가 발휘된다.

지역금융은 꽤 힘든 국면에 직면했다. 경영환경의 악화 강도가 매년 거세지는 형국이다. 인구변화에 따른 고객 감소가 제일 두렵다. 축소경제의 파급이야 전체 산업을 아우르지만, 지역금융의 체감도는 한층 직접적이고 파괴적이다. 저금리로 예대 마진이 축소되고, 대출처가 감소한 것도 문제다. 인구감소 · 산업붕괴 등 경제기반이 악화된 지역일수록 충격은 더 클 수밖에 없다. 당연히 수익을 안겨줄 자금 운용이 어렵다.

제로금리 등 일찌감치 절대 저금리에 진입한 일본은 지역은행의 생존 위기가 본격적이다. 일례로 대형 신협을 포함한 이름난 지역 소재 금융기관 140여 개가 1/3~1/4로 감소하며 재편 · 통합될 것으로 예상된다. 지역 · 광역은 물론 초지역적인 합종연횡 혹은 대형으로의 확대가 일상사로 펼쳐진다(『地方銀行消滅』). 한편에서는 지역금융의 새로운 활로로써 지역복원에의 적극적인 사업 참여도 흐름이다. 사업 모델의 출입구 모두 정체되고 축소되는 와중에 새로운 시대 의제로 뜬 지역활성화에서 기회를 포착한 것이다. 민관협치PPP=Public Private Partnership가 중시되며 민간투자와 자본참여가 늘어난 결과다.

한국의 지역금융, 힌트는 지역 안에 있다

그렇다면 한국의 지역금융은 어떨까. 현재의 위기는 일본보다 낮지만, 조만간 한층 위험한 상황 악화가 예상된다. 지역소멸을 둘러싼 관련 통계가 일본보다 더 빠른 속도와 범위로 나빠지고 있기 때문이다. 인구변화는 전대미문의 숫자로 매년 세계기록을 갱신하고, 지역소멸은 도농 불균형의 심화로 임계치를 넘어섰다. 일본을 따라잡는 건 시간문제로 그나마 도달 연도가 갈수록 앞당겨지고 있다.

지방 소재 금융기관의 앞날에 먹구름이 자욱한 건 자명하다. 국내시장 패권자인 전국구 금융기관보다 경쟁력이 낮은 것도 사실이다. 영업 기반인 지역구마저 내주면 생존은 담보하기 힘들다. 지역소멸이 문제 되지 않았던 시절에 지방 거점 은행은 나름의 토착 장점을 내세워 먹고살 만했지만, 지금은 퇴출되거나 대형 은행에 통폐합된 곳이 많다. 살아남은 지방은 행일지라도 영업의 상당량을 서울과 수도권에 의존한다. 지역이 멈춰 섰으니 돈이 돌 리 만무한 까닭이다.

상황은 팍팍하고 활로는 절실하다. 힌트는 결국 지역에 있다. 지역경제가 건강해질 때 지방은행도 건실해질 수 있다. 지역의 한계를 외부 진출로 대응하는 것도 좋지만, 그것과 동시에 가시권에 둬야 할 돌파구는 지역 부활에의 적극 참여다. 정부의 공공예산 말고는 딱히 자본 공급이 제한적인 지역의 한계를 뛰어넘어 유력한 유동성 공급자LP=Liquidity Provider로 변신하려는 아이디어가 그렇다. 명분도 실리도 모두 정합적인 선택지다. 지역경제의 강력한 이해관계자로서 동반 성장의 수혜 확보도 가능해서다.

정리하면 지역활성화의 파급효과를 볼 때, 자본 공급으로 회복의 불씨를 되살리는 것만으로도 금융기관에 되돌아오는 선순환 효과는 넓고도 크다. 지역 부활에 성공한 선진 사례들에서 지역 거점의 금융 역할이 결정적이었다는 건 의미심장한 메시지다. 지역을 살리자는 시혜적 희생이 아닌 사업을 키워내는 실리적 접근만 확인되면 충분하다. 시행착오·위험관리 측면에서 당장은 채택하기 힘든 틈새전략이지만, 길게 봐서는 참여하지 않을 어떤 이유도 없기 때문이다.

지역금융의 지역활성화 사업 참여는 중론이자 대세에 가깝다. 정부 주도의 예산사업이 갖는 태생적인 한계가 불거지면서 다양한 자본 공급에 대한 요구는 갈수록 높아진다. 그렇다면 전문기관일 수밖에 없는 지역금융의 참여와 역할이 커질 수밖에 없다. 정부도 기본적으로는 이 방식에 동의한다. 정부 독점이 효율적일 수 없다는 걸 잘 알기 때문이다.

시장의 자율성·효율성을 중시하는 미국조차 다양한 자본 공급을 위한 정책을 도입했을 정도다. 지역활성화에 자본을 공급할 능력과 의지를 도모하기 위해, 지역 기반 금융기관을 위한 유도정책으로 채택된 미국의 지역개발금융기관CDFI=Community Development Financial Institution이 그렇다. 지역금융이 재원을 조달해 낙후지역에 투자·융자를 시행하면 매칭 자본과 함께 다양한 세제 혜택까지 제공한다. 예산이 들어가는 것은 마찬가지이지만, 직접 투입하지 않고 지역의 거점 금융이 생태계를 만들어 활성화의 마중물을 공급하게 한다. CDFI를 통해 민간자본이 추가로 들어와 순환적인 자금 공급이 되도록 설계된 것이다.

생각은 확장된다. PFSPay For Success가 대표적이다. 사회문제 해결 성과Success를 보상Pay하는 혁신적인 자금조달 아이디어다. 사전에 약속한 성과를 내면 이에 비례해 보상하는 구조다. 사회문제의 대부분을 품은 지역문제를 민간금융이 풀도록 인센티브 체제를 반영한 시스템으로, 사회성과연계채권SIB이 가장 유명하다. 포인트는 다양한 자금조달 루트 확보다. 정부·공공 부문의 획일적인 자금조달에서 벗어나 지역금융 등 다양한 이해관계자가 자금 공급자로 참여하는 방식이다.

CDFI와 SIB의 공통점, 지역의 든든한 금융줄

결은 좀 다르지만, 지역에 주목해 활로를 모색한 한국 사례도 있다. 전북은행 케이스다. 전북은행은 지역경제의 생산과 소비를 떠받치는 새로운 버팀목인 외국인 근로자에 주목했다. 2017년부터 외국인 근로자를 대상으로 대출업무를 시작한 게 컸다. 낮은 신용도로 대형은행을 이용하기 힘들다는 점을 노렸다. 그럼에도 취업비자로 경제활동이 가능해 소득이 안정적일 것이라 본 것이다. 외국인 대출서비스는 2017년 1,201건에서 2020년 1만 2,460건으로 늘었다. 덕분에 2020년 5대 지방은행(부산·경남·대구·광주·전북은행) 중 유일하게 순이익이 증가하는 실적을 냈다. 비교적 높은 연체율은 앞으로 풀어야 할 과제이지만, 새로운 접근이 활로를 열어준 건 분명해 보인다.

제2금융권과 제1금융권(시중은행)의 틈새를 노린 것도 한몫했다. 요컨대 1.5금융권을 자처하며 중금리 시장을 개척했다. 관련 선택지가 적은 지역 고객의 눈높이에 맞춘 결과다. 지역은 넓고 방문은 힘든 한계는 IT를 활용한 비대면 전략으로 대응한다. 방문하지 않아도 서비스를 받도록 자동화

■ 미국의 CDFI 현황과 구조

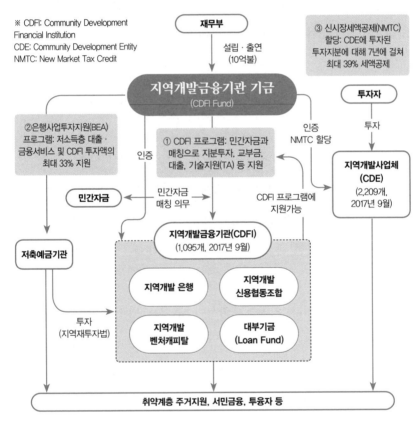

자료: CDFI 펀드, 기획재정부

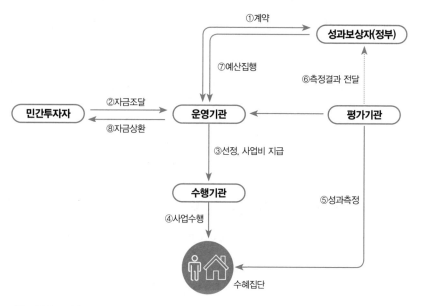

자료: 팬임팩트코리아

했다.

이대로면 지역은행은 지방대학 붕괴 위협의 전철을 밟을 공산이 적잖다. 고민만 하기엔 시간이 없다. 대형화·전국화로 규모의 경제를 달성하기 힘들다면 특화성·지역화로 차별적인 생존 루트를 개척하는 게 효과적이다. 자본 잉여자와 자본 결여자를 연결하는 단순한 브로커를 고집한다면 설 땅이 없다. 편안히 앉아서 찾아오는 수요자와 공급자를 응대하고 손쉽게 이자를 챙기는 기계적이고 속 편한 사업 모델은 사람이 떠나버린 지역 현실과 부딪힌다.

지방 소재 금융기관의 지속가능성은 로컬 회복을 위한 지역활성화와 함께할 때 강화된다. 격해진 인구통계와 확인된 소멸 경고에 맞서 서둘러 지역을 되살리자는 움직임에 반론은 없다. 분위기는 무르익었다. 곳곳에서 재생사업이 펼쳐진다. 또 그중 상당수는 자본 공급을 희망한다. 자치분권·주민참여처럼 여전히 과제는 많지만, 시간을 갖고 기다리기엔 눈앞의 생존이 위협적이다. 금융의 본질은 윤활유이자 연결망이다. 고객이 행복해야 금융도 성장하듯 문제를 풀어야 다 함께 즐거워진다. 깨지고 금이 간 토대를 메우고 막아야 돈도 원활하게 도는 법이다. 방관하지 말고 적극 참여해 탄탄한 지역을 만들 때 돈도 벌고 마을도 지키는 일석이조가 실현된다.

인구소멸과 로컬리즘

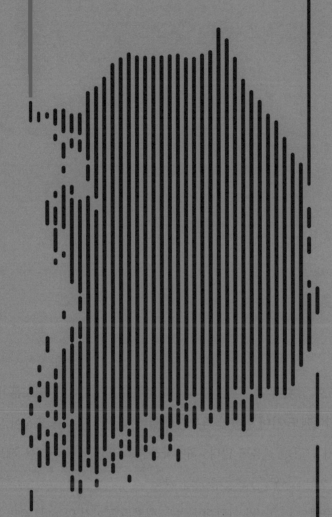

Chapter 04

지역주식회사
CEO가 되어라

어떻게 할 것인가?

성공모델은
정답 아닌 가이드라인

파랑새는 없다. 애타게 찾아 나서도 끝끝내 손에 잡히지 않는다. 있음직해도 들춰보면 실망이다. 입소문이 나 발품을 팔아봐도 기대 이하인 경우가 비일비재하다. 혹은 큰 도움이 되지 않는 그저 그런 발걸음도 많다. 허탕까진 아니라고 의미 부여를 해보지만, 닿기 힘든 신기루임은 분명하다.

이 외중에도 어디선가 파랑새를 쫓는 행렬은 끊이질 않는다. 유명할수록 수많은 언론·학자·기관이 모여들어 문전성시다. 오죽하면 전담 인력까지 배치해 대응할 정도다.

지역활성화에 빗대면 파랑새는 성공적인 결과로 이끄는 모델 혹은 시스템이다. 정답을 알려주는 추억 속의 표준전과일 듯하다. 하지만 현실은 다르다. 파랑새는 없다. 최소한 힌트라도 얻으면 다행이다. 축적된 사례를 분석하면 범용적인 가이드라인 정도는 얻을 수 있기에 고무적이다. 그만큼 시행착오는 줄어들 것이다.

지역활성화를 거창한 타이틀로 이해하면 곤란하다. 일부만 관심을 갖는 파랑새 찾기로 폄하할 이유도 없고, 굳이 색안경을 끼고 볼 필요도 없다. 이것이 한국사회의 최대 화두이자 개개인의 삶과 직결되는 생활 이슈인 까닭이다. 어떤 정책과제이든, 어떤 개인의 인생이든, 최종적인 지향점이자 목적지는 행복 증진으로 요약된다. 또 그 실현 무대는 지역으로 불리는 공간일 수밖에 없다. 살아가는 곳이 재미나고 건강하며 보람찰 때 사람은 행복을 떠올린다.

지역활성화는 이를 실현해내는 다양한 사업을 총칭한다. 결국 지역활성화는 내 삶의 문제이며, 내 가족의 미래를 결정할 중차대한 이슈일 수밖에 없다. 때문에 지역복원의 셈법을 풀어줄 표준전과는 직접적이고 긍정적인 바로미터로 이해된다. 적은 수업료로 많은 성과물을 내주는 지름길인 셈이다. 파랑새를 쫓는 숱한 동기가 여기에 있다.

표준전과 아닌 나침반이 필요

지역활성화의 파랑새를 찾고자 국내외의 많은 곳을 노크했다. 특히 선행경험이 많은 일본 곳곳의 지역 현장을 두루 찾아다녔다. 한국 상황과 판박이처럼 꼭 닮은 제도와 현실이 많아 꽤 유의미한 경험으로 여긴다. 물론 다른 점이 더 많기에 정밀한 비교와 적용은 필수다. 그럼에도 성공 현장엔 뭔가 강력한 공통 에너지가 있을 걸로 확신했다.

총평하면 아쉽게도 절반의 성과 아니었나 싶다. 로컬마다 공통 조건만큼 차별 지점이 많았기 때문이다. 무게중심과 우선순위는 제각각이었다. 동원된 공통변수는 있었으나 기여한 비중과 수준은 차별적이었다. 상관관계는 있었지만, 인과관계는 명확하지 않았다. 지역마다 기저에 깔린 조건과 배경이 달랐던 탓이다. 따라서 범용화나 일반화는 제한적일 수밖에 없다는 결론에 닿았다.

중요한 건 파랑새가 아닌 파랑새를 찾는 여정과 그 길을 알려주는 힌트로 요약된다. 없는 표준전과를 찾을 게 아니라 종착지에 닿도록 안내하는 나침반을 구하는 게 현실적이고 실효적이다. 일종의 범용화된 설계도를 구축해 이를 고도화하는 방식이다. 처음엔 성글어도 갈수록 완성도를 높이면 반면교사이든 벤치마킹이든 선행경험의 존재 이유를 극대화할 수 있다. 이 과정에서 가성비를 높이고 취지를 보다 잘 구현하는 수월한 사업방식도 추출된다. 이는 수많은 부품으로 구성된 장난감을 조립도에 따라 완성해가는 과정과 닮았다. 부품마다 부여된 번호에 맞춰 순서대로 조립하다 보니 난해하고 복잡한 결과물을 손쉽게 마무리한 경험을 지역활성화에도 적용해보자는 얘기다.

당연한 건 그 설계도조차 완성본일 수 없다는 점이다. 기본 골격에 해당하는 순서와 방식은 알려줘도 세부조건은 지역마다 다를 수밖에 없다. 총론은 비슷해도 각론은 달라야 하는 게 지역활성화다. 따라서 설계도의 범용화를 시도하되 세세한 실행방식에 있어서 저마다의 지역 색채를 덧대는 게 바람직하다. 범용적으로 차용할 표준화는 중앙정부나 연구자의 몫이지만, 그것을 펼쳐놓고 하나하나 적용하며 강점은 키우고 한계는 줄이는 식의 수정은 지역 현장의 몫이다. 그 속에서 지역만의 차별적·착근적 실현 모델이 도출된다.

동시에 설계도는 범용적이라도 사업순서·세부사항이 반영될 시방서(사양서)는 사업마다 모두 달라져야 한다. 지역활성화를 위한 프로젝트의 숫자만큼 시방서는 다양화·고도화되는 게 맞다. 한 해에 끝나는 사업이 아닌 장기 과제라면 매년 업그레이드를 위한 수정 작업은 필수다. 유사 사업은 물론 결이 다른 프로젝트일지언정 어차피 지역활성화의 취지로 연결된다는 점에서 시너지 창출을 위한 연대·협력 지점의 설정과 반영도 설계도와 시방서에 포함되는 것이 바람직하다.

설계도는 베껴도 시방서는 자체화해야

지역활성화 사업은 지금 이 순간에도 곳곳에서 펼쳐진다. 중요하고 시급할뿐더러 거액의 예산까지 투입됐거나 투입될 예정이므로, 굳이 지역균형 뉴딜을 언급하지 않아도 많은 이들이 관심을 갖고 지켜보는 대형 이슈다. 그럼에도 아직 시방서는커녕 설계도조차 없거나 마뜩찮은 게 지역 현장의 냉엄한 현실이다. 따라서 관성적인 공모 절차에 따른 정부주도형 프로젝트가 '행정적'으로 하달되고, 이런 정보에 밝거나 '문서적'인 참여 조건을 갖춘 일부 조직이 독점하는 사례가 많다. 이후엔 사업 취지보다 행정편의로 의사결정이 이뤄지면서 명목상의 프로젝트가 진행된다.

물론 공모부터 심사까지 외부평가 및 사후검증 절차가 있지만, 예산·기간상 한계로 엄밀한 평가는 힘들다. 여느 수많은 정부 사업처럼 기계적인 행정 공정에 맞춰 문서상으로만 잘(?) 마무리된다. 지역의 행복을 위한 사업임에도 서류만 남고 주민은 없다는 것은 활성화 프로젝트의 명백한 한계다. 예산은 썼는데 행복은 없는 괴이한 현실이다.

혹은 무분별한 벤치마킹에만 의존하는 사례도 적잖다. 어느 지역에서 성공했다고 하면 무조건 베끼고 보자는 접근방식이다. 선행 사례에서 힌트를 얻자는 취지는 좋으나, 배울 것과 버릴 것의 엄밀한 구분 없이 무작정 적용한다는 점에서 신중할 필요가 있다. 주제는 같고 지역만 다른 닮은꼴 지역 축제가 난무하는 것이 그 예이다. 고유한 지역성은 사라지고 여기저기 똑같이 진행되는 그저 그런 사업은 되레 경계 대상이다.

아쉽게도 범용의 밑그림인 설계도를 자체화하지 않는 것은 물론이고, 달라야 하고 다를 수밖에 없는 시방서(공사 순서를 적은 문서)까지 복사 후 붙여넣기에 익숙하다. 호평을 받는 선행사례의 벤치마킹은 전략적일 때 성공한다. 일반화된 설계도는 배우되 차별화된 시방서는 내재화해 적용해야 유의미하다. 한 곳에서 성공했다고 다른 곳까지 성공한다는 보장은 없다. 베껴왔으니 혁신성과 지역성은 희석될 수밖에 없다. 손쉽게 차용할 수는 있으나, 명분도 없고 실리도 없는 자충수에 가깝다.

더 우려되는 건 '알려진 성공모델이 정말 성공적일까'의 문제다. 즉 성공

인구소멸과 로컬리즘

모델을 참고할 경우에는 유의해야 할 자세와 지점이 존재한다. 요컨대 추종하기 쉬운 모델은 사실상 양날의 칼이다. 언론·행정·연구자가 사례분석을 통해, 혹은 그 과정에서 설명하기 편한 개념을 이리저리 엮어내 만들어낸 이미지일 수 있다.

물론 틀린 얘기는 아니나, 정밀한 평가로 공감대를 획득한 모델은 아닐 수 있다는 의미다. 외부에 알려지는 과정에서 독창적인 성과 홍보에 치중해 한계는 축소되고 장점은 과장될 수 있다. 은연중 주관성과 작위성이 개입해 받아들여지는 측면도 존재한다. 특정한 목적과 의도를 지닌 평가 결과는 더 그렇다. 가령 외부에 알리고픈 동기가 개입될 수밖에 없는 해당 지자체발 자화자찬의 혐의는 현실적이다. 직접적으로는, 장기 집권과 중앙 정치로의 도약을 원하는 정치세력에 이용될 위험이 내재한다.

더욱이 한 번 텍스트화가 되면 그 이후엔 면밀한 추가조사나 새로운 관점의 반영 없이 자동항법처럼 자연스레 'ㅇㅇ모델'로 불리며 자가 발전하는 경우마저 적잖다. 막상 현장조사를 가보면 알려진 것과 달라 실망스러운 이유가 여기에 있다.

그럼에도 'ㅇㅇ모델'로 호평받는 선행사례는 수많은 주목을 한몸에 받는다. 지역소멸의 위기감이 짙어질수록, 사업추진의 필요성이 높아질수록, 검토의 첫 단계부터 외부의 유명한 성공사례를 찾고자 열심이다. 다만 성공모델의 이식 실험은 의외로 상당한 도전과 위협에 직면한다. 지역마다 기반 조건이 다른데도 한쪽에서 성공했다고 그대로 채용하는 건 오판일 수 있다. 실행체계를 비슷하게 갖춰도 사업 결과는 달라진다. 동일 조건이 아닌 만큼 동일 성과의 지역활성화가 만들어질 수 없다. 지역마다 부활 모델은 모두 다르고, 또 달라야 한다는 게 엄연한 현실 논리다.

성공사례에서 뭔가를 얻으려면 엄밀한 분석과 꾸준한 조사가 필수다. 보여지는 겉과 보이지 않는 속을 함께 봐야 도움이 되는 아이디어를 추출하고 적용할 수 있다. 가능하면 자주 벤치마킹의 현장에 가보는 게 좋다. 이는 준비단계부터 적용되는 원칙이다. 여럿이 팀을 이룬 단체 시찰보다는 소수가 긴밀하게 접촉하는 것이 본질을 읽는 데 유효하다. 실질적인 키맨을 직접 만나 서로 질의응답하면서 필요한 것을 챙기는 것도 좋다. 벤치마킹을 위한 결정적인 힌트는 행간에 있으므로, 최대한 다양한 이해관계자의 내밀한 정보까지 얻어낼 필요가 있다.

때문에 행정 공무원과 사업 실행자만 만나서는 곤란하다. 사업 경계의 바깥에 서 있는 사람들의 정보와 의견까지 습득하는 것이 선행모델을 배우는 기본자세다. 또한 외부 지역의 선행 분석과 함께 지역 내부의 공간 특성을 동시에 반영하는 방식이 바람직하다. 가령 필요한 인재가 해당 공간에 없다면 외부 조달이 우선 떠오르겠지만, 최대한 자체적인 인재 육성으로 지속가능한 공급체계를 갖추는 접근이 그렇다. 대개의 지역활성화는 긴 호흡으로 이루어지므로 사업진행과 맞물려 지역 내부에서 인재를 키우는 것이 현실적이다.

지역활성화의 표준모델은 없다. 어디서든 먹힐 만한 표준적인 성공모델은 없다는 뜻이다. 지역은 비슷해 보여도 다른 게 더 많다. 겉보기엔 비슷해도 속꺼풀은 천양지차다. 호평받는 성공모델을 들고 와도 이식 과정에서 거부반응을 보이는 경우가 더 많다. 지역활성화는 대단히 복잡하고 긴 시간이 필요한 작업이라 시행착오는 반드시 발생한다. 첫술에 배부를 수 없기에 짧은 호흡과 단기 성과에 함몰돼선 곤란하다.

지향점은 동네마다 모두 다른 활성화다. 벤치마킹, 반면교사를 위한 선행사례 분석·차용은 필요하지만, 기본적으로는 그들만의 동네 모델이 권유된다. 없는 표준전과에 시간 낭비를 하기보단 표준 힌트를 알려주는 설계도를 깔고 지역색이 반영된 시방서를 갖추는 게 먼저다. 벤치마킹은 조립품의 조립 순서를 알려주는 가이드라인 정도면 족하다. 지역 현장에선 의외로 일의 순서와 일련의 매뉴얼이 없어 우왕좌왕하는 경우가 많다. 기획과 실행은 물론이고 사후관리까지 아우르는 작동체계의 설계도만 얻으면 된다. 어차피 어디든 먹힐 만고불변의 성공사례는 존재할 수 없기 때문이다.

잘 알고 잘할 수 있는 것의 힘

■

글로벌 지향주의는 강고한 원칙 중 하나다. 세계화란 타이틀로 글로벌 시장과 고객에 접근하는 유효한 개방 전략으로 이해하면 된다. 정부·기업·개인 모두 글로벌 스탠다드에 맞추려고 노력해야 한다. 세계표준이 갖는 안전하고 확실한 범용적 지배력을 위해서다. 한편에선 다른 주장도 힘을 얻는다. 확장적인 글로벌화의 피로와 한계를 지적하며 해외 의존적인 시선에서 벗어나자는 논리가 그렇다. GDP 중 수출 비중이 60%로, 대외적 돌발변수에 휘둘릴 수밖에 없는 취약하고 편향적인 우리의 산업구조도 한몫했다. 금융위기 등 해외 경기 악화 때마다 외부 충격을 고스란히 견뎌내야 한다.

대안으로 설득력을 갖춘 건 지역화Localization다. 우리가 익히 알고 있는 세계화Glabalization와 맞선 개념이다. 효율적인 국제 분업이 깨지고, 확장적인 세계 시장이 멈추면서 우왕좌왕할 때 충격 흡수망이자 대안 시스템으로서 지역화가 부상했다. 이후 지역화는 다양한 분야에 편입·응용되며 파워풀한 신 전략으로 자리매김했다. BTS(방탄소년단)·오징어게임 등 K-컬처의 성공 스토리도 지역화의 사례로 평가되며 입지를 다졌다. 이도 저도 아닌 그간의 무국적 딜레마를 한국적 스토리로 특화한 전략이 먹혔던 것이다. 남의 뒤를 쫓기보다 스스로 길을 여는 내향적 특화 모델의 가치 창출에 힘이 실리는 이유다.

정리하면 '가장 지역적인 게 가장 세계적'이란 의미다. 어렵고 힘들며 생소한 세계화보다 낯익고 잘 알며 손쉬운 지역화로 승부를 거는 편이 훨씬 낫다는 인식과 경험에서 비롯된다. 실제 세계 무대에서 효율적으로 먹히는 아이디어 중 상당수는 그곳에만 있는 독특한 본토 지향의 지역화를 최대치로 발굴·집중한 결과다. 본토 스타일이야말로 세계 공략의 훌륭한 무기인 셈이다. 지역화로 출발하되 세계화로 연결시킨 '지역화+세계화=세방화Glocalization'도 무게중심은 분명히 전자에 실린다. 마을을 되살릴 명품 전략도 지역화로 회귀해야 한다. 지역화야말로 로컬리즘의 토대이자 전부일 수 있다.

무조건적인 '복붙' 지양해야

그럼에도 지역화는 생소한 접근 전략이다. 추진해본 경험은커녕 사례를 지켜본 경험마저 일천한 새로운 미래 비전이자 실행체계인 까닭이다. 때문에 지역을 되살릴 방책과 기법의 절대다수는 해외를 비롯한 외지의 선행 경로에 의존한다. 국내에서도 '어디가 이렇게 성공했다'라는 입소문이 돌면 선구지 탐방 행렬이 꼬리를 문다. 나쁘진 않다. 오히려 권장할 일이다. 수업료를 줄이고 효과성을 키워낼 수 있는 방식이다. 서로 승패의 변수를 나누며 벤치마킹·반면교사 사례로 삼으면 실효적인 로컬리즘에 도움이 된다.

단 무조건적인 '복붙(복사 후 붙이기)'은 지양되어야 한다. 비슷한 처지의 괜찮은 성과일수록 복사의 유혹은 커진다. 인지상정이나 곤란한 선택지다. 주지하듯 손쉬운 표절은 매서운 부메랑으로 되돌아온다. 지역활성화의 여정에서 예산 낭비와 지역 피폐라는 또 하나의 실패 기록을 낳는 것이다. 많지 않은 기회를 날려버림으로써 어렵게 쌓은 에너지조차 소진시켜 지역공간에 자조적 패배감을 환류시킨다. 갈등과 분란은 당연지사다. 어설픈 벤치마킹의 족쇄와 상처는 두고두고 지역 활력의 부담으로 남는다. 겉은 닮은 듯해도 속은 제각각인 지역화의 차별적 환경을 이해하지 못한 아마추어적인 실패다. 성과가 나온다 해도 지속은 어렵다. 독특한 지역화가 아닌, 어디서든 볼 수 있는 광역화·전국화에 감동받을 수요는 없다. 행정·예산처럼 '보이는 손'이 빠지면 반짝 효과는 순식간에 종료된다.

실제 지역활성화로 수많은 단위사업이 펼쳐졌지만, 시간이 갈수록 유지조차 버거운 사례는 수두룩하다. 건물·단지 등 공간의 조성과 관련된 하드웨어는 물론 물품·서비스 등 공급 재화의 소프트웨어까지 어디를

가도 판박이처럼 비슷한 내용이 상당수에 이른다. 독특한 것을 기대하고 찾아온 관광 수요는 실망하고, 지역의 경제활동이 새롭게 시작될 것으로 기대한 지역주민은 좌절한다. 행정주도의 전시사업만 실적으로 쌓일 따름이다.

지역 특화된 고유한 테마라고 하지만, 의외로 그저 그런 또 다른 복제품인 경우가 허다하다. 관광지 태반이 똑같은 저가 수입품만 내다 파는 것과 닮았다. 지역화에 기반한 만족과 감동이 없는 로컬리즘은 그나마 이어지던 발길과 응원을 끊는 자충수와 같다.

다행스럽게도 최근 '청년인재 + 지역공간 + 특화제품'의 협업으로 색다른 지역화 실험에 도전하는 사례가 주목된다. 로컬리즘 트렌드에 맞춰진 유무형의 자원 투입에 힘입어 화제성과 성과를 모두 움켜쥔 사례들이다. 로컬라이징이란 타이틀로 청년창업 · 기업지원(ESG) · 지역공간이 협업해 소멸 경고를 활력 토대로 전환하려는 시도다. 시범 모델이 관심을 끌면서 다른 지역으로도 유사 사업이 확장된다. 이때 조심할 건 추진 흐름은 유사한 방식이되 지역마다의 특화 내용을 올곧이 담아내는 차별화 전략이다. 실패 판정이 잇따른 전통시장의 청년몰처럼 인위적 · 외부적 작동체계는 무늬만 지역화에 불과하다. 외부의 힘은 물꼬를 터주는 역할로 충분하다. 즉 자생력이 담보된 지역화만 살아남는다. 최근의 새로운 실험들을 통해 지역화의 첫발은 뗐지만 성과까지는 길이 멀다.

로컬리즘의 귀환, 성심당의 영리한 전략

지역 자체는 훌륭한 매력 자산이다. 이런 소중한 잠재 자원을 발굴하지 않거나 방치하고 다른 곳을 바라보는 방식은 득보다 실이 많다. 경쟁하듯 소문난 호평 사례를 베끼고 퍼 나른다고 모두 성공하는 것도 아니다. 지역 자체가 자립형 역내 가치와 교역형 순환경제의 실현 공간이 되도록 부가가치를 키워낼 자원을 총투입해 차별화를 완성하는 게 바람직하다. 사업에 색다른 지역 냄새를 투입하거나 강조하자는 뜻이다. 성심당이 화제인 것은 대전을 떠나지 않는 지역화의 고집 덕분이다. 대전에 가지 않으면 성심당 빵을 살 수 없다는 지역 한정판 프리미엄이 구매 가치를 높여준 결과다. 어디서든 팔면 편리함은 얻겠지만 특별함은 잃는다. 그러니 고객은 사실 빵보다 가치를 사는 데 의미를 둔다. 일종의 가치 소비다. 지역화가 갖는 매력과 지지의 교환구조인 셈이다.

밖에서 들여온 혁신은 지속되기 쉽잖다. 아무리 훌륭해도 지역마다 경로 축적의 토양이 달라 기대효과가 떨어진다. 이식에 따른 거부반응의 부작용도 상존한다. 따라서 외부발 혁신 사례는 참고하되 추종은 신중한 편이 좋다. 오히려 지역화야말로 잊혀진 혹은 방치된 매력 가치를 부각시킬 혁신모델의 출발점으로 제격이다. 즉 유효한 혁신은 익숙한 공간에서 비롯되는 법이다. 따라서 외부 유혹에서 벗어나 지역만의 가치를 브랜드로 만들어야 한다. 지역성이 흠뻑 젖어든, 지역만의 색깔이 자욱한 작은 혁신 실험이 반복될 때 세계에 내놔도 손색이 없는 차별적인 지역 모델이 만들어진다. 이를 위해 '주민 → 주인'으로 변신한 혁신 주체의 치열한 고민과 철저한 분석이 필요하다.

지역화에 착근한 부활 전략은 명분과 실리의 양수겸장에 부합한다. 의존적인 지역개발의 관성에서 벗어나 스스로 잘 살아가는 방식을 되찾는 과정인 까닭이다. 외부의 지원이 끊긴다 해도, 홀로서기의 경험과 논리만 공감되면 얼마든지 내발적 순환가치의 연결을 기대할 수 있다. 어쩌면 '마을은 주민이 만든다'라는 지극히 당연하지만 잊혀진 본질에 닿는 과정이다. 도시화와 산업화의 거센 파고 속에서 잃어버린 마을의 힘과 에너지를 되찾는 일이다. 결국 자본의 집중·표준 전략이 만든 세계화의 망상에서 벗어나 자조와 상생, 협력의 공동체를 복원하는 방식의 지역활성화가 로컬리즘의 귀환으로 명명된다.

지역복원의
참신한 아이디어 찾는 법

　　최근 오디션 방식으로 순위를 정하는 방식의 TV 프로그램들이 화제다. 달라진 시대상을 잘 반영한 결과로 해석된다. 검증된 프로페셔널의 무대만 봐왔던 시청자로선 신선한 인물의 실력을 감상한다는 점에서 호응도가 높다. 아마추어에 빛을 보지 못한 참가자가 대부분이어서, 역경을 딛고선 스토리에 더욱 공감하게 된다. 신선한데 실력까지 갖췄으니 밋밋한 과거의 방식은 설 땅을 잃는다. 물론 작위적인 줄 세우기는 불편하다. 주관적인 선호와 불투명한 평가 기준은 보완장치가 필요하다. 그럼에도 문호를 넓힌 경연 방식은 새로움을 원하는 시대 요구와 결합한 인기몰이의 배경 중 하나다. 아이디어의 힘인 것이다.

　　지역복원을 위한 물꼬는 터졌다. 갈수록 힘을 받을 수밖에 없다. 심각해진 인구통계와 심상찮은 지역의 한계가 확산된 결과다. 일찌감치 징후와 경고는 있었으나, 위험수위에 달하자 인식이 급반전했다. 더는 내버려 둘 수 없는 처지임을 절감했기 때문이다. 그리고 그 대응 일선이 로컬이란 사실은 불문가지다.

지역주민의 공포감은 치솟는다. 이대로라면 경제활동은커녕 생활기반조차 곧 무너질 것이란 현실론이 대세다. 지역과 운명을 같이 할 정치·행정 세력도 지역활성화를 최우선 정책과제로 수용한다. 중앙엔 지방분권을 요구하고 지역엔 아이디어를 갈구한다. 다만 갈 길은 멀다. 관성과 타성이 그대로 유지된다면 좌충우돌과 우왕좌왕은 당분간 반복될 수밖에 없다. 시간은 없는데 갈증만 커진다.

로컬을 되살리자는 취지에 반론은 없다. 지역활성화는 모두에게 좋다. 누구의 이익이 누구의 손실로 계산되는 제로섬 게임이 아니다. 도시로서도 농촌 회생은 이득이다. 지역은 역내 분업의 파트너이자 도시 생활을 떠받치는 든든한 안전판이다. 기울어진 운동장에서는 그 누구도 제대로 서 있을 수 없다. 경사면의 위든 아래든 불편하고 위험하다. 지역이 흔들리면 도시도 휩쓸린다.

해서 견제와 딴지는 불필요하다. 지역이 최대한 되살아나도록 응원하고 협력하며 지원하는 게 바람직하다. 많은 자원을 지닌 도시 부문과 중앙정부의 역할이 중요한 이유다. 이인삼각 경기처럼 함께 뛸 때 모두가 산다. 지역재생의 성과를 낸 어떤 사례에서도 지역만의 나 홀로 출전은 없었다.

유치원생이 CEO를 이긴 이유

문제는 아이디어다. 그간 많은 노력에도 불구하고, 문제가 해결되지 않거나 악화되고 혹은 부작용이 생겨왔다면 그 아이디어는 잘못된 것이다. 취지가 옳아도 효과가 없다면 마찬가지다. 좋은 아이디어란 문제를 해결하고 성과를 내야 한다. 마이너스를 메울 뿐만 아니라 새로운 플러스까지 얹어질 때 박수를 받는다. 돈을 넣었는데 성과는커녕 문제만 낳았다면 곤란하다.

모든 정책이 그럴진대 지역활성화라고 예외일 수 없다. 차라리 지역복원은 더 기발하면서 효과까지 담보된 아이디어가 요구된다. 과거 방식으로는 안 된다는 위기감과 간절함이 확인됐기 때문이다. 시청자의 눈과 귀를 사로잡기 위해 경연 방식을 채택한 것도 같은 맥락이다. 생소하고 독특한 만큼 위험 요소가 있었지만 달라진 방식은 바람직했고 효과적이었다.

새로운 아이디어는 '문제해결+성과확대=지역재생'의 등식을 완성시키기 위한 필수 요소다. 하늘 아래 새로운 건 없다고 자조하면서 간만 보고 비켜서기엔 시간이 없다. 캐비닛 안에 넣어둔 케케묵은 과거 사업을 꺼내들고 겉만 수정해 새로운 것인 양 내놔선 더더욱 곤란하다. 제아무리 취지가 좋아도 이해가 부족한 전형적인 탁상행정은 질릴 정도로 봐왔다. 달라진 방식으로 신선함과 효과성을 담보하려는 시도가 절실하다.

그 첫 단계가 아이디어의 수립과 채택이다. 익숙한 책상머리를 벗어나 다양한 의견과 제안을 적극적으로 수용하는 즉각적인 태도 전환을 제도화하는 게 권유된다. 말로만 새로운 걸 내놓자고 할 게 아니라 제도화·명문화를 통해 실제로 움직이게끔 유도하는 게 바람직하다. 이를 인센티브와 패널티로 적절히 관리하면 새로운 아이디어도 도출되게 마련이다. 밀실 담합과 소수 전횡을 정당화하는 구태의연한 인습은 갈 길 바쁜 지역 현장에 짜증과 좌절을 낳을 뿐이다. 답은 현장에 있고, 아이디어는 지역에 있다. 한발 다가서서 모아내면 못 할 게 거의 없다.

아이디어는 최대한의 전원 참여가 전제될 때 빛을 발한다. 개인은 집단을 이길 수 없다. 전문성이 현장성과 일치하지도 않는다. 협력적 사고가 선택편향을 막을 수 있다는 건 마시멜로 게임에서 잘 나타난다. 제한 시간 안에 스파게티 가닥을 이용해 마시멜로를 탑처럼 가장 높이 위치시키는 게임이다. 일종의 전략 게임인데 결과는 놀랍다. 똑똑한 개인이 팀을 이뤘다고 성과가 높지 않다. MBA 출신이나 CEO보다 유치원생들의 높이가 가장 높게 나왔기 때문이다. 최적의 성과는 관심을 갖고 협력적으로 참여할 때 커진다는 교훈이 확인되는 대목이다.

비슷한 사례로 달나라 게임도 있다. 달에 불시착한 우주선에서 나와 모선까지 가야 되는 상황을 가정해 15개의 생존 물품 중 우선순위를 택하도록 한다. 이를 개인 결정과 집단 결정으로 나눠 실험하면 정답률은 대개 개인보다 집단일 때 높아진다는 것이다. 공유지의 비극을 협력으로 풀어내듯 아이디어도 함께 논의할 때 신선하고 효과적인 안으로 거듭날 수 있음을 증명해준 사례다.

CHAPTER 04 지역주식회사 CEO가 되어라

아이디어 실효성 높이기는 '감추기'에서 '내놓기'로

　모두가 참여할 때 모두를 위한 로컬이 만들어진다. 사공이 많으면 배가 산으로 간다고 우려하는 시선도 있지만, 지역활성화에선 얘기가 좀 다르다. 이는 주민참여를 왜곡하고 변질시키는 구시대적 사고일 따름이다. 오히려 혹자는 "사공이 많으면 배를 산 위로도 들어 올릴 수 있다"라고 일갈한다. 개방된 공간에 모두가 참여하는 열린 방식이 민주주의이자 공화주의다. 여럿이 함께 나누는 공론의 공간이 이해충돌과 갈등의 여지를 줄이고 연대와 협력을 만드는 조건이다. 신뢰성과 투명성 안에서 정의와 공정이 실현된다. 이럴 때 아이디어는 무궁무진해지고 정밀도도 높아진다.

　혁신 실험에서 자주 차용하는 것이 디자인 싱킹인데, 이것이 강조하는 아이디어 추출 과정도 비슷하다. 자유로운 협의를 유도하고 모호성을 낮추자면 △한 번에 하나의 주제 △주제 벗어나지 않기 △거친 생각조차 응원하기의 3대 규칙을 지키라고 권한다. 브레인스토밍을 통한 마인드맵을 작성할 때도 취지는 비슷하다. 아이디어를 둘러싼 표현의 자유를 인정하고, 섣불리 판단하지 않으며, 생각은 많고 다양할수록 좋다고 본다. 이때 '지역활성화를 왜 하는지'에 대한 관점을 이해하며 복합적인 통찰이 정의되고 공유되기 때문이다.

　지역활성화는 일부 주체의 전유물일 수 없다. 실행할 아이디어도 폐쇄된 공간에서 제안되기 어렵다. 그렇다면 문턱을 낮추고 넓히는 게 관건이다. 요컨대 다양한 오지라퍼(?)들이 끼어들며 아이디어를 고도화하는

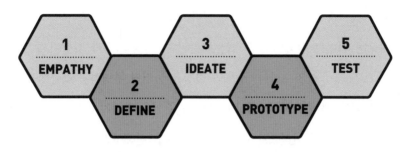

EMPATHY	DEFINE	IDEATE	PROTOTYPE	TEST
이해하고 공감하기	문제를 정의하기	아이디어 확장하기	아이디어 구현하기	아이디어 실행하기
상황을 관찰하고 문제점을 발견하는 과정	문제를 인식하고 공유하여 문제 지점을 도출하는 과정	아이디어를 자유롭게 발산하는 과정	아이디어를 구현하는 과정	피드백을 통해 아이디어를 개선하여 적용하는 과정
UNDERSTANDING 사용자 중심의 관찰 · 공감		CREATE 발산과 수렴을 통한 통합적 사고		CREATE 구현하기

자료: https://4ir.kisti.re.kr/ick/cmmn/viewPost/20180228000026 재인용

게 좋다. 깨어 있는 주민에게 더 자주 더 많이 기회를 던져주면 아이디어는 저절로 개선된다. 그래야 곤경과 아픔을 이겨낼 새로운 지역 공간이 펼쳐진다.

이를 위해서는 당장 기존 방식에서 벗어나야 한다. 현실적인 출발점은 결정권을 지닌 행정단위의 구조개혁에서 비롯된다. 즉 지역단위의 정치 리더십이 지역활성화의 중대한 역할 지점이다. 연대와 협력이 확장되도록 유도할 강력한 힘을 지녔기 때문이다. 깨어 있는 주민을 발굴하고 연대해 강력한 에너지원이 되게끔 유인하면 지역을 되살릴 아이디어는 저절로 확보된다.

추진하는 과정도 달라질 필요가 있다. 아이디어가 좋아도 실행 과정이 그대로면 의미는 절하되고 성과는 훼손된다. 결정 과정과 집행이 투명하지 않으면 불신을 자초한다. 정보와 결정을 둘러싼 투명성과 접근성을 최대한 높이는 게 중요하다. 예산이 원래의 주인을 향하지 않고, 친분과 이해로 뭉친 일부의 이익으로 귀결되면 안 된다. 친해야만 얻을 수 있는 정보가 이너 서클에서만 공유되면 화를 부른다. 지역활성화는 공무원, 전문가를 필두로 한 일부 사업자만의 사업일 수 없다.

잘 아는 사람들과만 말하고, 통하는 이들만 만나며, 편한 방식으로 논의해선 안 된다. 이를 밀실 행정이라 한다. 심사와 결정, 집행과 혜택이 짬짜미라면 될 일도 안 된다. 좋은 관계가 문제를 해결해주지 않는다. 세금으로 아는 사람에게 혜택 주고 겉만 번지르르한 사업은 무의미하다. 그들끼리의 자화자찬은 뭇매를 맞을 수밖에 없다. 권한이 권력으로 비화되는 관행을 멈출 때다. 지역의 사업에 도전해본 이들은 모두가 느꼈을 바다. '감추기'보단 '내놓기'로 아이디어의 실효성을 높여야 한다. 경직된 과거의 방식이면 소중한 아이디어도 자괴감과 박탈감을 낳을 수 있다.

사바에시의 재생 교훈, 상향적 협치 시스템

앞서 소개한 일본의 사바에시鯖江市는 이런 관행을 깨고 지역 현장에 아이디어를 청하는 실험으로 화제를 모았다. 과소지역에서 행복 동네로 거듭난 비결이다. 사바에는 행복도 1위인 후쿠이 모델을 실현한 대표 지역이다. 좀 오래된 통계지만, 2010~2015년 인구증가율(1.24%) 및 세대 인원(2.98명)은 1,800여 개 기초지자체 중 1위다(국세조사). 절대다수 기초지자체가 '자연감소+사회감소=마이너스'이지만, 사바에는 '자연감소+사회증가=플러스'를 이뤄냈다. 외부 인구의 사회전입이 늘었다는 의미다. 특히 고무적인 건 젊은 피의 수혈이다. 새로운 외지 청년의 유입을 통해 직주 실현과 자급자족의 완성도를 한층 높인 것이다.

성공 요인은 많으나, '시민 → 행정'의 제도화된 상향적 협치 시스템이 그중에서도 돋보인다. 지역활성화의 선구 사례로 꼽히며 UN 총회에 초청되어 연설까지 한 시장의 존재감이 컸다. 방치되고 소외된 시민을 자발적·협력적 정책 주역으로 재설정한 덕분이다. 실효적인 관민관계 구축을 통해, 프로젝트 중 대부분은 시민단체·지역주민의 민간 제안에서 비롯됐다. 시민주역 지역활성화市民主役のまちづくり, 사바에시 JK과課, 지역활성화 플랜 콘테스트, 시민 주주총회, 크라우드펀딩, 시민 공모채 등이 새로운 아이디어와 달라진 접근방식을 완성해낸 대표적 실행 수단으로 평가된다. 이로써 '사바에=지역활성화'라는 브랜드로까지 발전했다. 사바에 사례를 담은 책(『이토록 멋진 마을』)이 한국에서 번역, 출간되기도 했다.

실효적인 지역활성화를 위해 영리한 아이디어가 필요한 때다. 그리고 새 술은 새 부대에 담는 게 여러모로 낫다. 기존 방식을 완전히 무시할 수는 없지만, 적어도 협치적 관점에서 새로운 아이디어와 달라진 실행 수단이 채택되도록 문호를 넓히는 게 좋다. 발본적 사고 전환과 구조개혁이 제도화되면 금상첨화다. 경연 방식이 시청자의 인기를 끈 비결은 과거와 다른 접근이었을 확률이 높다. 구태의연하고 그저 그런 밋밋한 방식으로 지역활성화를 추구해본들 결과는 실패의 전철을 밟을 확률이 높다.

　가야 할 길과 연결된 힌트는 많다. 취지도 충분히 옳다. 남은 건 의지를 갖고 실천해가는 것뿐이다. 정부와 행정이 도맡아 성과를 내던 시절은 지나갔다. 맞지 않는 옷(정책)은 줄이거나 늘려야 한다. 그만큼 몸(지역)이 많이 변했다.

지속가능한 경쟁력

돈 잘 버는 지역활성화

지역복원 프로젝트는 눈먼 돈의 퍼주기도 이해 야합의 전유물도 아니다. 로컬 행복이라는 공공선을 위한 사회 가치가 핵심적인 고려 대상이다. 다만 경쟁과 혁신, 성과 등 시장 기반의 경제적·재무적 접근을 절하하거나 배제해서는 곤란하다. 예산으로 판은 깔아줘도, 이후엔 자생적·순환적 경쟁력을 발휘하며 새로운 경제 가치를 끝없이 고민하는 게 옳다. 외부 동력이 끊겨도 자가 발전이 가능하게끔 자체적인 기반을 구축·완비하는 건 상식에 가깝다. 지속가능한 경쟁력은 로컬리즘의 전부다.

정부 예산을 필두로 선의의 외부 협조만 바래서는 명분도 실리도 제한적이다. 좋은 일을 하니 도와달라는 것도 한두 번이지 지속되기 어렵다. 외부의 선의도 매한가지인 게, 자기 만족이든 명성에 대한 기대든 사업전략이든 가변적일 수밖에 없다. 정부예산 역시 정치권력의 철학과 이해에 따라 언제든 상황 반전이 예상된다. 결국 스스로 힘을 길러 지역활성화로 돈을 버는 경쟁력을 확보해야 본연의 사업 취지가 실현된다.

비유하면 영업외수익에 의존하지 말고 영업이익의 힘을 기르자는 의미다. 사업 모델로는 적자인데 정부지원금이 벌충해줘 당기순이익을 내는 사례는 경계 대상이다. 공공성을 지원한다는 취지와는 맞지만, 엄연한 사적 조직인 까닭이다. 사업 초기엔 불가피하겠지만 결코 자연스러운 재무제표는 아니다.

같은 맥락에서, 지역활성화의 사업 주체는 스스로 능력과 자질을 키워 내외부의 검증을 받으며 독자 생존의 길을 확보하는 게 옳다. 주민을 위한 사업이란 핑계로 손실을 가리거나 비교열위를 정당화해선 곤란하다. 오히려 그럴수록 주민 행복을 최대한 담보해주는 경쟁력을 강화해 사업 성과를 최대한 끌고 나가려는 자세가 필요하다. 유사 사업을 영위하는 민간회사와 부딪혀도 이길 수 있는 경쟁력이 궁극적인 과제다. 상시적인 원가절감과 추가적인 가치창출은 생존을 넘어 성장을 위한 지름길이다. 지원과 보호가 자칫 자립과 협력을 막는 걸림돌이 돼선 안 된다.

명분보다는 매력적인 재무제표를

아쉽게도 아직은 갈 길이 멀다. 민관협치든 주민주도든 지역활성화의 새로운 역할 주체로 발굴되고 강조되는 신형 조직의 완결성은 상당히 떨어진다. 기존 플레이어는 지역활성화 프로젝트를 공공성보다 수익성에 기반해 접근하기에, 진행 과정에서 확산적인 사회가치를 확보하기란 구조적으로 어렵다. 시장 논리에 따라 최대한 수익을 내는 게 당연하기에 자본주의의 시장 실패를 만회할 동기와 의지는 없다.

물론 자본주의의 대안 모델로 떠오른 사회적경제는 매력적인 카드다. 서구에선 사회연대경제로 지칭되며 로컬 현장을 되살리는 핵심적인 주류 모델로 채택된다. 특히 영국을 필두로 한 북유럽권은 한국과 달리 정부 지원 없이도 로컬 복원의 탄탄한 플레이어로 성장했다. 한국도 사회적경제의 작동 방식을 지역복원의 실행 주체로 끌어안으며 수많은 유인과 배려를 제도화했다. 그럼에도 아직 홀로서기는 난망한 상태다. 겨우 10여 년을 넘긴 실험 초기라 시행착오가 많은 데다 전체적으로 미숙하다는 평가가 많다. 물론 우물가에서 숭늉을 찾을 수는 없지만, 그럴수록 외부 지원 없이도 장기 지속할 수 있는 경쟁력 확보를 가시권에 두고 사업 체계에 녹여내야 한다.

지역복원은 로컬을 되살릴 다양한 단위 사업에서 시작된다. 예산투입이든 민간투자이든 지역 현장에서 펼쳐지는 새로운 실험이다. 공공성을 목적으로 두지만, 형태가 다양하고 돈과 사람·조직이 결부된 사업이란 점에서 민간 부문의 프로젝트와 추진 공정이 아주 유사하다. '투입 → 활동 → 산출'의 프로세스를 따르지 않는 지역활성화는 없다는 뜻이다. 시장은 절대 실패하는 사업을 추진하지 않듯이, 지역활성화도 공정 단계별 경쟁력의 강화를 통해 수익성을 확보해야 한다. 그래야 본연의 추구 가치인 공공성도 유지 · 확대된다.

따라서 행정주도든 민간위탁이든 혹은 민관협력이든 기존 방식보다 더 나은 성과를 낼 수 있다는 확증과 설득이 필수다. 즉 새로운 역할 주체일수록 지역활성화에 더 도움이 된다는 걸 확실히 보여주어야 한다. 자주 거론되는 한계인 외부 의존성을 낮추고 영리적 지속가능성을 강화하는 방향으로 추진될 때, 주민 공감은 물론 지속성과 정당성을 마련할 수 있다.

지역활성화는 통섭과 융합의 학문이다. 공공학 · 행정학이지만 동시에 복지학, 사회학이며 경영학과 경제학까지 아우른다. 로컬이라는 공간의 축약적 성격 때문이다. 제아무리 작은 공간일지언정 사람이 산다는 점에서 모든 영역이 포괄된다. 전공자나 전문가는 드물다. 특정 분야에서 경험치나 암묵지가 쌓여 훈수를 둘 수는 있지만, 실험실 화두가 아닌 생활 이슈라 정합성은 제한된다.

반대로 전공이 없다는 건 모두가 전공이란 의미다. 각자의 영역과 위치에서 지역활성화라는 큰 퍼즐을 맞추는 데 기여한다면 파편적인 사업이라도 전체적인 스토리로 엮어낼 수 있다. 작은 것이 모이면 큰 힘이 된다는 사실은 삼척동자도 안다.

지역활성화는 '작은 실험의 큰 연결'일 때 성과 창출이 기대된다. 특정 분야에서 스스로 경쟁력을 구축 · 강화한 후, 주변 사업과 연계하는 협업 · 협력 체계로 진화해 나가야 한다. 다행스럽게도 새로운 시도와 실험은 갈수록 늘어난다. 하나씩 완수하되 합해서 완결하는 방식이 좋다. 지역

주체라면 벽을 쌓기보단 문을 열어젖히는 자세가 필요하다.

혁신 사고와 실험정신으로 자생력을 키워라

그럼에도 아쉬운 건 지역복원의 현장에 적용되는 영리적 사업 방식이 비교적 적거나 없다는 점이다. 행정발 예산사업이든 주민·조직발 자체 사업이든 '돈을 버는 지역활성화'에 관심이 낮은 게 현실이다. 일단 영리구조에 익숙하지 않을뿐더러 일부는 대놓고 중요도를 낮추기까지 한다. 공공사업이니 영리성을 따져서는 안 된다는 쪽이다. 반은 맞고 반은 틀린 얘기다. 정부주도·행정주체의 완전한 공공사업이 아닌 한 영리적인 지속가능성은 필요하다. 지역활성화 프로젝트 중 대부분이 민간위탁 혹은 민관혼합이란 점에서 민民은 자생적인 수익구조를 갖추는 게 바람직하다.

따라서 예산사업으로 시작할지언정 최대한의 성과가 전제된 합리적인 영리 체계는 필요불가결하다. 예산투입이 없다고 사업을 끝낼 수 없기에 초기 지원을 마중물로 지속성을 위한 경쟁력을 확보해야 한다. 문제해결(Social Value)도 영리 방식(Economic Value)이 구축될 때 지속되는 법이다. 공공성의 확보를 우선해야 한다는 것은 옳다. 하지만 동시에 영리성 없는 활성화가 계속될 수 없다는 사실도 잊지 말아야 한다.

늦기 전에 돈 잘 버는 지역활성화를 위한 시스템의 안착과 확장이 시급하다. 예산만 쳐다보고 지원만 바라서는 사업을 그르친다. 목적함수인 지역사회 후생증진(Regional social welfare) 극대화를 위한 영리 감각의 도입·

적용이 필요하다. 공공성에만 천착해 설계되고 집행되면 지속성이 떨어진다. 지역활성화를 하겠다면 매력적인 사업모델로 영리적인 수익구조를 갖춰 수많은 외부 경쟁자와 부딪히는 게 바람직하다. 보호와 지원이 계속될 수 없으므로 자생력은 간절하다. 왕왕 시장의 민간조직이 더 뛰어난 재생 성과를 낼 수 있다는 점에서 수율 향상을 위한 긴장과 노력은 필수 항목이다.

로컬 복원이란 좋은 일을 하는데 돈까지 번다는 이미지를 실현할 때 지역활성화의 새로운 실험은 공감대를 넓힐 수 있다. 어떤 조직이든 사업성과와 결부되는 경제조직이란 점에서 반드시 경쟁력이 요구된다. 불특정 다수의 지역주민이 체감하지 못하는 사업은 외면받을 수밖에 없다. 이상적인 가치만으로 지역활성화를 평가하는 지역주민은 거의 없다. 지역주민은 사업 성과의 품질과 후생을 냉철하게 논평한다. 행정의 역할도 중요하다. 민간 파트너에의 직접 지원이 종료되면, 의존도를 낮추되 경쟁력을 키우는 간접 지원으로 편성하는 편이 저부담·고효율을 실현할 수 있다. 주민을 소외시키지 않도록 투명성을 높이고 협력이 자주 일어나도록 정보 비대칭성을 해결하는 정책을 통해 관련 인프라를 강화해주는 방법이 대표적이다.

지역활성화는 대부분 경제사업이다. 사업내용이 하드웨어이든 소프트웨어이든 결국 활용하고 평가하는 주민이 최종 고객인 엄연한 비즈니스다. 시장에서 재화를 사는 것과 똑같이 확실한 효용이 없다면 더 이상 찾지 않는다. 경쟁력이 부족해 고객이 이탈한 사업 공간에 돈이 돌 리 없다.

심지어 공공성을 내세워 무료 편익이란 인센티브를 제공해도 경쟁력이 없다면 결과는 매한가지다.

로컬과 주민은 전에 없이 똑똑해졌다. 냉정한 고객이 많아졌다는 뜻이다. 그들은 기회비용까지 따져가며 확실한 만족이 없는 한 공감하지 않는다. 사업은 했는데 주민은 없는, 숱한 지역활성화발 유휴 · 방치 사례는 이렇게 발생한다. 따라서 고객 만족, 즉 주민 행복은 사업 자체의 경쟁력에서 발생한다. 즉 재화와 서비스를 팔기 위해 끊임없는 고민과 진화를 반복하는 영리 기업에 준하는 접근 자세가 필요하다. 그래야 지역활성화도 경쟁력이 확보되며, 사업성은 강화되고 지속성은 확대된다.

혁신적 사고와 실험정신이 필요

유력한 힌트는 혁신적 발상과 실험적 모델로 갈무리된다. 혁신은 영리 기업과 민간조직의 전유물일 수 없다. 복지부동 · 무사안일이라는 질타가 집중되어온 정부조차 공공 혁신을 강조하는 판에 자생적인 경쟁력이 필수불가결한 지역활성화 현장에서 혁신체계의 수립 · 확대가 요청되는 건 당연한 이치다.

물론 꽤 어려운 주문이다. 새로운 혁신을 언급할수록 기존의 저항은 맹렬하다. 새로운 방식은 필연적으로 기존 이해관계의 재조정을 뜻한다. 장기간 맛있고 따뜻한 밥을 손쉽게 먹었다면, 그 밥그릇을 지키려는 기존 조직의 반발 · 방해는 엄청날 수밖에 없다. 규제와 로비를 통해 기득권을 고

예측(Prediction)	창의(Creation)
거대 계획(Big Plan) 기반	작은 활동(Small actions) 기반
필요한 것들이 갖춰질 때까지 기다림	현재 가진 것으로 일단 시작함
기대수익(Expected Return) 중요	수용가능 손실(Acceptable loss) 중요
단선적(Linear)	반복적(Iterative)
극대화(Optimization)에 초점	실험(Experimentation)에 초점
최대한 실패 기피(Avoid failure at all costs)	실패를 활용해 앞으로 전진(Embrace & leverage failure)
경쟁적(Competetive)	협력적(Collaborative)
확실성(Knowable)	불확실성(Unknowable)
데이터분석-계획-실행(Data-Plan-Act)	실행-배움-구축(Act-Learn-Build)
실행하기 위해 배움(Learn in order to act)	배우기 위해 실행(Act in order to learn)

자료: 김민정(2017), p.207, 재인용

수하려는 몸부림이다. 해서 혁신은 자주 늪에 갇힌다. 안전 지향과 단기 성과에 매달려 새로운 도전을 응원하기는커녕 좌절시키는 사례가 적잖다. 기존의 위치를 지키기 위한 규제마저 양산된다.

혁신은 외롭지만 부정하기 힘든 대세다. 사회의 진보는 혁신에서 비롯되었다. 성장 정체 속 불행사회를 이겨낼 유일무이한 탈출구가 혁신이다. 무엇보다 혁신은 협력을 추동하는 독립변수다. 혁신이 없으면 협력은 없다. 지역단위조차 혁신을 거부하는 NIHNot Invented Here 신드롬이 만연한 상태다. 고립적 분파주의에 함몰돼 외부의 새로운 시각과 아이디어를 배척하는 사일로 효과Silo Effects는 종식시켜야 할 시대 과제다. 지역활성화에 필요한 건 자생력을 높여줄 획기적이고 파격적인 혁신 마인드다. 이게 사업 모델화될 때 지역의 행복이 가까워진다.

시대가 변했다. 혁신은 거부가 아닌 수용과 확대의 대상이다. 처음엔 불편하고 성가셔도 결국 모두에게 우호적인 성과로 되돌아온다. 지역이 되살아나면 그 수혜는 일부에 국한되지 않는다. 지역사회의 모세혈관을 이루는 주민 전체의 편익 증진으로 이어진다. 지역사회는 혁신가의 존재와 활약 여부에 따라 운명이 갈릴 수밖에 없다. 한국사회는 정답이 없는 시대로 접어들었고, 혁신은 이를 뛰어넘을 최후의 돌파구에 가깝다. 영리적 기업 조직은 일찌감치 파괴적 혁신의 새로운 버전을 통해 끝없이 생존력을 강화하고 있다. 지역 문제를 풀어낼 새로운 방식으로 지역활성화를 타진한다면 혁신은 반드시 품어 안아야 할 화두다.

기업가정신을 전수하는 창업교육 명문인 밥슨칼리지Babson College도 시대 변화에 맞춰 기존에 강조해온 예측Prediction이 아닌 혁신적인 창의 Creation로 교육의 무게중심을 전환하자고 제안한다. 예측을 통한 결과가 퍼즐 맞추기라면, 창의를 통한 결과는 퀼트 짜깁기로 비유된다. 결국 혁신적인 자세와 실천적인 행동만이 생존 그 이상의 성장을 담보한다는 의미다. 지역활성화를 성공시킬 핵심요소가 혁신임은 불문가지이다.

지역복원은
경영 마인드로

"규정이 없다. 관례가 없다. 예산이 없다."

어디선가 들어본 듯한 코멘트다. 행정 근처라면 언제 어디서든 유행어처럼 떠도는 말이다. 데자뷔처럼 익숙한 경험담은 확대된다. 위에서 시키는 일만 최소한의 수동적 대응을 한다면 문제가 생기지 않는다는 투다. 창의적이고 도전적인 일은 잘해야 본전인 탓이다. 괜히 의욕적으로 나섰다가 혹시 잘못되기라도 하면 감사와 징계만 돌아올 뿐이란 인식이다. 무사안일주의, 적당주의, 복지부동, 보신주의와 맥이 닿는다.

이런 환경이면 변화와 혁신을 강조하는 리더십은 기존 공무원 사회와의 갈등을 예견할 뿐이다. 전쟁을 치를 각오가 없다면, 한 발자국도 움직이지 않는 견고한 벽 앞에 무너질 수밖에 없다. 한때 주목받은 『주식회사 장성군』이란 책의 한 단락을 재구성한 내용이다. 십수 년 전에 쓰인 콘텐츠이지만, 책의 문제 제기는 여전히 유효하다. 개선된 점도 있지만, 대체적인 평가는 여전히 행정 특유의 후행적·소극적 무책임을 질타한다. 규정·관례·예산처럼 근거가 없으면 움직이지 않는다는 볼멘소리가 아직도 많다는 얘기다.

'근거=규제'에 기반한 답답한 일 처리가 시장과 기업의 혁신을 잡아먹어선 곤란하다. 행정이 요구한 산더미 자료가 이런저런 절차로 지체될수록 취지는 뒤틀리고 목표는 멀어진다. 관료사회의 공고한 권력화와 카르텔이 현장·혁신과 멀어지면 기회와 기대는 실망과 좌절로 점철된다. 많은 연구들이 행정개혁발 관료 혁신을 우선순위로 강조하는 배경이다. 슈퍼 공무원까지는 아닐지언정 적극 행정은 지역복원의 필수요소다.

로컬 재생도 마찬가지다. 엄청난 예산과 수많은 사업이 진행됐지만, 가성비는커녕 혈세 낭비조차 일상적이다. 민간에선 통할 리 없는 실패가 관성처럼 반복되는, 사실상 혁신의 불모지대로 불리는 이유다. 지금도 근거와 관행만 고집하는 융통성 없는 의사결정이 새로운 도전과 혁신을 집어삼키는 재생사업이 횡행한다. 절차에 관한 자료와 숫자로 된 실적만 있으면 체감 성과와 실효 가치는 없어도 그만인 최악의 사태로까지 치닫는다. 지원은커녕 방해하지만 않아도 좋겠다는 한숨에 주목할 때다. 지자체와 무관한 지역재생은 없다. 행정주도의 예산사업이면 더더욱 지자체의 능력 발휘가 필수다. 그렇다면 주식회사처럼 영민하고 전략적인 접근을 채택해야 옳다.

근거와 규제는 지역재생 방해물

중앙정치든 지역정부든 행정은 지역복원의 중대 변수 중 하나다. 지역발전이 본업인 지자체의 의지와 능력은 특히 사업성과를 가르는 결정적인 역할일 수밖에 없다. 처지와 환경이 비슷한데도 지역마다 사업성과가 엇갈린다면 그 원류엔 행정의 판단 미스와 관성이 존재할 것이다. 때문에 '지원은 못 해도 방해는 할 수 있다'라는 말도 들린다. 실패했다면 열에 아홉은 행정 때문이란 인식까지 있다.

과도한 평가절하일 수 있지만, 대부분의 체감이 이러하고, 사업은 했는데 창출 가치가 없다면 문제가 아닐 수 없다. 형해화의 함정에서 벗어나기 위해서는 제대로 기능할 행정의 존재와 능력 발휘가 전제된다. 지역행정을 총괄하는 리더십이 바뀐 후 눈에 띄게 달라진 성과를 보이는 경우도 많다.

따라서 모범적인 재생 사례의 공통분모는 의지와 능력을 지닌 행정, 즉 기초지자체의 문제의식과 역할로 요약된다. 편하고 익숙하나 시대 변화에서 비켜선 과거의 방식이 아니라, 달라진 접근방식과 실천체계를 흡수하고 확대하는 행정이 사업의 중심에 서야 한다는 것은 주지의 사실이다.

성과를 내는 현장에는, 규율과 원칙의 틀을 깨는 끊임없는 혁신과 낯선 실험의 주체로서 지방행정을 실천하는 리더십과 공무원의 변신이 존재한다. 책상머리를 벗어나 문제 현장을 찾고, 한계를 지적하는 대신 장점을 응원하며, 구태의연하고 속 편한 추진체계보다 번잡하고 수고스럽지만 새로운 시스템을 시도하는 혁신행정으로의 탈바꿈이 지역을 되살린다. 이들에게서 권위적이고 하향적이며 시혜적인 사업 마인드는 찾기 어렵다. 위에서 내려오는 단순대행·사무위탁조차 새롭게 재구성해 실효성을 높인다.

행정의 약점은 민간의 강점과 겹친다. 즉 '복지 vs. 영리'는 결코 만날 수 없는 평행궤도로 이해된다. 때문에 '행정+이윤'은 같은 문장에 사용될 수 없는 금칙어에 가까웠다. 행정은 돈을 남겨서도 벌어서도 안 된다는, 영리 저 너머의 초연한 사업 가치에 매진하는 경로만 강조된다. 모름지기 행정이란 영리조직이라면 결코 안 할 일을 해야 한다는 공익성의 명분 때문이다. 과도한 시장의 탐욕이 주민 행복을 위협할 때 행정이란 공권력이 개입하는 근거와 같다. 따라서 돈(예산)은 도구일 뿐 목적이 되지 않도록 터부시됐다. 물론 틀린 말은 아니나 이제는 재구성이 필요한 이슈다. 시대 변화에서 벗어난 경직적 사고체계일 뿐 아니라 지속가능성과 당사자성을 품어내지 못하는 유물에 가깝기 때문이다.

행정발 영리모델, 주식회사 지자체

지역을 되살리려는 다양한 실험이 곳곳에서 잇따른다. 229개 기초지자체 모두가 균형발전을 위한 지역복원에 뛰어들었다고 해도 과언이 아니다. 한 공간에서 수많은 사업이 동시다발로 펼쳐진다. 그 대부분은 행정이 깊숙이 관여되고 관리한다. 반면 이렇다 할 성공적 사례는 아직까지 손에 꼽는다. 길게는 수년간 많은 돈을 썼는데 성과는 없는 곳이 부지기수다. 아이러니다. 영리조직이라면 상상하지 못할 일이 중첩되며 껍데기만 남고 돈은 휘발돼버린 현장이 적잖다. 눈먼 돈이 만들어낸 서류상 숫자의 성과만 사업종료 후 캐비닛 속에서 먼지와 함께 동면한다.

행정 자원과 로컬리즘은 불가분의 관계다. 지역재생을 위한 자원공급자이자 사업행위자를 넘어, 단순한 연결중개자·사업심판자로 봐도 행정 분야의 의지와 능력은 중차대한 성공 조건이다. 직접적 지원은 물론 규제까지 포함한 광범위한 방식으로, 지역 재건의 무대에서 결정적인 행위 주체일 수밖에 없어서다. 만약 행정이 민간의 영리조직처럼 사업효율성과 지속가능성을 비용 대비 편익의 작동방식으로 접근하면 기대효과는 극대화될 것이다. 혁신적 기업가정신과 창발적 경영 마인드라면 최소비용·최대효과를 추구하는 것은 자연스럽다. 그간 행정에 부족했던 혁신과 영리성을 경영 분야에서 빌려오는 차원이다. 그렇다면 지역재생의 풀리지 않던 화두인 탈脫행정, 탈脫예산 이후의 자립적 지속가능성도 보장된다.

어떤 사업이든 시작했으면 지속되는 게 관건이다. 행정주도형 단발사업일지언정 창출 가치는 유지되고 강화되어야 한다. 물론 반복적인 혈세 투입으로 아등바등 유지되는 사업은 잘못된 것이다. 마중물 이후엔 놔두어도 알아서 잘 굴러가도록, 즉 추가 지원 없이도 이해관계자의 가치 창출이 계속되도록 행정 역할은 제한되는 게 바람직하다. 기획 단계부터 이를 가정하고 반영하는 지역재생이 바람직하다.

행정은 재생 현장이 지속가능하도록 '돈 버는 지역재생'을 내재화하고 지역 자본의 플랫폼을 제공하는 것이 옳다. 이를 위해서는 스스로 돈 버는 방식과 전략을 이해하는 게 먼저다. 영리 구조를 꿰뚫어 보면서 공공이익이 최대한 펼쳐지고 지속되도록 탐욕의 동기는 통제하고 협력의 성과는 확대하는 전문가 집단을 지향하자는 얘기다. 그래야 알아서 움직이고 스스로 잘되려는 합리적 이기성이 발휘돼, 지속적 가치를 잉태하는 선순환의 지역재생을 기대할 수 있다.

행정과 영리는 결코 우연한 만남일 수 없다. 정부와 기업, 행정과 시장, 공익과 사익의 새로운 이해 합치는 시대 조류 중 하나다. 조심스럽긴 하나 더는 피할 타이밍도 아니다. 사회가치와 경제가치를 동시에 확보하는 접근방식이 공공과 민간 모두에서 확인된다. 사회문제를 영리적 접근으로 풀어내고자 하는 대안 모델인 '사회적경제'도, 사회문제를 이윤 창출보다 선순위에 두자는 ESG도 거대한 흐름으로 안착했다.

이런 와중에 영리 방식을 공공행정에 투영시킨 돈 버는 지자체의 등장과 역할은 이상할 게 전혀 없다. 아직은 스스로 영리 주체가 될 수 없지만, 지역사회의 순환경제를 위한 직간접적인 기여 지점은 셀 수 없이 많다. 지역이 돈을 잘 벌도록 구조와 체계를 컨설팅하는 역할만으로도 고무적이다. 강조컨대 이익 없는 지속은 힘들다. 영리형 자생 기반을 갖춰야 사람이 오고 돈이 돈다.

ESG를 챙기는 다중 이해관계자 회사처럼

　영리 추구를 통한 지속가능한 지역재생은 힘들지만, 보람찬 결론에 닿는 달라진 접근법 중 하나임에 틀림이 없다. 지역재생을 관통하는 키워드가 주민행복 · 순환경제라면 그 출발점은 재무적 · 영리적 · 수익적 효과의 담보일 수밖에 없다. 그것이 곧 당사자성의 이해득실로 연결되기 때문이다. 보조금에 의존한 전시성 재정사업은 외부 지원이 끊기면 자체적인 사업 유지가 어려워 방치되거나 폐업하는 함정에 빠진다. 자칫 혈세 낭비와

■ 일본의 지역재생 5대 평가 방법(지방창생 선구형)

평가방법	내용
정책간 연대	관련시책을 패키지화해 이용자 측면에서 원스톱화를 목적으로 할 것
지역간 연대	광역에 걸친 복수의 지자체가 적절히 연대해 동일사업을 실시할 것
민관협동	민간사업자 · NPO 등과 민관협동으로 사업적 지속성, 경제적 자립성을 목적으로 할 것
사업추진 주체형성	유효한 사업실시체제를 동반할 것
정책 5원칙	• 자립성: 지자체 · 민간사업자 · 개인 등을 자립으로 연결할 것 • 장래성: 지방이 자주적 · 주체적인 비전으로 전향적인 구조를 갖출 것 • 지역성: 각 지역의 실태에 맞출 것 • 직접성: 인구이동 · 고용창출 · 마을만들기를 직접적으로 수행할 것 • 결과중시: PDCA 구조하에 구체적인 수치목표를 설정하고 효과검증 · 개선책을 실시할 것

자료: 內閣府 地方創生推進事務局, '地域活性化 · 地域住民生活等緊急支援交付金(地方創生先行型)先駆的事業分(タイプ I)の交付対象事業の決定について', 2015, p.2의 재구성

자조적인 패배 의식으로 귀결된다. 당연히 로컬리즘은 물 건너간다.

최소 자원으로 지속가능한 순환경제를 이루기 위해서는 자체적·독립적 영리활동이 가능하게끔 흑자경영을 위한 사업모델이 간절하다. 즉 투입자본의 최소화, 보조금으로부터의 탈피, 민간 감각의 영리 추구, 시장논리의 반영, 철저한 매출 구조와 이익 확보, 엄격한 자금관리 등 흑자 지향성을 사업모델에 반영하는 게 결정적이다. 결국 '수익창출 → 자체경영 → 지속가능 → 가치창출 → 순환경제'의 흐름을 완성하는 첫 번째 열쇠는 철저한 영리 추구를 통한 지속가능한 사업의 실현이다.

지역재생의 주역은 흔히 중앙정부·기초지자체·지역주민으로 규정된다. 중앙이 제도·법률·예산으로 큰 틀을 지원하면, 지자체가 지역별·공간별 맞춤 전략을 수립해 실행하고, 사업 주체이자 성과의 주체인 주민이 적극 참여하는 것으로 역할이 분담된다. 이렇게 삼위일체를 이룰 때 효과가 극대화된다는 취지다.

결국 다양한 주체의 능동적 참여가 전제된다. ESG의 가치 창출에 관여하는 다중 이해관계자의 협력적·균형적 접근방식과 일치한다. 영리를 추구하는 주식회사가 가치 공급망Value Chain에 사회문제와 다중이해의 혁신체계를 받아들인 것은 그렇게 하지 않으면 경쟁은커녕 생존조차 힘들어서다. 즉 주주·경영진·임직원·거래처는 중앙·기초·민간조직·지역주민과 다르지 않다. 주주·경영진만의 선택과 이익을 넘어 이해관계를 갖는 전체 당사자의 이익과 행복까지 챙겨보자는 게 ESG의 취지다. 요컨대 한 배를 탔다면 모두가 순항하도록 혁신하자는 얘기다.

시급한 건 기초지자체, 즉 지방행정의 기업가정신과 경영 마인드 부재다. 선심성·단발적 복지사업의 관점에서 벗어나 영리적·효율적 접근방식이 바람직하다. 야수적인 탐욕 경영은 경계해야 하지만, 주식회사형 작동 모델을 일정 부분 채택할 때 과거의 사업 한계를 벗어날 수 있다. 일찌감치 로컬리즘에 주목한 일본도 중앙정부가 앞장서 자립성·장래성·지역성·직접성·결과중시라는 5대 정책원칙을 통해 성과의 엄밀한 평가를 제도화했다. 특히 민관 협동을 평가할 때 사업적 지속성과 경제적 자립성을 우선순위로 설정했다.

기발한 기획과 팔리는 마케팅이 전제된 돈 버는 재생 모델을 냉정한 투자자 앞에서 투자 심사를 받듯 준비하고 설득하는 건 필수다. 통과되지 않으면 무용지물이고 지역·조직의 앞날조차 없다는 절체절명의 자세가 요구되는 것이다. 영리회사가 균형성과표BSC=Balanced Score Card를 이용해 조직의 목적과 실행단계·역할배분을 구조화한 이유도 여기에 있다. 돈 버는 영리모델에 취약하다면 검증된 민간 전문가를 채용 못 할 이유는 없다. ㈜장성군의 실험은 '행정+영리'를 결합한 유의미한 접근 사례다. 유바리, 디트로이트 등 파산도시의 오명보다는 ㈜지자체의 변신이 지역 행복에 더 가깝기 때문이다.

뉴노멀 유력 후보

인구 + ESG = 로컬리즘

■

ESGEnvironment, Social, Governance 이슈
가 화두로 떠올랐다. 사실 과하다 싶을 만큼 모두가 ESG를 향해 내달린다.
재계부터 행정부처·기관·학계까지 뛰어든다. 당분간 경영 현장 최고의
핫이슈가 될 전망이다. 그렇다면 왜 ESG일까. 느닷없는 확산만큼 생소한
개념은 아니다. 2022년 세계 최대 자산운용사인 블랙록Black Rock의 CEO
래리 핑크Laurence Fink가 앞으로는 지속가능성을 투자의 결정 기준으로 삼
겠다고 한 후 열풍이 일었다. 강력한 기관투자자가 향후 기업 분석에 있어
비재무가치로서 ESG를 적용하겠다고 천명한 것이니 당연지사다. 실제로
환경파괴 혐의가 있는 기업에는 반대표를 던지거나 투자 철회를 경고하기
도 한다.

실현 부담 탓에 다소 약화되긴 했지만, 바이든 정부의 친환경 정책도 기름을 부었다. 블랙록 경영진이 바이든 정부의 고위관료로 합류하자 현실 적용 가능성은 더 높아졌다. 각국 정부는 물론 경영 현장은 다급해졌다. 2000년대 초반 UN에서 책임투자원칙PRI을 처음 소개했을 때만 해도 ESG는 또 하나의 틈새시장 혹은 대안에 머물렀으나, 지금은 따르지 않을 수 없는 강력한 검토 항목으로 급부상했다.

ESG는 시대 변화가 낳은 트렌드다. 개념이 등장한 지 20여 년 만에 일반명사로 안착했다. 그동안 확인된 많은 부작용이 20여 년 전 ESG가 던진 초기 경고와 맞아떨어진 게 한몫했다. 열심히 돈 벌고 세금 내면 그것으로 기업 역할은 끝이라는 주주 중심주의가 틀렸거나 잘못됐다는 숱한 증거에 직면한 결과다. 이를 시민사회가 아닌 투자 시장에서 강조한 게 독특하다. 그 정도로 상황이 변했다는 방증이기도 하다.

사회 갈등이 불지핀 ESG 열풍

때문에 ESG는 당위론을 넘어 현실론에 가깝다. 포인트는 성장과 이윤을 둘러싼 새로운 관점이다. 기업의 사회적 책임을 강조한 '주주주의 → 윤리주의'와도 맞닿는다. 기업활동의 새로운 준칙 기준이자 달라진 패러다임인 셈이다. 권고사항인 CSR이나 사회적 가치를 내재화한 CSV를 더 명쾌하게 규정한 외부적 요구나 압력에 가깝다. 한정된 자원과 다양한 이해관계자의 배분 방식을 재편해 지속가능성을 높이라는 뜻이다.

방향은 희소화되고 있는 사람을 중시하는 쪽이다. 인구증가발 압축 개발은 끝났다. 양극화는 심해졌고, 환경은 나빠졌으며, 사람은 힘들어졌다. ESG는 그 갈등 구조를 이겨낼 대안적 접근법이다. 환경과 사람을 챙기고 다 함께 지속가능한 삶을 누리자는 차원이다. ESG가 단순한 외압을 넘어, 인구감소에 따른 성숙한 성장을 위한 뉴 노멀로 활용돼야 할 이유다.

그런데 ESG는 요란하되 혼란스럽다. 피상에 머물 뿐 본질은 빠져버린 논쟁마저 펼쳐진다. 왕왕 빈 수레가 요란하듯 배가 산으로 가는 듯한 모습도 목격된다. ESG는 새로운 관점과 방향, 그 이상도 이하도 아니다. 확고한 진리가 아닌 일종의 방법론에 불과하다. 평가 방법만 600가지 이상이니 이현령비현령耳懸鈴鼻懸鈴이 자연스럽다. 똑같은 툴을 적용해도 측정 결과는 다를 수밖에 없다. 옳고 그름의 논쟁은 불필요할뿐더러 무의미하다.

동시에 ESG는 불완전하고 작위적인 탓에 공통의 적용 원칙도 없다. 이미 존재하는 사회적 가치 척도인 SROI · GIIRS · BSC · ISO26000 등의 한계를 그대로 갖는다. 투자 관점에서 사회적 가치를 처음 강조했다는 것을 빼면 새로운 건 별로 없다. 즉 복잡하게 표현되는 ESG는 사회적 가치의 측정 · 평가 방식이 갈수록 단순해지는 흐름과 비교된다. 똑같이 ESG를 묻는 MSCI나 S&P의 평가 툴조차 항목 · 가중치 · 대용치 등이 제각각인 것은 형식보다 내용이 중요하다는 반증이다. 때문에 ESG의 방법론에 함몰될 게 아니라 비재무적인 사회적 가치(환경 · 사회 · 지배구조)가 개선되느냐의 여부가 중요하다. 창출해낸 비재무가치가 객관적 · 중도적 · 설득적이며 투명하게 개방되면 그걸로 충분하다.

ESG는 복잡한 개념이 아니다. 전문용어와 폐쇄적 정보가 허들을 높였지만, 중요한 건 기업가치나 경영평가에 있어 '재무가치'에서 '사회가치'로 무게중심을 옮기겠다는 의지 표명이다. 사회가치를 챙기는 기업일수록 재무가치도 좋다는 경험도 뒷받침된다. '사랑받는 기업'이 '위대한 기업'이란 의미다. 사랑받자면 돈만 밝혀서는 곤란하다. 그 대안이 환경 · 사회 · 지배구조로 제안됐다. 지배구조를 빼면 모두 경영 외적 변수다. 그간 무시되고 방치되어온 이슈다. 그러나 이는 많은 이들의 삶에서 펼쳐지는 갈등 지점과 닿는다.

지배구조도 소유와 지배의 불균형과 불평등이란 점에서 자원 배분을 왜곡시켜 사회 갈등을 낳는다. 즉 ESG의 방점은 건강한 지속가능성에 있다. 출발은 심각한 사회 갈등을 낳는 불균형적 개발 수혜와 자원 배분의 수정이다. 기업과 주주만 웃는, 성장 없는 번영을 반성하자는 얘기다. 따라서 논점은 야수적 자본과의 결별을 강조한 생태경제학과 맞물린다. 환경 부하에 맞선 지속 성장(E), 지역 · 이해 관계자의 상생 협력(S), 참여적 · 민주적 의사결정과 자원 배분(G)의 제안과 같다. 포괄적인 사회가치를 품는 성장 방식으로의 전환인 셈이다. 결국 모든 삶의 품격을 높이는 우선 변수가 ESG로 요약된다. 때문에 갈등 진원지인 인구문제의 해법도 ESG에서 찾을 수 있다.

불가분의 관계, ESG와 인구해법

ESG와 인구는 불가분의 관계다. 언뜻 무관해 보이나, 빙산 아래에선 긴밀하게 연계된다. ESG는 '인구증가 → 수요확대 → 과잉개발 → 훼손지속 → 자본독점 → 격차심화 → 성장한계 → 생활압박 → 인구감소'로 이어지는 파괴적 개발 논리를 거부한다. 무엇보다 ESG는 인구(사람) 문제로 치환된다. 이해관계자로 바꾸면 정확히 겹친다.

친환경 경영을 뜻하는 E는 기후변화 · 자원고갈 · 환경파괴를 다룬다. 사람들을 먹여 살리려는 욕구가 민영화되며 시장 실패로 귀결된 개발우선주의를 끝내기 위함이다. 저비용 석탄이 지속 불능의 기후변화를 가속화하는 것처럼 인구증가와 개발 압력의 연결을 끊자는 것이다.

S는 대놓고 사람(이해관계자)을 강조한다. 주주 일변도에서 벗어나 경영자 · 직원 · 공급자 · 고객 · 정부 등 사회구성원 전체를 대상으로 한 경영활동을 강조한다. 인권경영 · 근로환경 · 고용관계뿐 아니라 직간접 관계성을 갖는 이해관계자 모두의 생활 만족이 측정 항목에 포함된다. MSCI의 35개 평가항목Key Issues 중 16개가 S에 포진한 것도, 모호하지만 꼭 물어야 할 성과로 해석된다.

G는 오너십ownership이 경영을 규율하는 메커니즘이지만, 광의로 보면 이해관계자의 권한 · 책임 · 관계를 다뤄 역시 사람과 밀접하다. 소수 오너의 불투명한 자원 독점을 지양하고, 다양한 이해관계를 반영한 민주적 의사결정은 물론 보수 · 회계 · 세금 등 성과 배분의 공정과 정의를 지향

한다.

그렇다면 ESG는 기업 안팎의 다양한 사람을 챙기는 새로운 경영방침일 수밖에 없다. 금권주의에서 인본주의로의 방향 전환이다. 즉 ESG는 저성장, 인구병과 논점을 공유한다. 그 방면의 상황 돌파를 위한 균형·상생의 협력 시스템을 ESG로 요구한 결과다. 때문에 형식이 아닌 내용, 방식이 아닌 본질에 주목한다면 ESG는 인구변화발 사회문제를 해결할 강력한 추동 엔진이다. 불편해진 삶을 이겨내려는 대안 모델은 자연스럽다.

1%를 위한 99%의 볼모는 지속될 수 없다. 기울어진 운동장은 모두를 넘어뜨린다. 때문에 ESG는 진정성은 둘째치고 자본이 살아남기 위한 몸부림에 가깝다. 탐욕 자본의 끝판이던 투자시장의 문제 제기와 대안 실험이어서 특히 고무적인 변화로 이해된다. 강력한 사회구성원인 기업이 장삼이사의 삶까지 신경 쓴다면 많든 적든 사회 갈등은 줄어들 것이다. 사회가치와 재무가치를 함께 챙기는 사회적경제보다 비재무가치로만 챙겨보겠다는 ESG의 실험은 한층 진일보한 행보일 수밖에 없다. 물론 비재무가치로만 올곧이 투자 기준을 정하지는 않을 것이다. 어떤 식이든 이윤 극대화 Profit Maximizing는 평가체계에 반영될 수밖에 없다. 그럼에도 ESG처럼 기업 밖의 생태계와 삶까지 품어보라는 자본의 새로운 요구가 갖는 파급력은 중요하다.

착한 기업과 행복한 로컬의 관계

ESG는 수많은 사회문제를 풀어낼 강력한 도구로 유효하다. 잘하면 새로운 게임 원칙으로 안착하며 뉴노멀로 연결될 수 있다. 운동만 잘하는 선수보다는 실력에 인성까지 갖춘 인재가 많아져야 사회가 건강하게 유지된다. 특히 ESG는 압축 성장의 끝물에서 그 부작용과 딜레마에 갈피를 잃은 한국사회에 유의미한 힌트를 던져준다. 다양하고 강력한 자원과 능력을 지닌 기업이 신규 선수로 갈등 해결에 참여할 수 있어서다. 기업은 정부가 풀지 못한 과제를 특유의 효율성·합리성을 결합시킨 성과(Impact)로 구체화할 수 있는 능력을 갖고 있다.

인구문제로 한정하면, ESG는 궁극적인 해결책인 저출산 장벽 해소로 연결된다. 2022년 0.78명의 출산율은 단적으로 한국사회의 취약해진 지속가능성을 보여준다. 출산 포기에는 많은 이유가 있으나, 역산하면 불안정한 고용 현실 하나로 귀결된다. 일자리가 불안한데 부담이 큰 카드인 결혼과 출산을 선택할 리 만무하다. 이때 ESG가 실현되면 고용이 개선된다. S의 핵심 항목 중 하나가 장기적·안정적 고용인 데다 최근 MZ세대의 성과 배분 논쟁처럼 G와도 직결된다. 유력한 이해관계자인 직원의 고용 만족은 곧 출산 환경의 개선을 뜻한다. 인적자원에 기울이는 관심과 배려가 평가되고 측정된다면 기업은 신경은 쓸 수밖에 없고 이런 노력은 다시 기업문화로 제도화된다.

'도시집중 vs 지역소멸'로 대변되는 도농격차도 ESG가 들어오면 의외

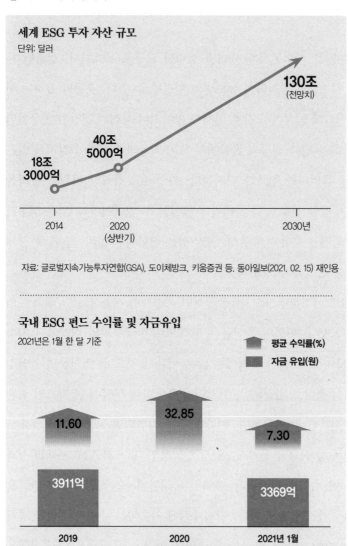

세계 ESG 투자 자산 규모
단위: 달러

130조
(전망치)

40조
5000억

18조
3000억

2014 2020
(상반기)

2030년

자료: 글로벌지속가능투자연합(GSA), 도이체방크, 키움증권 등. 동아일보(2021. 02. 15) 재인용

국내 ESG 펀드 수익률 및 자금유입
2021년은 1월 한 달 기준

평균 수익률(%)
자금 유입(원)

11.60
32.85
7.30

3911억
3369억

2019 2020 2021년 1월

−793억

자료: KG제로인. 동아일보(2021. 02. 15) 재인용

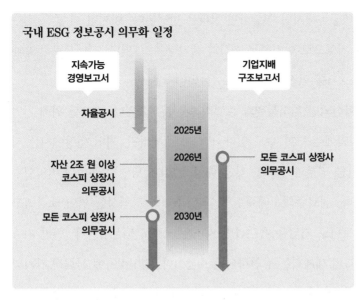

国内 ESG 정보공시 의무화 일정

지속가능 경영보고서		기업지배 구조보고서
자율공시	2025년	
자산 2조 원 이상 코스피 상장사 의무공시	2026년	모든 코스피 상장사 의무공시
모든 코스피 상장사 의무공시	2030년	

자료: 동아일보(2021.02.15.)

로 해결의 실마리가 찾아진다. 착하고 사랑받는 기업이 지역을 되살린다는 취지다. 서울·수도권의 인구밀집도는 위험수위를 넘어섰다. 그 원인은 대부분 교육과 취업이다. 즉 고연봉의 장기 고용이 기대되는 좋은 회사를 찾자면 '지역 → 도시'로의 사회이동은 불가피하다. 최근엔 역으로 우수한 인적자원을 찾아 수도권으로 가는 기업마저 생겨났다. 개별 기업으로는 수익창출·자원확보를 위한 합리적인 선택이나, 지방 붕괴를 낳는 도농 불균형을 가속화한다.

ESG의 관점에서라면 적으나마 달라질 수 있다. 불균형을 심회시키는 선택은 투자자에게 좋은 점수를 받지 못한다. 반대로 지역사회에 참여·공헌하는 운명공동체처럼 역할하면 상황은 반전된다. 어쩌면 더 좋은 점수를 받고자 지역으로 이전하는 회사가 생겨날 수도 있다. 지역으로선 오랜만에 만난 호기를 역전의 발판으로 삼아야 한다.

ESG가 확산되면 지역복원과 로컬리즘은 본격화된다. ESG를 위해 기업이 되레 지역에 노크할 수도 있다. ESG가 대세라면, 기업 입장에서는 지역활성화만큼 명분과 실리를 갖춘 대상도 없다. 당연히 준비된 지역일수록 유리하다. 관료주의·폐쇄주의·하달주의의 경직성을 넘어 소중하고 대등한 파트너로 기업을 흡수하면 지역은 저절로 되살아난다. 한편 지자체에도 ESG의 내재화는 당연시되는 흐름이다. 경영평가에 사회적 가치의 확대가 현실화됐다는 점에서, ESG는 행정 분야에도 적용될 수 있다. 선진국의 많은 지자체가 SDGs를 경영목표에 넣은 건 우연이 아니다.

기업도시의 노림수
영리와 지역의 상생모델

2017년 라가르도 IMF 총재가 한국을 방문했을 때의 일이다. 그는 청년세대와의 간담회를 마치고 돌아오는 차 안에서 충격 발언을 했다는 후문이다. "엄마처럼 살지 않겠다"라는 여대생의 말을 곱씹으며 '집단자살Collective Suicide 사회'를 떠올렸다는 것이다. 방치된 저출산은 사회 전체의 공멸적 파멸 궤도를 뜻한다는 취지다. 이후 상황은 더 나빠졌다. 2018년 0.98명을 찍으며 전대미문의 1명 선을 뚫더니 2022년에는 0.78명까지 추락했다.

더 나빠진 수치를 확인했다면 그는 과연 뭐라고 했을까. 세계 초유의 0명대 출산 공포야말로 예고된 집단자살의 확인 지표인 듯해 섬뜩할 정도다. 이는 염려가 현실화됐다는 절망과 겹친다. 한국의 초저출산에 대해서는 오히려 해외에서 우려의 시선을 보내고 있다. 북핵보다 무섭다는 평까지 있다. 와중에 방치는 목에 찼다. 1순위 소멸국가 경고를 위기 극복의 반전 모델로 바꿔야 할 때다. 집단자살로 더 진행하지 않도록 개별 주체가 지닌 패를 내놓고 연결적·초월적 대응 방안을 마련해야 한다.

쓸 수 있는 모든 카드가 투입 대상이다. 머뭇거릴 시간은 없다. 빨리 손쓰지 않으면 공멸 위험은 시간문제다. 저출산의 원류를 정확히 파악해 자원·주체·방식 등에서 새로운 밸류체인을 찾는 것부터 시작해야 한다. 집단자살 상황에서 진영 다툼은 위선적이고 이기적인 행위다.

일자리로 향하는 인구해법

우물쭈물은 만시지탄의 확률이 높다. 신중도 지나치면 병이다. 망설이면 후회한다는 것은 인구문제에 있어서도 마찬가지다. 인구변화는 복잡다단한 원인으로 이루어진다. 다만 진원은 한 곳을 향한다. 어려워진 호구지책이다. 먹고살기 힘들어 자녀 출산을 포기한 청년세대의 등장이 인구구조를 물구나무형 가분수로 역전시켰다. 아래(출산)는 급속도로 감소하고 위(고령화)는 급속도로 증가하니 버틸 재간이 없다. 결국 저출산의 착화제는 먹고살기 위한 돈이다. 어려워진 돈벌이가 저출산의 불씨를 댕겼고, 저성장이란 기름까지 부어지니 상황은 악화일로다. '교육 → 취업 → 결혼 → 출산'의 각 단계마다 불안이 막아서니 생애 경로가 거부되는 구조다.

그렇다면 민생 공포의 해결이 최선책이다. 복지는 고용이다. 안정적 일자리만 주어지면 복지는 자연스럽게 해결된다. 고품질의 일자리라면 금상 첨화다. 장기적·안정적인 양질의 고용이 실타래처럼 얽히고설킨 저출산을 풀어낼 모범답안이다. 행복은커녕 생존조차 힘들어졌는데 고위험의 출산 카드를 선택할 청년은 없다. 원하는 일자리로 현재만족·미래행복을 꿈꿀 수 있어야 불확실성의 자녀 카드도 비로소 고려 대상이 된다. '취업 → 소득 → 저축'과 '결혼 → 출산 → 양육'은 한 쌍으로 움직인다.

'출산장려=양질고용'에 이견은 없다. 단 지금껏 출산과 고용을 직결시킨 정책 사례는 찾기 어려웠다. 인구 대응을 복지로만 접근하니 한계가 있었다. 설사 고용정책에 포함된다 해도 양립과 조화 등 간접적 대책 위주다. 이래서는 안 된다. 일자리는 부처를 초월한 상위 의제다. 저성장에 맞춘 혁신 인재가 요구되고(교육), 채용·임금·승급 등 근로 방식은 수정되어야 하고(노동), 신고용을 창출할 환경 정비는 절실하다(산업). 세대 부조형 사회보험이 지속되도록 조율하고(복지), 자원 배분을 위한 달라진 부담 체계도 필요하며(조세), 지역 균형의 일자리 포트폴리오도 요구된다(행정). 결혼·출산을 위한 주거 공간이 재편되어야 하고(건설), 엇갈린 일자리 미스매칭을 해소하고(중기), 무엇보다 장기 지속을 위한 그랜드 디자인이 절실하다(기재).

요약하면 청년 고용은 18개 중앙 부처 모두를 포괄한다. 물론 고유 업무와 연결된 부처마다의 관련 정책도 많다. 단 0.78명의 출산율을 보건대 정책 효과가 낮다는 지적을 피하기는 어렵다. 정치권도 익히 아는 내용이다. 20대 대선 공약도 '인구문제=청년취업'으로 귀결된다. 관점의 차이는 있지만, 청년고용이 저출산의 우선 과제라는 데 모두가 동의한다. 기업연계(윤석열), 공공기관(이재명), 리쇼어링(안철수) 등이 그렇다. 관성적인 속 편한 정책으로 20년간 380조 원을 썼다고 한목소리로 질타했다.

인구 실패 대체할 새로운 실험, 기업이 등판하다

시장을 이긴 정부는 없다. 잠깐은 이겨도 결국 질 수밖에 없다. 값비싼 경험칙이다. 인구 대응도 마찬가지다. 고용 창출은 기업의 역할이다. 외환위기·금융위기처럼 일시적 충격를 완화하는 차원에서 정부발 안전장치는 좋지만, 어디까지나 버퍼존에 한정되는 게 맞다. 공공 일자리로 대변되는 취약계층의 고용 안정은 정부 역할에 가깝다. 그걸 빼면 원하는 일자리 대부분은 기업의 몫이다. '저출산 = 취업난'이 맞다면 일자리 결정권을 쥔 시장과 기업의 역할·의지가 관건이다. 시장에 문제가 있다고 심판이 선수로 뛰면 부작용은 커진다. 원활한 고용 창출을 위한 유도·지원 방식이 바람직하다. '기업성장 → 고용안정 → 청년희망 → 출산결정'은 논리 비약 없는 상식적 연결고리다.

진영논리에 매몰된 선악 갈등은 충분히 경험했다. 위법과 범법 행위는 원칙대로 맞서되 시장 활력까지 규제 잣대로 재단해선 곤란하다. 기업은 정부의 경쟁 상대가 아니고, 시장은 정책의 견제 대상이 아니다. 어정쩡한 고정관념으로 사회문제를 풀 수는 없다. 지원Incentive과 규제Penalty의 영리한 결합을 통한 고용 독려가 필요하다. 저출산발 집단자살은 사회 전체의 가용자원을 총동원해도 막아내기 쉽잖은 위험 경고다. 정부 · 기업의 이인삼각 협력 체계로 집합 성과Collective Impact를 노릴 때다.

기업도 달라질 순간이다. 절대 진리였던 고도성장형의 주주중심 · 이익 극대화도 미묘한 변화 지점에 서 있다. 돈만 잘 벌면 아무 문제 없던 시절과 비교된다. 대신 지속가능한 사회 유지를 위한 문제해결의 전도사 역할을 요구받는다. 이런 흐름 속에서, ESG가 새로운 기업 가치의 강력 변수로 떠오른 것이다. 아직은 환경오염(E) · 격차양산(S) · 편향지배(G) 이슈에 한정되지만, 인구위기를 포함해 해결할 사회문제는 확장되고 있다.

저출산발 집단자살을 막는 것도 기업의 새로운 과제란 의미다. 무엇보다 저출산은 기업활동과 직결된 외부불경제External Diseconomy의 압축판에 가깝다. 중대한 당사자란 뜻이다. 특히 S가 관할하는 고용평등 · 여성활약 · 노동환경 · 지역사회 등은 저출산의 촉발 한계다. 모두 인구문제로 중첩된다. 그렇다면 한국사회의 앞날은 기업에 달렸다고 봐도 무방하다. 즉 청년고용 · 출산장려를 위한 기업 등판은 선택이 아닌 숙명이다.

ESG는 귀찮고 값비싼 딴지가 아니다. 되레 더 오래 더 많이 벌려는 몸부림에 가깝다. 팔아야 할 고객과 시장이 있어야 매출 · 이익도 생겨난다. 집단자살의 공동空洞화된 사회에 홀로 남아본들 미래는 없다. 결국 인구위기는 악재가 아닌 호재요, 경제적 가치와 사회적 가치를 아우르는 양수겸장의 기회다. 후속세대의 지속적 공급은 기업 성장의 토대란 점에서 최근의 ESG 파도에 슬기롭게 올라타는 기업의 변신이 기대된다.

저출산 풀어낼 실험모델

'기업(고용)+인구(출산)'의 실천 해법은 다종다양하다. 단, 시간의 효율화와 효과의 극대화를 노린다면 '기업도시'란 모델이 우선순위로 들어온다. 기업도시를 통해 다양한 출산 장치를 하나의 세트로 엮자는 취지다. 한국형 초저출산에 '지방(고출산지) → 수도권(저출산지)'의 급격한 사회이동이 크게 작용했기에 지역 기반 기업도시는 출산 회복뿐 아니라 균형발전에도 긍정적이다.

선행 사례는 있다. 1958년 일본 아이치현의 '고모로시'는 지자체 이름을 아예 '토요타시'로 바꿨다. 절실한 기업도시로의 전환 실험이었다. 선택은 옳았다. 이후 토요타시는 자동차 공업도시를 지향하며 관련된 전후방 클러스터를 완성했다. 일자리도 늘었다. 전체 인구의 70~80%가 토요타 밸류체인에 속할 정도다. 토요타란 기업의 본사 · 공장 · 대학 등이 집적하며 역내의 발전적 순환경제를 달성한 덕분이다. 한편으론 법인세 등 재정 수입이 탄탄해지니 공공서비스 품질은 지속적으로 좋아진다. 인구쟁탈의 소멸 경고에서 기업 주도의 상생협력으로 옮아간 모범적 선구 모델로 평가받는 이유다. 지역은 거듭거듭 발전한다. 회사와 주민을 연결하는 사회공헌 · 자원공유가 활발하다. 회사의 병원을 주민에게 개방하고, 공유 전기차로 이동 편의를 돕는다. 반대로 금융위기 때 잉여화된 외국인 근로자는 시 당국이 나서서 고용 · 취업을 도와줬다. 정상화 후 회사 복귀로 이어지며 연대 퍼즐을 맞췄다.

고용창출발 소멸 위기 극복 비전은 기업도시 모델로 속속 현실화된다. 상당한 특례 조치로 사활을 걸고 테슬라 본사를 유치한 텍사스 오스틴시나 아마존 제2본사를 들이고자 눈물겨운 유치 총력전에서 승리한 버지니아 알링턴군이 대표적이다. 하나같이 기업도시의 지속가능성에 주목한 성과다. 작게는 고용과 출산을, 크게는 경제와 번영을 기대한 한계공간의 처절한 생존 카드다. 지방 소재 기업마저 인재와 기회를 찾아 수도권으로 몰려드는 한국사회로선 부러운 대목이다.

다행히 고무적인 건 정부와 기업의 인식 변화다. 대선주자들의 공약(기업연계 · 공공기관 · 리쇼어링)만 봐도 공통점은 고용창출로 향한다. ESG를 품어야 할 기업이 소멸 위험에 직면한 지역 문제를 고민하는 것도 그렇다. 기업도시는 양자의 달라진 상황 변화가 적용될 최우선 카드로 제격이다. 물론 'ESG 워싱'이란 지적처럼 기업도시를 내세운 탐욕적 · 약탈적 자본주의는 경계의 대상이다.

정부도 복지적 고용정책이 아닌 혁신적 산업정책으로, 기업 하기 좋은 지역 환경을 지원해야 한다. 무엇보다 당사자인 지역 · 주민이 중심이 된 기업 사용설명서의 이해와 적용이 중요하다. 기업도시는 잠재력과 지속성이 구비된 꽤 매력적인 활로 카드다. 밥벌이를 위한 좋은 일자리 앞에 피아 구분은 없다. 영웅의 귀환에 성대한 대접은 당연하다. 지역을 되살리며 로컬리즘을 완성할 기업의 역할에 주목할 때다.

지역복원의 강력한 기반
풀뿌리 로컬 경제

지역 균형은 진영논리를 벗어난 듯하다. 옳고도 반가운 일이다. 그간의 방치와 외면이 낳은 불균형의 지역 격차가 위험수위를 넘겼기 때문이다. 실제 소멸 경고의 심화와 농산어촌의 비명은 갈수록 커지고 날카로워지고 있다. 이로써 균형발전은 중차대한 우선순위의 국가 의제로 자리매김한 분위기다. 중앙정부든 지자체든 균형발전을 위한 즉각적 · 실효적 대안 마련 없이는 지지 획득이 어려워서다. 다만 과거의 필패 정책 세트나 허울뿐인 혁신전략이 더는 반복되지 않기를 바란다.

캐비닛에 쟁여둔 균형발전 방안은 파기 대상이다. 제목과 단어만 조금 바꿔 적당히 꿰맞춘 익숙한 접근방식도 버려야 한다. 불가능한 과제를 무조건 던지고 보는 무책임한 접근도 경계 대상이다. 구체적 실행전략 없이 듣기 좋은 당위론만 반복해서도 곤란하다. 누구도 반대하지 않아 책임과 부담이 뒷순위로 밀리는 퍼주기식 자원 투입도 마찬가지다. 정작 옮길 쪽은 생각도 없는데 확인되지 않은 명분을 내세워 떠넘기는 이동 배치도 지역 균형과 배치된다. 치밀한 분석과 장기적 관점 없이 눈앞의 이익으로 주판알만 튕기는 이기적 님비NIMBY와 영악한 핌비PIMBY도 재검토 대상이다. 모두 재고할 내용이다.

풀뿌리 주체의 작은 거래, 큰 경제

대신 다른 방식이 절실히 필요하다. 해봤는데 별로였다면 바꾸는 게 기본이다. 귀책 사유로부터 자유롭고 익숙해서 수월하다는 것이 사업 추진의 주요 근거라면 손바닥으로 해를 가리는 것과 같다. 균형발전이든 지역활성화든 달라진 접근방식이 요구된다. 그중 핵심은 지역 귀환의 방아쇠를 둘러싼 내용 변화로 요약된다. 지역화의 취지에 맞게 지역 내부에서 착화탄을 발굴·조성해 화력을 키워내자는 뜻이다. 이와 관련한 색다른 접근이 있다. 균형발전의 객체로 전락해 그동안 의사결정·사업 과정에서 고려되지 못했던 풀뿌리 생활 주체의 등장과 활용이다. 숫자와 비중은 크나 덩치와 입김이 작아 소외·방치된 이들을 로컬리즘의 무대 전면에 세우는 방식이다. 요컨대 '작은 거래의 큰 경제'다.

달라질 로컬리즘은 '약한 여럿의 강한 파워'를 지향해야 한다. 뭉치면 강해지는 기대효과를 지역 활력의 사업 엔진으로 삼자는 의도다. 함께 협력하는 지역은 절대 소멸하지 않는다는 가설을 증명해보자는 차원이다. 인류 역사가 보여준 강력한 증거인 진화론도 거든다. 협력하는 개인과 집단이 살아남았기 때문이다. 많은 종이 공동활동·군집생활의 협력관계를 이루는 것이 개별 행동보다 집단 협력이 적자생존에 유리하기 때문이다. 실제『협력하는 종A Cooperative Species』이란 책에 따르면 인간은 식량 확보, 자녀 양육, 외부 방어, 정보 공유, 정적 처벌 등의 이유로 협력하며 번성해왔다. 미개한 종족이던 네안데르탈인이 살아남은 것도 포용과 소통을 내세운 협업의 가치를 행했기 때문이다.

물론 사회는 훨씬 복잡하고 심오하다. 협력을 제도화한 것은 정부다. 긴 세월 정교한 협업 시스템을 발전시켰지만 생각보다 부족하거나 잊어버릴 때가 많다. 자본주의 체제에서도 '단독 vs. 협력'의 대결 구도는 현존하는 핫이슈다. 독점과 협업은 부딪히며 상존한다. '이기성=합리성'이라는 근대 경제학의 대전제도 흔들리고 있다. 이기적인 동기라도 시장 조정을 통해 효율적인 결과를 낳는다는 사고체계는 의심된다. 죄수의 딜레마나 공유지의 비극이 그 고민 지점이다. 이기적 인간의 이타적 행위도 그렇다. 해법은 협력으로 향한다. 이기성을 조정하고 억제하는 공동체적 기준으로서 협력 가치가 강조된다.

협력하는 인간은 누구보다 강하다. 당장은 협력이 힘들어도 대개는 번성을 이룬다. 협력하는 객체가 모여 사는 최소 공간이 마을 단위다. 약한 인간이 함께 잘 살아내고자 만든 축소 무대가 지역사회다. 따라서 마을은 협력을 통해 약한 인간을 지켜낼 당연하고도 바람직한 공통분모다. 궤도를 이탈한 이기 · 독주 · 탐욕을 통제하고 본성에 내포된 양보 · 타협 · 절제를 실현할 무대로 마을을 소환하는 것은 당연한 귀결일 것이다. 개별성을 뛰어넘은 협력성의 가치 체계를 마을에 되돌려주자는 얘기다. 분주한 삶 속에서 잊혀진 협력의 기대효과가 발휘되면 건강한 지역복원도 어렵잖다.

협력하는 마을이 번영하는 사회를 만든다. 그렇게 마을은 생존했고 성장했다. 작고 연약한 개인을 협력의 울타리에 품으며 유구한 진화의 역사를 써왔다. 반대로 한계취락의 위기 경고는 협력이란 기억을 상실한 데서 비롯된다. 거대한 자본의 공격에 휘둘릴수록 촘촘한 연대 경제가 필요한 법인데, 그 가치에 대한 공감과 작동방식을 잃어버린 게 패착이었다. 지역은 약한 인간의 협력 연결망이자 상호 생태계다. 맞닿은 수많은 상조 관계가 튼튼하게 이어질 때 순환형 행복 체계가 가능해진다. 하나라도 끊기면 호흡은 멈추고 생명은 사그라든다. 강력한 지역복원은 작고 연약한 마을의 협력에서 시작된다.

충격이 오면 약한 고리부터 무너진다. 대기업보다 중소기업, 정규직보다 비정규직, 고학력보다 저학력의 취약계층부터 휘둘린다. 도농 간 충격 파장도 비슷해, 도시보다 지역에 미치는 후폭풍이 크다. 지역 소멸의 불행 파장도 사회적 · 경제적 약자부터 불거진다. 둑이 무너지지 않는 게 중요하나, 무너졌다면 서둘러 복원해야 충격을 최소화할 수 있다. 팬데믹발 재정 투하의 취지와 마찬가지다. 아쉽게도 지역은 상당히 붕괴됐다. 풀뿌리 생활 주체가 주고받던 순환 생태계는 기능 부전에 빠졌다. 골목상권의 모세혈관이 막히자 지역 전체의 대동맥에 문제가 생겼다. 더 늦기 전에 뚫어야 지역 소멸의 전염 확산뿐 아니라 개인의 이익도 지킬 수 있다. '작은 거래의 큰 경제'가 근본 처방이다.

밑으로부터의 분수효과 '지역형 강소상권'

지역 공간은 작은 경제의 완결 무대다. 공간과 단위만 작을 뿐 지역 자체가 하나의 경제망을 완성하는 게 중요하다. 역외와의 분업체계로 효율성을 높이는 역할 분담도 좋지만, 지나치면 자생력을 상실한다. 대외 의존의 심화가 자립 기반의 취약성을 낳는 것이다. 분업은 하되 최소한 지역 완결적인 버팀목은 필요하다. 대외 분업을 통한 급성장은 못 해도, 내부 순환을 통한 생명선은 지켜내는 차원이다. 재생사업이 펼쳐져도 창출 성과의 외부유출로 지역 자체에 남는 게 없다면 '닭 쫓던 개 지붕 쳐다보는 격'이다. 잔치를 벌일 공간을 빌려주고 휑한 뒤처리만 도맡는 식의 활성화는 허망할 따름이다.

농산어촌의 소멸 경고는 더 나은 밥벌이를 찾아 떠난 지역주민의 엑소도스이기에 그들을 잔류·유입시킬 자생적인 경제 기반이 절실한 것이다. 젊을수록 전출 유인은 더 강력하다. 교육·취업을 위한 지역 탈출을 막으려면, 떠나지 않고도 충분히 즐겁게 살아갈 수 있는 기반 여건을 갖추는 길뿐이다. 즉 직주락의 정주 조건 업그레이드란 얘기다.

이는 지역경제를 떠받치는, 작아도 중요한 모세혈관의 건강한 순환에서 출발한다. 직주락과 연결된 일상 욕구의 해소가 지역 안에서 이뤄지는 토대구축이 시급한 것이다. 작게는 '노동 → 소비 → 저축', 크게는 '생산 → 분배 → 지출'의 삼면등가가 작동하는 지역판 경제순환도의 완성인 셈이다. 그러면 역내 경제는 저절로 승수효과와 자생 전략이 실현된다.

강조컨대, 지역을 외부의 '보이는 손'으로 되살리기란 어렵다. 장기간 확실히 착근할 외부 자원이면 몰라도 정무적 · 시혜적 · 이해적 유치전략은 가변적이고 불안정하다. 상황이 바뀌면 언제든 이삿짐을 싸기 때문이다. 즉 거대 자본의 기업 유치나 중앙의 기관 이전 모두 당장의 유입 성과는 있어도 길게는 가치 확보를 장담하기 어렵다. 실제 완전한 전입 대신 통근형 이중 살림을 택하는 사례도 적잖다. 위에서 내려오는 낙수효과도 좋지만, 중장기적으로는 밑에서 뿜어내는 분수효과에 주목할 때다. 지역발 자생적 순환경제가 되도록 구조 설계를 하자는 의미다. '밖에서 온 큰 하나'보다 '안에서 숨 쉬는 작은 여럿'의 힘을 보여줄 때다. 작은 여럿의 협력이야말로 지역 내부의 순환경제를 일궈낼 '보이지 않는 손'이다.

로컬 혁신의 핫 이슈

리빙랩과 PPPP

많은 불행은 변화에서 비롯된다. 삶을 힘들게 하는 문제 중 대다수는 달라진 시대 변화 탓이 크다. 성장은 덜 되고 인구는 줄어들어 호구지책이 어려워진 게 대표적이다. 특히 지역은 시대 변화의 압박에 그대로 노출된 공간이다. 수도권은 버텨도 농산어촌의 지역살이는 힘겹다. 가뜩이나 덜 태어나는데 그마저 교육·취업을 이유로 고향을 떠나니 동네를 지키는 건 고령자뿐이다. 농사조차 힘들어진 것이다. 또 살기 힘들다는 신호는 무차별적으로 확산되며 자립 기반을 훼손한다. 지역소멸의 초침을 앞당기며 수면 아래의 '유지 불능'이란 뇌관을 위협한다.

결국 해법은 지역활성화로 요약된다. 지속가능한 생활기반을 확충해 자

인구소멸과 로컬리즘

립토대를 쌓자는 취지다. 무너진 최저한도의 생활 수준을 넘어 누구나 살고 싶은 거주환경을 만드는 프로젝트다. 새롭지는 않다. 이미 30~40년 전부터 국토균형발전론에 따라 지역을 발전시키기 위한 많은 작업을 해왔다. 다만, 지역소멸·한계취락 등 그동안 산적한 지역문제가 급격히 불거지며 다시금 강조되기 시작했다. 이대로면 지역 발전은커녕 소멸이 눈앞에 다다른 탓이다. 아직은 일부 지역에 한정되나, 아무도 안 사는 유령마을로 사라지는 건 시간문제다.

지금 이 순간에도 유지 불능의 지역공간을 되살리려는 활성화 사업이 곳곳에서 펼쳐진다. 다만, 성과는 별로다. 구태의연한 방식이 많아 실효성을 담보하지 못하는 사례가 적잖다. 성공사례라 해도 투입 예산과 비교하면 가성비가 낮은 경우도 많다. 요컨대 말은 쉽지만, 행동은 어려운 게 지역활성화다. 그럼에도 지역복원은 당위론이자 현실론이다. 마땅히 서둘러 진행해 안전판과 도약대를 만드는 게 중요하다. 더 늦으면 불씨를 되살리기도 힘들거니와 엄청난 노력과 예산이 필요해서다.

실생활의 정상화가 시급하다

문제는 '어떻게'로 정리된다. 상황이 다르고 이해관계도 제각각이라 한정 자원의 투입 과정에 통일된 원칙을 만들기란 쉽잖다. 방법론으로서 '어떻게'는 지역활성화의 관건임에도, 닥치면 힘들고 고단한 키워드일 수밖에 없다. 무엇보다 익숙한 과거의 방식에서 벗어나야 한다는 점에서 낯설고 막막하다. 왕왕 갈등만 키우다 주저앉는 경우도 있다. 그렇다고 넋 놓고 있기엔 지역의 비명이 갈수록 높아진다. 피할 수 없다면 당당히 돌파하는 방법뿐이다. 다행스럽게도 힌트는 있다. 정답은 아니라도 상황 돌파의 토대가 될 소중한 아이디어다.

우선 '리빙랩Living Lab'이 그중 하나다. 일찍이 지역 재생의 경험을 지닌 유럽에선 꽤 알려진 개념이다. 연구자별 정의는 다르지만, 요약하면 혁신을 제안·실천하는 생활공간을 뜻한다. 실생활의 곳곳을 실험실 삼아 다양한 사회문제를 풀어보자는 것이다. 삶의 현장이 실험실이니 그곳에서 살아가는 사람들 모두가 설계자이자 참여자이며 실천자로 규정된다.

지역활성화의 범위를 뛰어넘어 제반의 사회문제를 과거와 다른 방식으로 풀어낸다는 점에서 사회혁신Social Innovation 방법론으로도 거론된다. 실험실Lab이란 단어 탓에 특정공간을 떠올리기 쉽지만, 실은 그렇잖다. 자연과학처럼 만들어진 실험실이 아니라 실제 생활공간 전부를 아우른다. 해결과제는 많다. 환경, 문화, 에너지, 주거, 도시, 건강, 교통, 빈곤 등 다양하다. 성글게 정리하면 이 모든 숙제는 사실상 지역 공간의 활력 회복과 직결된다. 로컬리즘의 지향 가치다.

특징은 몇 가지가 있다. 먼저 개방성이다. 리빙랩은 생활 터전을 공유한 전체 구성원의 참여를 전제한다. 때문에 개방적 참여 확대는 꼭 필요하다. 과거처럼 몇몇이 모여 뚝딱 만들어내는 정책과는 결별을 뜻한다. 누구나 참여하고 누구나 실천하는 오픈 클러스터에 가깝다. 주민이 함께 모여 지역문제를 스스로 풀도록, 새로운 아이디어를 고도화하는 테스트 베드다.

즉 사용자 주도형의 혁신모델이다.

여기엔 시민사회의 능력 향상이 한몫했다. 그간 정책은 공급자 중심이었고, 공급 이후의 부작용과 한계는 크게 고려되지 않았다. 다만 사용자와 분리되니 미스 매칭이 자주 발생했다. 이를 극복하고자 수요자의 관점과 욕구를 반영한 참여형 실험공간이 요구됐다. 사용자가 직접 아이디어를 내고 실행 주체가 되는 새로운 실험이다. 때문에 다중 이해관계자, 즉 PPPPPublic Private People Partnership로도 해석된다. 공공(정부) · 민간(시장) · 시민(주민)의 오픈된 협력체계란 의미다. 필요하면 첨단 정보와 기술을 적용해 오픈 데이터의 성과도 축적 · 활용된다.

지역 문제의 해법은 주민의 주체의식으로부터

사용자까지 문호를 넓힌 개방성은 결국 다양한 공동가치를 추구하기 위해서다. 그렇다면 협력성도 중요한 특징 중 하나다. 협력 없는 혁신은 힘들다. 최근처럼 사회 전반의 획기적인 패러다임 변화 시기에 산적한 그리고 새로운 문제를 풀어내자면 달라진 접근방식이 필수다. 주민뿐 아니라 전문가 · 학교 · 기업 · 공공조직 · 정부 등 지역에 관련된 모든 주체가 모여 과제를 공유하고 해법을 창출하는 플랫폼답게 혁신 주체 간의 협업을 통한 상호작용이 중요하다.

이처럼 리빙랩은 다양한 관심과 배경을 지닌 수많은 이들의 참여 · 연결을 통해 창의적인 방식으로 협업하는 공간을 지향한다. 또한 혁신은 단발적일 수 없다. 따라서 반복성도 리빙랩의 구성요건이 된다. 리빙랩은 단발형보다 지속형을 지향한다. 장기 참여를 전제로 끊임없는 가치사슬의 연계가 이뤄진다. 프로토타입을 만들었다고 끝나지 않고 시행착오의 수정을 위해 다시 초기 단계로 넘어가는 지속적 참여가 전제된다. 그리고 그 결과는 모두에게 수혜가 돌아가는 공익적 성과를 지향한다. 결국 리빙랩은 일종의 중간·중개 기관임과 동시에 개방적인 혁신 생태계로 규정된다.

리빙랩은 지역활성화의 새로운 방법론으로 유효하다. 지역을 되살리기 위해 뭘 어떻게 해야 할지 고민스럽다면 리빙랩의 실행 경험을 참고하는 게 좋다. 최근 한국에서도 중요한 프로젝트로 부각되며 곳곳에서 활발하

🏳 리빙랩과 협력구조의 선순환 체계

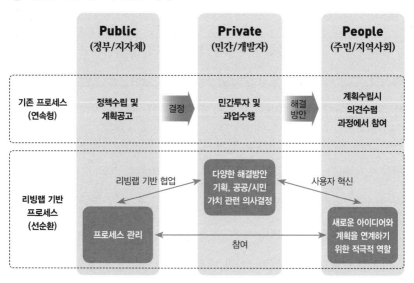

자료: 옥진아(2019), '도민과 함께 지역문제를 해결하는 경기도 리빙랩', 이슈&진단 No.367, 경기연구원, p.2 재인용

게 실험이 진행되는 중이다. 핵심은 지역과 주민을 활성화의 객체가 아닌 주체로 삼는 아이디어다. 정책에서 배제된 사용자가 혁신의 주체로 참여해 수요를 구체화하고 성과를 확산시킬 때 실효적인 지역활성화가 강구될 수 있어서다. 삶터·일터·놀터가 결합된 건강한 지역공간의 회복은 리빙랩처럼 다른 사고와 시도가 결합될 때 가능하기 때문이다.

온랩(암생존자 리빙랩), 성남고령친화종합체험관(한국시니어 리빙랩), 1형당뇨환우회(환자 및 가족 리빙랩), 사회문제 해결 및 국민생활연구소의 방법론으로서의 리빙랩, 과기부·행안부의 문제기획 리빙랩, 과기부·경찰청의 폴리스랩, 소방과학연구원의 119리빙랩, 포항영일대 V프로젝트, 광주 달뫼마을 기사단프로젝트, 성내골 에너지 전환 등이 유명하다(성지은, 2021).

특히 리빙랩은 긍정적인 피드백 루프를 가동할 때 기대효과가 배증된다. 잘 기능하는 시스템과 다르지 않다. 리빙랩 안에서 입력·처리·출력의 순환 회로가 무한히 완결·반복되도록 추진체계를 갖추는 게 바람직하다. 악보의 도돌이표처럼 지역문제의 해결을 위한 작업이 정반합의 진화를 통해 강화될 때, 선순환의 성과도 도출된다. 톱다운 방식의 일방향 단발 사업이 아닌 바텀업의 쌍방향적이고 반복형 프로젝트가 가동되어야, 산적한 지역문제를 꾸준히 해결하는 데 유효하다. 잘된 건 더 잘되게 하고, 아닌 건 잘되게끔 하는 효과적인 상호작용Inter-action이 관건이다.

리빙랩이 구성돼도 개방적·협력적 주민(사용자) 참여가 부족하면 성과 도출은 힘들어진다. 사실 한국의 리빙랩 지형도는 이 부분이 취약하다. 많은 노력을 통해 시민사회의 역량과 성과가 축적됐지만, 그 생태계 밖에 존재하는 수많은 장삼이사를 품는 건 다른 문제다.

　포용적 설득과 가치의 공감을 확대해 지역주민 전체를 모아낼 때 리빙랩의 성과가 확보된다. 지역의 활력을 되살리려는 당사자들의 갑론을박 현장답게 더 많은 넛지Nudge를 찾아내 똑똑한 선택을 할 수 있는 환경 조성이 시급하다. 문제를 가장 잘 아는 이들이 가장 효과적이고 가장 가성비 높은 넛지를 제안할 수 있다. 리빙랩은 지역재생에 우호적인 플랫폼이다. 눈에 잘 띄진 않지만, 최대 참여를 통한 최대 성과를 내자면 지역과 주민을 신뢰와 협력으로 일원화해야 한다. 이를 강력한 추동 엔진으로 조직화해 리빙랩의 순환 효과를 노리는 게 바람직하다.

역할, 기능 나누되
연대와 협력의 집합성과로

지역복원과 로컬리즘에 이견은 없
다. 도농격차의 인구문제부터 소멸 위기의 한계취락까지 당면과제를 풀어
낼 최종 지향은 비정상의 정상화, 즉 잃어버린 본원 가치인 로컬리즘의 복
귀·귀환일 수밖에 없다. '도심집중 vs. 지역소멸'을 해소할 도농 균형의
우선 과제도 일촉즉발의 지역복원부터다. 외면하고 방치할수록 값비싼 대
가와 함께 한국사회의 전체 공멸을 앞당긴다. 이미 농산어촌은 비명조차
못 지를 한계상황이다. 정확한 진단과 시급한 처방이 시급하다. 소중한 시
간과 아까운 자원을 더 잃어서는 안 된다. 정답은 책상이 아닌 현장에 있
고, 외부인 아닌 당사자가 찾는 게 옳다.

일의 출발은 목표에 있다. 목표만 잘 잡아도 대부분 성공한다. 반대로

목표가 과도하거나 애매하면 방향을 잃는다. 실현 의지를 꺾는 과대 목표뿐 아니라 현장과 동떨어진 괴리도 심각한 패착이다. 물론 목표가 잘못되는 경우는 별로 없다. 문제는 당위성을 넘어선 진정성이다. 그럴싸한 목표만 내놓고 이루려는 의지가 없다면 무용지물이다. 시작은 창대했지만 흐지부지 끝난 사례는 수두룩하다. 즉 목표 설정만큼 중요한 게 실행 전략이다. 적절한 목표와 세세한 실행이 동반될 때 지역복원은 실패 전철을 벗어나 실효적인 가치를 창출한다. 목표만큼 실행에 방점을 찍을 때다.

지역활성화의 목표는 로컬리즘의 실질적·지속적 실현이다. 단발 사업일지언정 귀중한 마중물로 흡수해, 지역 단위의 소형 실험을 순환경제의 대형 모델로 자리 잡도록 기획해야 한다. 부활이든 재생이든 활성화든 지향은 똑같다. 그럼에도 현실에선 목표에 잘 닿지 않는다.

합의된 지역복원이 난항하는 것은 '모두'의 잘못

이유는 많다. 사업 초기라 목표 달성까지 갈 길이 멀거나 초기 계획처럼 원활히 진행되지 않고 추진 과정의 불협화음에 무늬만 흉내 내다 끝난 사례도 많다. 혹은 목표만 거창하게 세워놓고 실행은 차일피일 미루다 포기하는 경우도 적잖다. 때문에 대부분 기대감에서 시작해 실망감으로 끝난다. 누구의 잘못이라기보다 모두의 잘못에 가깝다. 중앙정부·지자체·사업자는 물론 주민조차 협의에서 자유롭지 못하다. 모두를 위한 프로젝트인데 누구도 책임지지 않으니 목표 달성이 힘들고 어려운 것이다.

그렇다면 '왜 그럴까'란 의문이 남는다. 당연한 얘기지만 지역복원 프로젝트 대부분이 공공公共사업이기 때문이다. 대부분의 공공사업은 주민편의를 위해 행정 주도로 추진된다. 모두의 돈인 혈세를 투입하는데, 이를 주고받는 이들은 일부의 이해관계자에 한정된다. 신성한 신탁 의무를 진 행정의 책임 부족부터 눈먼 돈일수록 강화해야 할 관리 · 통제 · 감시 체계가 제대로 기능하지 않기 때문이다. 공공사업의 태생적 한계가 지역복원 프로젝트에 그대로 녹아들어 있다. 즉 상당수의 문제는 사업 추진의 방법과 공정성에서 확인된다. 목표는 동의가 되나 과정에서 부딪히니 개별 주체로선 위험최소 · 이익최대의 산식에 따라 대응한다. 최악은 목표 상실의 상황이다. 사업을 왜 하는지, 목표를 망각한 채 수단이 지배하는 경우까지 있다.

목표를 잃으면 우왕좌왕한다. 추구할 가치Mission를 잊은 사업은 연약한 고리부터 망가진다. 공감대가 적을수록 배는 산 위로 향할 수밖에 없다. 목표를 잘못 설정해도 매한가지다. 건물 하나 짓는 것과 이후 그 건물에서 확보될 활성화의 성과는 다르다. 즉 건물 완공은 지역복원의 출발이지 목표가 아니다. 그럼에도 대부분 하드웨어가 사업 목표의 전부로 곡해된다. 목표가 헷갈리고 엷어지면 부작용이 따른다. 가뜩이나 지역복원 프로젝트는 사업 주체의 이익과 사업 결과의 수혜가 분리된다는 딜레마를 갖는데, 여기에 목표를 잊기까지 하면 부작용은 더욱 거세진다. 지역재생의 성과 창출보다 사업 추진의 과정 이익이 우선될 것이라는 우려다. 담합과 비리, 해이와 누수가 똬리를 튼다.

목표와 수단의 혼동은 곤란하다. 전원 찬성의 총론이 시끌벅적한 각론으로 변질되었다면, 십중팔구는 목표 상실 속 수단 경쟁일 때다. 목표를 위한 수단이 아니라, 수단을 위한 목표로 훼손되는 경우다. 강조컨대 지역 복원의 목표는 단순명쾌하다. 재생再生이든 창생創生이든 지역에 활력을 불어넣는 일이다. 그렇다면 최종 지향점은 복원 성과의 극대화와 로컬리즘의 고도화에 방점을 찍는 게 옳다. 수단에서 얻어질 당장의 떡고물과 편리한 방법론에 함몰돼선 곤란하다. 자칫 공유지의 비극으로 끝나기 십상이다. 공유지의 비극은 모두의 자원이 탐욕으로 뒤틀리면 모두의 행복을 해친다는 교훈을 알려준다. 공유지의 비극이나 활성화의 병폐나 매한가지다. 주인이 없으면 방종이 판친다. 모두를 위한 자원이 일부의 이해로 쏠리지 않게 하는 것이 중요하다.

새롭게 시작된 로컬리즘은 다른 접근이 권유된다. 일부의 사욕과 다수의 방관이 공동체의 공적 자산을 낭비하지 않도록 제어장치가 필요하다. 눈먼 돈이 떠돌 때 '먼저' 취하는 자가 임자라는 식의 생각이나 행태는 버려야 한다. 또한 수익이 사유화되지 않도록 배분하는 게 중요하다. 지역 사회 안에서 이익이 환류되도록 해야 한다. 복원 현장만 제공하고 사업성과가 누수되면, 역내 기반의 순환경제는 막혀버린다. 특히 수단으로 애용되는 '허물고 짓는' 하드웨어 사업방식이 성과 유출의 혐의가 높다.

하드웨어가 없어 제대로 된 지역복원이 어렵다는 말은 틀렸다. 둘러보면 숱하게 지었으되 흉물로 전락한 건물과 시설이 더 많다. 힌트는 '하드웨어의 지역화'다. 지역의 업자가 지역의 자원을 투입해 성과의 환류 지점을 넓히는 게 필수다. 거대 자본의 개입은 최소화해야 한다. 지역복원의 언어와 문법은 표준어가 아닌 사투리가 맞는 방향이다. 표준어로 설명하면 해석하긴 편하겠지만 성과와 효용은 낮다.

기대효과를 높이는 참여와 연대의 길

예산사업에 의존한 크고 값비싼 토목형 단발 프로젝트의 시대는 지나갔다. 꼭 필요하면 해야겠으나, 하드웨어적인 재생사업은 최소화하는 게 좋다. 적어도 예전처럼 진행되는 방식은 경계 대상이다. 모두가 그런 건 아니나, 정치적 판단과 행정적 사고가 양산한 흉물화된 관치 공간은 수두룩하다. 정확한 수요조사는커녕 운영 계획조차 없거나 근시안적 시각으로 만들어져 폐허로 방치된 유휴공간이 전국 곳곳에 존재한다. 세금의 추가 투입과 직결되는 이런 사업은 누구도 책임지지 않는다.

행정 입장에서 예산을 따내 건물부터 짓고 보는 토목사업은 손쉽고 편하다. 하지만 주민 입장에서는 느닷없을뿐더러 '왜'란 의문이 해결되지 않는다. 그도 그럴 것이, 지적되어온 과오가 계속 반복되면 시선은 능력 여부를 넘어 의지 유무에 쏠린다. 주민과 괴리된 겉만 번드르르한 사업이란 혐의다.

지역복원을 위한 시도는 좁고 작은 것이 좋다. 수많은 역내 공간에서 펼쳐지는 새로운 시도가 바람직하다는 얘기다. 지역문제는 한국사회의 불안·불편·불만의 갈등을 예외 없이 투영하는 축소판으로 규정된다. 소득

양극화를 필두로, 공간(원도심 vs. 부도심)과 연령(청년 vs. 고령자)은 물론 내용(복지 vs. 시장)까지 양상이 복잡하게 얽혀 있다. 이를 단번에 해결할 만능 사업은 없다. 지역문제는 고질적이지만 달라진 시대환경으로 인해 기존 방식의 설명력은 줄어들 수밖에 없다.

그만큼 새로운 해결 방식이 요구된다. 이때 유력한 의제가 협치 거버넌스다. 새로운 추진 주체가 참여한 광범위한 협력과 연계가 이루어질 때, 문제를 풀 중대한 실마리를 찾을 수 있다. 지역 단위의 곳곳에서 펼쳐지는 다종다양한 실험이 축적되고 연계되면, 비로소 집합적 성과 창출이 가능해진다. 성격별, 취지별로 다양한 재생사업이 참여·협치와 만날 때 기대효과는 높아지는 법이다.

지역을 되살리려는 사업 주체 간의 협동은 꽤 중요한 이슈다. 지역활성화는 궁극적으로 지역 전체를 아울러야 한다. 당장 특정 공간의 문제해결을 위해 사업이 제한적으로 시작되어도, 지속적 성과 확대를 위해서는 해당 지역 주변과 확장되거나 연결될 필요가 절실하다. 따라서 사업 실행에 관여할 수 있는 다양한 잠재 조직과의 연대와 협력은 필수다. 사회적경제 조직처럼 비영리조직끼리 연계 사업을 펼쳐도 좋고, 영리회사와 비영리조직의 협력모델도 좋다. 후자는 공공성과 사업성을 아울러서 사업 성공의 확률을 높인다. 눈높이를 맞추는 게 쉽진 않지만, 지역 토착형 중소업체와의 협업은 수익 지향적인 비즈니스에 고전하는 사회적경제계에 활로가 될 수 있다. 무조건 멀리할 일이 아니다. 사업모델BM의 지속가능성을 위한 민민 간의 다양한 거버넌스와 연대 체계의 구축이 바람직하다.

인구소멸과 로컬리즘

사회적경제계의 참여 및 연대의 길이 폭넓게 열렸다. 사회적기업, 자활기업, 사회적협동조합 등이 도시재생의 법적 주체로 규정된 데 이어 이종협동조합연합회까지 허용되면서 선택지가 넓어졌다. 이종협동조합연합회는 사업 내용이 다른 수많은 협동조합을 엮어 지역활성화라는 단일 의제로 집중화·고도화할 수 있다. 이 과정에서 사업모델의 대형화·규모화도 가능해지기에 새로운 활로가 된다.

유사한 사업모델을 플랫폼처럼 집적시켜 시너지를 창출하면 연대와 협력은 자연스럽게 확대된다. 협동조합을 지역활성화의 신규 주체로 삼고자 했던 법안은 폐기됐으나, 여전히 사회적협동조합이 그 역할을 계속할 수 있다. 마을관리협동조합만 해도 다양한 사회적경제 주체가 법인조합으로 참여해 상호 협력함으로써 주민 지향적인 재생사업의 기회와 성과를 확보했다. 일종의 클러스터로, 관련 사업이 단발 프로젝트가 아닌 지속적인 연결 성과로 이어지는 토대가 된다.

결국 행정의 역할이 중요하다. 정리하면 예산 지원보다는 규제 완화로 무게중심을 옮기는 게 권유된다. 민간의 자율성과 영리성을 독려하기 위해서다. 이쯤에서 로컬 경제를 떠받치는 기업 지원의 재검토도 필요하다. 덩치가 클수록 지원 요구는 높아지는데, 정작 창출 효과는 제한적일 수 있다. 사실 지역의 상징 기업과 지자체의 민관협력이 강화된다는 취지도 정치적 판단일 수 있다. 따라서 1차 산업은 물론 2~3차 산업까지 행정 지원의 범위를 넓혀 온기가 퍼져나가도록 하는 게 중요하다. 설득력이 줄었거나 무의미해진 규제를 가능한 범위에서 완화하거나 조건부로 문호를 넓혀

주는 방식이 좋다. 이는 행정 간소화와도 부합한다.

민간에 관대한 지역일수록 발전할 확률은 높다. 용지 규제 등 민간 수요에 맞춰 절차만 완화해도 기타 지역과 차별화되면 민간 참여는 늘어난다. 단, 공유지의 무료 제공은 사업성과 채산성을 훼손할 수 있어 신중하게 접근하는 것이 상식적이다. 행정 지원도 최소화의 방향으로 수정해야 한다. 초기 단계를 거쳐 성과를 확인한 후에 세금 경감 등 부가적 방법으로 지원하는 방식이다. 초기자금은 민간자금을 활용해 정밀한 수요 예측과 타당한 사업모델을 세우도록 하자는 의미다.

이를 통해 행정 허들이 낮아지면 예산 투입보다 비용 절감이 더 설득적일 수 있다. 결국 지역에 활력을 불어넣을 기반 조성이 관건이다. 할 수 없는 것을 하게끔 해주면 시장은 자연스럽게 형성되고 작동한다. 가령 공공시설·유휴공간에서의 영리활동 허용과 건물 증개축 등의 허가도 마찬가지다. 막대한 예산 투입 없이 상당한 성과를 내는 선행 사례도 적잖다. 일종의 비예산 사업에의 관심이 필요한 때다.

따로 또 같이, 같은 방향으로 '콜렉티브 임팩트'

명확한 목표 설정과 취지 공유 이후부터는 지역주체·지역자산이 다 함께 최대 성과를 내도록 구조화하는 게 좋다. 지역의 주요 기관과 그들이 축적한 정보·노하우 등 강점이 잘 활용되도록 문호를 개방할 필요가 있다. 지역의 엘리트 집단인 공공기관은 물론, 지역사회와 화학적 반응이 부족해 겉돌던 역외 기반의 역내 조직도 로컬리즘에 동참시키기 위해서다. 가령 농업인에게만 허용된 농업기술센터 같은 전문화된 조직 파워가 주민 전체의 후생증진에 쓰이도록 눈높이와 허들을 낮추는 조치가 필요하다. 과소 인구로 고전하는 농산어촌을 비롯해 자원 부족이 상시적인 권역이 새로운 산업을 키우고 사업모델을 실험·개량하기 위해서는 지역 친화적인 협업 시스템이 중요하다.

물론 직접 당사자인 지역주민의 전체 참여는 사실상 불가능하다. 최대한 장벽을 헐거나 낮춰서 원하면 언제든 참여의 기회를 제공하는 게 현실적이다. 최소한 기회를 제한하지는 말자는 의미다. 투명한 참여 정보를 통해 열린 광장을 지향할 때, 대의代議 방식이라도 명분과 실리를 모두 아우를 수 있다. 물론 쉽지는 않다. 눈앞의 호구지책에 얽매여 참여 자체가 힘든 경우가 일반적이다. 혹은 익숙한 패배감에 함몰돼 참여를 위한 동기부여도 거의 작동하지 않는다. 지역문제에 있어서 최소공약수일 수밖에 없는 사회적 약자가 주체적으로 문제 해결에 참여하기란 더 어렵다.

더욱이 모두를 만족시키는 의제 설정은 고난도의 목표다. 민주주의 학습 경험이 적을수록 찬성파와 반대파로 나뉘어 갈등을 빚는 사례가 비일비재하다. 때문에 참여의 공간을 만들어도 원하는 곳만 참여한다. 도시재생과 뉴타운개발이 대표적이다. 채택과 번복의 정책 혼선이 지역 커뮤니티를 쪼개버린 사례다. 반대를 위한 반대가 횡행해 좌초하기도 한다. 극한적 의견 대립으로 사사건건 부딪히기 마련이다. 숫자의 힘으로 제압하는 다수결 방식이 갖는 흠결도 대결 양상을 부추긴다. 몇몇은 갈등에 몸서리

치며 활동을 중단하거나 참여 자체를 버거워하며 떠나기도 한다.

그래서 필요한 게 리더십이다. 누군가는 총의를 모아 판을 짜고 움직여야 재생작업이 시작된다. 그래도 문제는 남는다. 리더십을 선출해도 가치중립적이 되기 어렵다는 점이다. 아쉽게도 어느 한쪽만 대표할 가능성이 높다. 해서 끊임없는 견제와 딴지가 뒤따른다. 특히 외부 결합의 리더십이면 대표성을 둘러싼 공격이 수시로 발생한다. 원주민이 아닌 한 대표성 논란은 반복된다. 이타적인 선한 영향력을 가진 사람이라도 이를 증명하기는 어렵다. 와중에 신구의 다양한 조직이 설립·확산된다. 일부에선 제사

■ 콜렉티브 임팩트의 개념

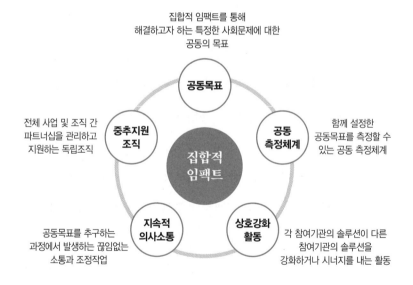

자료: MYSC(사회공헌플랫폼)

인구소멸과 로컬리즘

보다 잿밥에 관심을 갖고 접근하는 '치고 빠지기' 식의 브로커까지 가세해 혼란을 야기한다.

산 넘어 산이 아닐 수 없다. 연기하고 방치하기엔 지역살이의 고단함과 피폐함이 계속 가중된다. 미약하나마 활로와 출구를 찾아 부딪히며 바꿔 나가는 접근이 요구된다. 긴 호흡이 전제되면 못 할 건 없다. 이때 필요한 게 주민과 주민조직이다. 지역 생태계를 누구보다 잘 아는 이해당사자인 까닭이다. 활성화의 목적과 성과도 결국 지역과 주민에게 환류된다. 이들이 중심에 서는 게 필수다.

외곽에서 들려오는 훈수와 조언도 품는 게 좋다. 외부 전문가와 인재가 지역주민과 협업해 구체적이고 효과적인 성과를 축적하기 위해서다. 인센티브를 설계하고 함께할 커뮤니티를 연계할 수 있는, 역량 있는 주민·조직이 지역활성화 성공의 첫걸음이다. 정부(공공조직)와 시장(영리기업)이 각각의 한계를 갖고 있다면 남는 건 민간의 주민·조직일 수밖에 없다.

이때 유용한 개념이 '콜렉티브 임팩트Collective Impact', 즉 집합 성과다. 다양한 섹터조직이 함께 해결할 사회문제를 선정한 후, 동시다발적으로 조직화된 협력을 이끌어낸다는 취지를 담고 있다. 공통의 관심사를 공동의 에너지로 해결하면 단발적·파편적 접근보다 신속하고 실효적인 결과가 담보된다. 콜렉티브 임팩트는 크게 △공통과제 선정 △성과 측정방법 △주체 간 지속적 소통 △주체별 역량 극대화 △중추적 전담조직 등이 핵심 요소로 거론된다.

그럼에도 실상은 다르게 펼쳐진다. 막상 현실에 적용하면 애초 계획과 빗나간 결과가 도출되기도 한다. 지역이 원하는 기획·설계일지라도 세심한 집행은 별개의 문제다. 예상하지 못한 돌발변수로 사업 자체가 흔들리는 경우도 많다. 콜렉티브 임팩트의 현실 한계다.